GWIR GOFNOD O GYFNOD

Diogelu Lleisiau Menywod yng Ngwleidyddiaeth Cymru 1999–2021

GOLYGWYD GAN CATRIN EDWARDS
A KATE SULLIVAN

Cyhoeddwyd gyntaf yn 2024 gan Honno
D41, Adeilad Hugh Owen, Prifysgol Aberystwyth,
Aberystwyth, Ceredigion, SY23 3DY

www.honno.co.uk

Ceir cofnod catalog o'r llyfr hwn yn y Llyfrgell Brydeinig.
Mae'r cyhoeddwr yn cydnabod
cefnogaeth ariannol Cyngor Llyfrau Cymru.

ISBN: 978-1-91682-103-3
e-lyfr ISBN: 978-1-91682-104-0

Cysodydd a dylunydd: Tanwen Haf/Cyngor Llyfrau Cymru
Argraffwyd: 4Edge

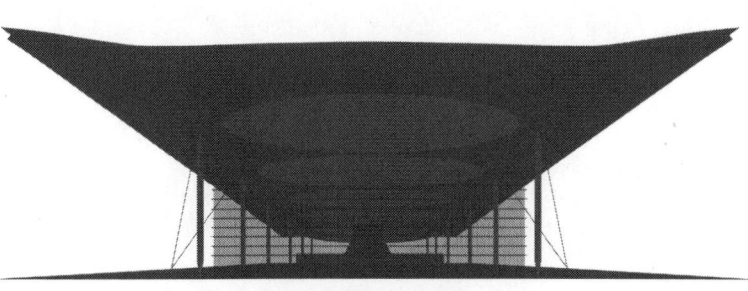

GWIR GOFNOD O GYFNOD

Diogelu Lleisiau Menywod yng
Ngwleidyddiaeth Cymru
1999–2021

GOLYGWYD GAN CATRIN EDWARDS
A KATE SULLIVAN

honno

CYNNWYS

CYFRANWYR

Hannah Blythyn

Dawn Bowden

Michelle Brown

Jayne Bryant

Eleanor Burnham

Angela Burns

Christine Chapman

Jane Davidson

Janet Davies

Jocelyn Davies

Suzy Davies

Tamsin Dunwoody

Sue Essex

Delyth Evans

Nerys Evans

Lisa Francis

Veronica German

Janice Gregory

Lesley Griffiths

Siân Gwenllian

Edwina Hart

Vikki Howells

Jane Hutt

Julie James

Pauline Jarman

Delyth Jewell

Ann Jones

Elin Jones

Helen Mary Jones

Laura Anne Jones

Y Fonesig Eluned Morgan

Julie Morgan

Lynne Neagle

Eluned Parrott

Rhianon Passmore

**Y Fonesig
Jenny Randerson**

Jenny Rathbone

Janet Ryder

Antoinette Sandbach

Bethan Sayed

Karen Sinclair

Catherine Thomas

ix

Gwenda Thomas

Joyce Watson

Kirsty Williams

Leanne Wood

CYDNABYDDIAETHAU

Hawlfraint

Mae hawlfreintiau dyfyniadau gan Michelle Brown, Delyth Jewell, Veronica German ac Antoinette Sandbach yn eiddo iddyn nhw eu hunain, ac *ni ellir eu hatgynhyrchu* mewn unrhyw ffordd heb ganiatâd ysgrifenedig deiliad yr hawlfraint. Am wybodaeth bellach cysylltwch â'r cyhoeddwr, Honno.

Cydnabod delweddau

Cydnabyddir mai hawlfraint Comisiwn y Senedd/Senedd Commission yw ffotograffau Hannah Blythyn, Michelle Brown, Eleanor Burnham, Jane Davidson, Jocelyn Davies, Sue Essex, Nerys Evans, Janice Gregory, Lesley Griffiths, Julie James, Ann Jones, Elin Jones, Laura Anne Jones, Lynne Neagle, Janet Ryder, Catherine Thomas, Gwenda Thomas a Joyce Watson. Rydym yn ddiolchgar i staff Comisiwn y Senedd am y delweddau hyn.

Tynnwyd lluniau Jayne Bryant, Dawn Bowden, Angela Burns, Christine Chapman, Janet Davies, Suzy Davies, Tamsin Dunwoody, Delyth Evans, Lisa Francis, Siân Gwenllian, Edwina Hart, Vikki Howells, Jane Hutt, Pauline Jarman, Delyth Jewell, Ann Jones, Helen Mary Jones, Eluned Morgan, Julie Morgan, Eluned Parrott, Rhianon Passmore, Jenny Randerson, Jenny Rathbone, Antoinette Sandbach, Bethan Sayed, Karen Sinclair, Kirsty Williams a Leanne Wood yn ystod cyfweliadau'r prosiect ac eiddo Archif Menywod Cymru/Women's Archive Wales yw'r hawlfraint; dylid cydnabod Heledd Wyn Hardy a Catrin Edwards.

Rydym wedi gwneud pob ymdrech i ganfod pwy i'w gydnabod a deiliad hawlfraint y darlun o Aelodau'r Cynulliad Blwyddyn Cydraddoldeb 2003, ond buom yn aflwyddiannus. Rydym wedi penderfynu ei gynnwys, serch hynny, oherwydd ei fod mor berthnasol i'r gyfrol hon a'i fod yn adlewyrchu carreg filltir mor bwysig yn hanes y Cynulliad/y Senedd ac yn hanes menywod yng ngwleidyddiaeth Cymru. Os oes gennych unrhyw wybodaeth am ffotograffydd a/neu ddeiliad hawlfraint y darlun hwn, cysylltwch â Honno, os gwelwch yn dda.

Cyfieithiadau

O'r cyfweliadau a gynhaliwyd yn ystod y prosiect, cynhaliwyd deg ohonynt trwy gyfrwng y Gymraeg; sef Eleanor Burnham, Suzy Davies, Delyth Evans, Nerys Evans, Siân Gwenllian, Delyth Jewell, Elin Jones, Eluned Morgan, Bethan Sayed a Gwenda Thomas. Mae'r holl ddyfyniadau o'r cyfweliadau hyn, a'r tri deg chwech cyfweliad arall a gynhaliwyd yn Saesneg, sydd wedi'u cynnwys yma wedi'u cyfieithu'n unol â hynny a'u hatgynhyrchu'n ddwyieithog, mewn dwy gyfrol ar wahân. Hoffem ddiolch yn fawr iawn i Catrin Stevens am gyfieithu rhan o'r testun Saesneg i'r Gymraeg.

Ffynonellau

Cynhaliwyd cyfweliadau llafar gyda phedwar deg wyth AC/AS fel rhan o brosiect Archif Menywod Cymru Gwir Gofnod o Gyfnod, 2019–2021, a chynhwyswyd pedwar deg chwech yma. Gadawyd dau allan oherwydd bod embargos ar y cyfweliadau arbennig hynny, sef Lorraine Barrett a Janet Finch-Saunders. Gadawyd allan ddau gyfweliad a gynhaliwyd gyda phedair aelod o'r Senedd Ieuenctid hefyd.

Senedd Cymru – Welsh Parliament: https://senedd.cymru/

Gellir gweld John Osmond, Critical Mass: The Impact and Future of Female Representation in the National Assembly for Wales ar: https://www.iwa.wales/wp-content/media/2016/03/criticalmasseng.pdf

RHAGAIR

Yn 2003 roedd Cynulliad Cenedlaethol Cymru yn arwain y byd. Deddfwrfa Cymru oedd y gyntaf yn y byd i gyrraedd cydraddoldeb a chydbwysedd cyfartal rhwng y rhywiau o safbwynt cynrychiolaeth yn ei sefydliad democrataidd Cenedlaethol. Dyna orchest ryfeddol, yn enwedig os ystyriwn mai pedwar Aelod Seneddol benywaidd yn unig oedd wedi cynrychioli Cymru yn Senedd y Deyrnas Gyfunol rhwng 1918 ac 1997. Yr awydd i gofnodi'r newid aruthrol hwn a rhoi cyfraniad menywod at ein democratiaeth newydd ar gof a chadw a sbardunodd sefydlu'r prosiect arloesol a adlewyrchir yn y gyfrol hon. Yn 2019, roedd y Cynulliad Cenedlaethol/y Senedd yn ugain oed – carreg filltir o bwys yn hanes y genedl – a sylweddolwyd ei bod yn rhaid mynd ati ar fyrder i groniclo a diogelu'r hanes hwn, tra ei fod yn fyw yn y cof.

Ac felly y lansiwyd y prosiect 'Gwir Gofnod o Gyfnod / Setting the Record Straight' i ddiogelu a chadw papurau a lleisiau menywod yng ngwleidyddiaeth Cymru gan Archif Menywod Cymru / Women's Archive Wales. Prif amcan yr Archif yw codi ymwybyddiaeth o hanes menywod yn hanes Cymru a diogelu ffynonellau'r hanes hwnnw, oherwydd heb ffynonellau does gennym ni ddim hanes. Rydym yn hwyluso achub y ffynonellau hyn trwy eu cyfeirio i'w rhoi ar adnau mewn archifdai sirol ac yn Llyfrgell Genedlaethol Cymru. Roedd y prosiect hwn yn ateb yr union amcanion hyn i'r dim. Pan gynhaliwyd y lansiad yn y

Cynulliad fel rhan o ddathlu Diwrnod Rhyngwladol Menywod 2019, trwy nawdd yr AC a'r Dirprwy Lywydd Ann Jones, roedd y pwyslais pennaf ar achub papurau a memorabilia gwleidyddol y menywod. Roedd ymchwil wedi dangos bod menywod yn llawer mwy cyndyn i werthfawrogi eu papurau a'u diogelu at y dyfodol na'u cyd-aelodau gwrywaidd. O'r herwydd prin oedd archifau ACau/ASau benywaidd yn ein harchifau cenedlaethol a sirol. Sylweddolwyd oni châi'r sefyllfa hon ei hunioni byddai ymchwilwyr ac eraill a ddymunai astudio hanes gwleidyddol Cymru yn ystod blynyddoedd ffurfiannol cyntaf y Cynulliad Cenedlaethol/y Senedd yn cael darlun wedi ei lurgunio o realiti'r sefyllfa wleidyddol.

Ond yna gwahoddwyd yr Archif i gyfarfod ag aelodau Comisiwn y Cynulliad Cenedlaethol a chawsom ein hannog i ychwanegu casglu hanesion llafar cyn-ACau a rhai cyfredol at y prosiect, i sicrhau darlun mwy cyflawn a phersonol o flynyddoedd cychwynnol Datganoli. Y prosiect llawer mwy heriol a chymhleth hwn a gyflwynwyd i Gronfa Treftadaeth y Loteri Genedlaethol gyda grant cyfatebol hael gan Lywodraeth Cymru yn 2019. Roeddem wrth ein bodd pan dderbyniwyd y cynllun a dyma ddechrau ar y gwaith ym mis Tachwedd 2019.

I redeg y fenter uchelgeisiol hon, daeth tîm ynghyd dan arweiniad Dr Christine Chapman, cyn-AS Cwm Cynon a Chadeirydd Archif Menywod Cymru. Roedd y tîm yn cynnwys Prif Weithredwraig y Cynulliad Manon Antoniazzi; y Llywydd a'r Dirprwy Lywydd, Elin Jones ac Ann Jones; ynghyd â'r ddau swyddog, Enfys Roberts ac Elin Roberts; Robert Phillips o'r Archif Wleidyddol yn Llyfrgell Genedlaethol Cymru; Susan Edwards a Laura Cotton yn cynrychioli Archifau Morgannwg; Dr Beth Thomas o'r Gymdeithas Hanes Llafar; ac aelodau pwyllgor Archif Menywod Cymru: Mari James, Dr Dinah Evans, Gail Allen a Jane Davidson, trysoryddion; a Catrin Stevens, Cydlynydd y Prosiect.

Aethpwyd ati ar unwaith i benodi swyddogion i weithredu'r prosiect: Catrin Edwards â gofal am ffilmio hanesion llafar; Heledd Wyn Hardy, ffilmwraig, a Kate Sullivan, Swyddog Cyllid, papurau gwleidyddol a thrawsysgrifau.

Er gwaetha holl anawsterau dybryd Covid-19, a lesteiriodd y gwaith o gynnal cyfweliadau wyneb yn wyneb ac ymweld ag archifdai, aeth y gwaith yn ei flaen yn llwyddiannus tu hwnt. Mae ein dyled fel Archif yn enfawr i ymroddiad y swyddogion gweithgar ac ysbrydoledig hyn. Ond mae dyled hanes Cymru iddynt yn amhrisiadwy hefyd. Catrin Edwards a Kate Sullivan, fel y gwelwch, sy'n gyfrifol am y gyfrol hon hefyd – cymwynas fawr arall ganddynt. Diolch hefyd i'r fyddin fechan o wirfoddolwyr fu'n trawsysgrifio'r cyfweliadau i'w gwneud yn hygyrch i bawb.

Beth felly a gyflawnwyd? Yn sicr codwyd ymwybyddiaeth o bwysigrwydd diogelu papurau gwleidyddol menywod yn croniclo'u profiadau a'u cyfraniadau i'r Cynulliad Cenedlaethol/y Senedd ac mae ein harchifau sirol a chenedlaethol yn gyfoethocach o'r herwydd. O safbwynt cofnodi eu lleisiau, llwyddwyd i ffilmio hanesion pedwar deg wyth o'r chwe deg dau a oedd wedi gwasanaethu yn ystod ugain mlynedd gyntaf Datganoli. Yn anorfod, bu'n rhaid cydnabod bod ambell un wedi marw eisoes, roedd eraill yn rhy wael, ac eraill yn amharod i gyfrannu a rhannu eu profiadau am amryw resymau. Eto roedd yr ymateb yn wirioneddol gadarnhaol, gyda sawl un o'r cyfweleion yn llongyfarch ac yn diolch i AMC/WAW am y fenter hon ac yn gwerthfawrogi'n fawr y cyfle i archwilio ac i ddisgrifio'u profiadau gwleidyddol. Diolch iddynt am eu cefnogaeth ac am siarad mor onest a diddorol am eu bywydau a'u gyrfaoedd. Teyrnged iddynt hwy yw'r gyfrol hon.

Cipolwg yn unig a geir yn y gyfrol werthfawr hon o gyfoeth anhygoel y cyfweliadau, ond mae'r holl archif hon bellach ar gael i eraill bori ynddi yn Archif Sgrin a Sain Genedlaethol Cymru.

Recordiwyd hwy ar fideo – cyfrwng a all ein goleuo cystal os nad gwell weithiau na'r gair llafar. Mae'r pynciau a drafodir yn eang a hynod ddadlennol: pwy oedd eu hysbrydoliaeth wleidyddol a pha mor anodd oedd cael eu dewis i sefyll, yn wyneb rhagfarnau'r cyfnod; heriau datblygiad y cyfryngau cymdeithasol; ac a wnaeth y cydbwysedd rhywedd yn y Cynulliad Cenedlaethol/y Senedd esgor ar arddull ddadlau wahanol yn y Siambr. Un trywydd tra arwyddocaol oedd yr ymgyrchoedd yr oedd ACau/ASau benywaidd wedi bod yn eu harwain: dim talu am bresgripsiwn doctor GIG Cymru; sefydlu swydd Comisiynydd Plant; deddfu o blaid ysgeintellau dŵr mewn cartrefi newydd; yr ymgyrchoedd yn erbyn cosb gorfforol a chaethwasiaeth; Deddf Cenedlaethau'r Dyfodol; gwaredu iaith rywiaethol yn nogfennau cyfreithiol y Cynulliad Cenedlaethol/y Senedd, ac eraill. Dyma record i fod yn hynod falch ohoni.

Bu'n fraint ymwneud â'r prosiect arloesol hwn. Mae prosiect 'Gwir Gofnod o Gyfnod / Setting the Record Straight' wedi codi proffil menywod yng ngwleidyddiaeth Cymru am byth trwy eu papurau gwleidyddol a'u geiriau unigryw eu hunain. Darllenwch, myfyriwch a rhyfeddwch at eu hymroddiad, eu gwytnwch a'u gweledigaeth.

CATRIN STEVENS
Ionawr 2023

Pennod Un

DECHREUADAU AC ARGRAFFIADAU CYNTAF

Roedd y galw am ddatganoli yng Nghymru wedi tyfu'n gyson gydol yr 1980au a'r 1990au ac ar 18 Medi 1997, cynhaliwyd refferendwm a gynhyrchodd bleidlais o 50.3% o blaid Cynulliad Cenedlaethol i Gymru. Y flwyddyn ddilynol, rhoddodd Deddf Llywodraeth Cymru'r sail gyfreithiol ar gyfer y fath Gynulliad, a feddai'r pŵer i greu is-ddeddfwriaeth mewn meysydd penodol yn unig, megis amaethyddiaeth, addysg a thai.

Cyfarfu'r Cynulliad am y tro cyntaf ar 12 Mai 1999, ac agorwyd yr adeilad yn swyddogol gan y Frenhines Elizabeth II ar 26 Mai. O blith chwe deg aelod etholedig newydd y Cynulliad Cyntaf hwn, roedd pedair ar hugain yn fenywod, newid pwysig yn hanes y byd gwleidyddol yng Nghymru a gawsai ei ddominyddu gan ddynion cynt.

Yn adran gyntaf y llyfr hwn, clywn gan rai o'r menywod hynny a gafodd y fraint a'r cyfrifoldeb o fod y gwleidyddion benywaidd cyntaf i eistedd yn y Cynulliad Cenedlaethol cyntaf oll, ac mewn Cynulliadau dilynol, hyd at ddathlu'r ugain mlynedd gyntaf yn 2019.

PAULINE JARMAN

'Fy argraff gynta' i oedd un o fod wedi cyflawni, pob un ohonon ni, o ba blaid wleidyddol bynnag. Ro'n i'n teimlo bod gyda ni gyfrifoldeb mawr fel corff mewn gwirionedd i gyflawni rhai o'r pethau ro'n ni mor daer oedd eu hangen. A dyna 'niffyg amynedd i. Roedd e mor newydd; roedd popeth mor newydd. Ro'n i wedi 'neud rhyw fath o brentisiaeth mewn llywodraeth leol felly, ro'n i wedi hen arfer â rhai o'r pethe doedd cydweithwyr eraill ddim, fel rheole dadle, rheole sefydlog, mater o drefn, y rhain i gyd. Dwi'n tybio bod y rhai oedd yn gyn-Aelodau Seneddol hefyd yn gyfarwydd â nhw. Felly, roedd yn amgylchedd estron ond dwi'n gwylio pobol, a dwi'n tueddu i gymryd fy amser, dod i nabod y diriogaeth, dod i nabod yr unigolion, dim dod i farn gynnar ar unrhyw un, eistedd yno a gwylio a gwrando. Ro'n ni i gyd yn newydd iddo fe, a gallen ni i gyd fod wedi bod yn wylwyr a gwrandawyr am amser hir iawn. O'n i yn llawn arswyd? Dwi ddim yn gwybod a o'n i'n llawn arswyd, ond yn sicr iawn ro'n i'n hynod falch o eistedd yno ym mhlith y chwe deg person cyntaf i dderbyn y cyfrifoldeb difrifol iawn o edrych ar ôl Cymru a'i materion a chyflawni i'w phobl ym mha ffordd fach bynnag y gallwn i. Dyna'r balchder ro'n i'n ei deimlo.'

JANE DAVIDSON

'Fy argraff gynta' i o'r Cynulliad Cenedlaethol oedd cyrraedd mewn maes parcio ceir tanddaearol yn Nhŷ Crughywel, adeilad a oedd wedi cael ei godi yng nghyd-destun y Gwasanaeth Iechyd ac a gafodd ei addasu'n frysiog i ddod yn Gynulliad Cenedlaethol newydd Cymru. Dwi'n cofio cyrraedd a chael lle parcio wedi ei bennu i fi ac yna dod allan a pherson yn aros amdana' i wrth y drws. A Craig Stevenson oedd y person yna … a aeth yn ei flaen i fod yn ysgrifennydd preifat i fi, yn fy swydd gynta' yn y Cynulliad Cenedlaethol fel Dirprwy Lywydd ac yna yn Weinidog yn y llywodraeth. Roedd Craig wedi ei baru â fi, fel aelod o'r Gwasanaeth Sifil, i'n helpu i fel Aelod Cynulliad newydd i ddeall fy ffordd o gwmpas y corff newydd. Felly wrth gwrs, roedd yn rhaid i fi fynd â 'neud popeth oedd yn rhaid i Aelode Cynulliad newydd eu 'neud. Roedd rhaid iddyn nhw neilltuo stafell i fi. Roedd rhaid iddyn nhw neilltuo cyfrifiadur i fi. Roedd yn rhaid i fi fynd i arwyddo datganiad yn nhermau dod yn Aelod Cynulliad. Roedd yn rhaid i fi ffeindio ble roedd y cantîn, ble roedd y toilede – yr holl bethe gwirioneddol bwysig mewn bywyd! Dwi'n cofio Craig yn dweud wrtho i ar y diwrnod cynta' yna bod gyda nhw ddim syniad sut y bydde pethe, mewn gwirionedd, cwrdd â gwleidyddion go iawn, achos ro'n nhw wedi bod trwy gyfres o ymarferion fel aelode'r Gwasanaeth Sifil o sut y galle pethe fod, ond doedd gyda nhw, mwy na ninne – achos doedd llawer ohonon ni heb fod yn wleidyddion 'rioed o'r blaen – unrhyw syniad sut y bydde pethe wrth gerdded trwy'r dryse hynny.'

ELEANOR BURNHAM

'Anrhydedd a phleser anferth, ond sioc a braw, oherwydd o'n i wedi bod yn ffocysu ar wneud 'ngorau yng Nghaer, bod yn Ustus Heddwch, edrych ar ôl y plant, ac yn y blaen ac yn y blaen. Argraffiadau cyntaf ... mae'n ogla' i'n eitha' cryf, a'r peth cyntaf yr o'n i'n teimlo'n reit gyfoglyd ynglŷn [ag o] oedd oglau [bragdy] Brain's yn dod oddi ar y trên. Wedyn, wrth gwrs, doedd neb eisiau fy helpu i, oedolyn oeddwn i, ond o'n i ddim yn nabod y blaid, ddim yn adnabod y grŵp – roedden nhw i gyd yn dod o Gaerdydd – a'r person mwyaf cyfeillgar oedd Mick Bates. Felly o'dd gen i ddim syniad, ac ar frys roedd rhaid i mi ddod o hyd i beth o'n i'n ei wneud, sut o'n i'n ei wneud, lle o'n i'n ei wneud ac efo pwy o'n i'n ei wneud. A dwi'n cofio mynd ar goll, mynd lawr stâr yn y lifft, ac yn methu dod 'nôl i fyny oherwydd roedd pawb wedi mynd adre ac o'n i ar fy mhen ei hun, ac o'n i yn y maes parcio, ac wrth gwrs doedd dim car, o'n i wedi dod ar y trên. Roedd y Siambr yn fach, a phob tro roedd un person yn pesychu, oedden ni i gyd yn cael annwyd.'

JENNY RANDERSON

'Y pwynt difrifol, y rheswm difrifol pam 'mod i mor falch i'w 'neud e, oedd am ei fod e mor gyffrous. Sefydliad newydd. Roedd yn rhaid i ni greu'r rheole. Roedd y rhai ddaeth yn ACau cynta' o gefndiroedd amrywiol. Dyna i chi'r Arglwydd Dafydd Elis-Thomas a oedd wrth gwrs â Thŷ'r Cyffredin a'r Arglwyddi yn ei gefndir; roedd sawl AS; roedd llawer ohonon ni wedi bod yn gynghorwyr ac yn gwybod sut roedd cynghorau lleol yn gweithio; ac roedd pobol oedd 'rioed wedi 'neud hyn o'r blaen. Ac roedd pob un ohonon ni yn dod ati o bersbectif cwbwl wahanol ac yn ffurfio, fel y gwelem ni bethe, ddemocratiaeth newydd. A dwi'n credu i rai o'n harbrofion ni weithio, a buodd rhai yn fethiant. Ond y peth da oedd nad oedd unrhyw un yn sefyll yno'n dweud, "Allwch chi ddim 'neud hynna achos 'dyn ni bob amser yn 'neud hyn a hyn." Doedd mo'r cynsail. Doedd dim rheole wedi eu gosod i lawr gan ein cyndeidie. Roedd hi i fyny i ni. A sylweddolon ni'n reit fuan bod angen llawer mwy o bŵer arnon ni.'

KIRSTY WILLIAMS

'Yn sicr do'n i ddim wedi rhagweld pa mor hollgwmpasog fydde'r swydd a sut y byddech chi ar ddyletswydd drwy'r amser. Daeth hyd yn oed pethe na fydde yn faterion o bwys i'r person ifanc wyth ar hugain oed arferol yn faterion o bwys am fod gyda chi'r swydd arbennig yma. Roedd pobol arfer rhagdybio pethe amdana' i drwy'r amser, yn dweud bod gen i ddim digon o brofiad, nad o'n i'n ddigon da, a ro'n i jest yn teimlo bod yn rhaid i fi weithio hyd yn oed yn galetach i brofi bod rhywun ifanc – neu iau, achos dyw wyth ar hugain ddim mor ifanc â hynny – yn haeddu bod yna ac yn gallu 'neud y swydd yna. Alla' i ddim dechre dychmygu sut fydde hi wedi bod i fynd i'r Senedd dan yr amgylchiade yna. Er bod pobol brofiadol dros ben yn y Cynulliad yn 1999, pobol â gyrfaoedd seneddol llwyddiannus iawn yng nghyd-destun San Steffan, pobol â gyrfaoedd hir a llwyddiannus iawn mewn llywodraeth leol yng Nghymru, am ei fod e'n newydd mewn sawl ffordd, roedd hi bron iawn fel petai pawb yn dechre o'r dechre. Ro'n i'n ffodus tu hwnt i fynd i mewn i'r sefydliad newydd 'na lle na alle unrhyw un roi rhywun yn ei le am eu bod nhw yno cyn hynny. Roedd e'n newydd i bawb. Doedd neb yn siŵr sut bydde fe i gyd yn gweithio, doedd neb yn hollol siŵr beth ddylen ni i gyd 'neud. Doedd dim o'r pwysau hanes yna arnon ni o safbwynt, "O, dyna sut 'dyn ni wedi ei 'neud e bob amser." Ro'n ni'n creu hanes fel grŵp o bobol a ro'ch chi'n sicr yn teimlo felly, achos roedd maintioli [llwyddiant] y refferendwm wedi bod mor fach. Yn sicr ro'n i'n boenus o ymwybodol bod yn rhaid i ni 'neud iddo fe weithio, bod yn rhaid iddo fe fod yn dda, roedd yn rhaid i ni brofi i bobol bod gyda ni'r hawl i fod yno, fod penderfyniad cywir wedi ei 'neud. Roedd e'n frawychus, yn gyffrous, yn ddryslyd, yn ysgubol, dim ond synnwyr enfawr o falchder o fod wedi cyrraedd yno o gwbwl.'

DELYTH EVANS

'Dwi'n meddwl mai'r argraff gryfa' sydd gen i amdano fe yw newydd-deb yr holl beth, bod hi'n fenter newydd, gyffrous, anghyffredin iawn, ac roedd e'n brofiad gwych i fod yn rhan o hynny. Ond, meddwl amdano fe nawr, i bobl sy wedi arfer â'r Cynulliad, roedd e'n rhywbeth cwbl newydd yn llywodraethiant Cymru, llywodraethiant Prydain, ac nid yn unig yn newid i'r bobol oedd yn rhan ohono fe, sef yr aelode a'r swyddogion a'r gweision sifil – wrth gwrs roedd hwnna'n newydd iawn iddyn nhw – ond roedd e hefyd yn hollol newydd i'r holl gyrff cyhoeddus yng Nghymru, a'r awdurdode lleol ac unrhyw un arall oedd yn gorfod delio â'r llywodraeth. Roedd yr holl gyrff yma wedi arfer, ar hyd eu hamser nhw, wedi arfer â chael arweinyddiaeth oddi wrth Lundain, arian, cyllideb, rheole – popeth yn dod o Lundain. Ac yn sydyn, roedd popeth yn digwydd yng Nghymru. Felly roedd newydd-deb y peth a'r newid oedd yn digwydd yn sgil datganoli yn anferth o beth i Gymru gyfan ac i fywyd cyhoeddus yng Nghymru i ddelio ag e. Ac felly roedd y teimlad yma fod pobol yn dysgu ar y job, yn dysgu wrth iddyn nhw fynd ymlaen, yn gweithio mas sut i 'neud pethe, sut i ymddwyn, sut i ddelio â phrobleme. O'n i'n ymwybodol iawn o'r broses yna, fod pobol yn trio gweithio mas sut i 'neud i bethe weithio ar bob lefel. Ar lefel bersonol – gwleidyddion yn trio dysgu'r job, trio gweithio mas sut i gyfrannu; ar lefel y pwyllgore, beth oedd eu rôl nhw, y swyddogion yn trio addasu eu ffyrdd nhw o weithio yn lle edrych i Lundain am arweiniad, a trio cymryd yr arweiniad o Gaerdydd; awdurdode lleol yn trio gweithio mas sut o'n nhw'n ffitio mewn, sut oedd eu perthnase nhw efo'r gwahanol gyrff yn gweithio. Oedd e'n andros o newid – chwyldro mewn ffordd. Felly, wrth drio cofio beth oedd amcanion pobol yn y cyfnod cynta' 'na – dwi'n meddwl mai'r peth mwya' pwysig oedd jest trio sefydlu'r peth a gosod gwreiddie i lawr a gwneud y Cynulliad i fod yn dderbyniol ac yn gredadwy i bobol yng Nghymru.'

LYNNE NEAGLE

'Ac yna, mae'n debyg, ro'n i'n teimlo braidd yn ofnus. Ro'n i wedi gwthio'n hunan i'w 'neud e, ac yna ry'ch chi'n meddwl yn sydyn, "O jiw, mae'n rhaid i fi 'neud y swydd 'ma nawr." Do'n i ddim 'rioed mewn gwirionedd wedi 'neud unrhyw beth fel hyn. Felly dwi'n cofio teimlo'n ofnus iawn wedyn a meddwl yn sydyn, "O, mawredd mawr, bydd rhaid i ti sefyll ar dy draed nawr a 'neud areithie, bydd rhaid i ti 'neud yr holl bethe 'na dwyt ti 'rioed wedi eu 'neud o'r blaen." Ro'n i'n lwcus mewn ffordd er hynny achos roedd 'ngŵr i wedi ei ethol yn AC dros Ferthyr Tudful a Rhymni hefyd ac roedd gen i'r gefnogaeth 'ma wrth gefn o'r dechre mewn gwirionedd, na fydde gan lawer o fenywod ifanc yn fy safle i. Roedd hi'n gyfeillgar iawn yno, roedd hi'n gyffrous, roedd pawb yn falch iawn fod cymaint o fenywod yn y Grŵp Llafur, felly roedd hi'n teimlo fel dechre newydd yn hynny o beth. Ac roedd e jest yn lot i gymryd i mewn, yn wir. Dwi jest yn cofio canolbwyntio'n galed iawn, trio cofio ble oedd angen i fi fod, peidio â chaniatáu i'n hunan gael fy arswydo'n ormodol mewn gwirionedd. Fi oedd aelod ieuenga'r Grŵp Llafur bryd hynny a ro'n yn lwcus bod gen i gefnogaeth fy ngŵr, achos dwi'n meddwl y bydden i wedi teimlo lawer mwy ofnus oni bai bod dau ohonon ni – achos roedd e'n newydd iddo fe hefyd – yn trio dod o hyd i'r ffordd trwy'r holl systemau newydd.'

ANN JONES

'Dydy o ddim yn teimlo fel dwy ar hugain o flynyddoedd yn ôl bron. Dwi'n cofio teithio i lawr gyda Karen Sinclair, ro'n i'n ei nabod hi trwy fod yn Gynghorydd Sir. Dwi'n cofio mynd i mewn ar y bore cynta', sef y bore dydd Mawrth, a cherddon ni i mewn, a dwedes i wrth Karen, "Dyma fo! Ry'n ni'n mynd i newid y byd!" A'r ddau ddiwrnod nesa, wnes i ddim byd ond symud o stafell i stafell, mynd ar goll o gwmpas yr adeilad, a dim ond siarad â llwyth o lobïwyr a mudiada a phobol oedd eisio deud wrthon ni pam y dylen ni gefnogi eu maniffestos arbennig nhw. Dwi'n cofio deud wrth Karen, "Wel, 'dan ni ddim wedi rhoi'r byd ar dân ydan ni?" A medda hi, "Na, dwi ddim yn meddwl!" Ond dwi'n meddwl mai dyna'r dyhead pam ein bod ni yma. Ni oedd y gweision newydd yn y lle, a ro'n ni'n mynd i 'neud hyn i gyd. Mewn gwirionedd doedd hi ddim yn wir yn gweithio fel hynny. Ro'ch chi'n cael eich pennu i'ch swyddfa, ac yn cael hyd i stafell y post, a chael eich post. A dwi'n cofio rai wythnosa wedyn – roedd Alison Halford wedi ei hethol yn aelod dros Delyn – a ro'n ni'n eistedd yn cael panad o de yn y cantîn. A dwedes i wrth Karen, "O, wyt ti wedi cael hwn?" A medda Alison, "Beth y'ch chi'n cael hyd i weithio arno? Dwi ddim wedi cael unrhyw bost." Felly, aeth Karen â hi, yn drosiadol law yn llaw, i stafell y post, ac roedd twll llythyron Alison dan ei sang. Roedd hi'n meddwl y bydda'r post yn cael ei gludo ati hi, achos roedd hi'n Ddirprwy Brif Gwnstabl pan adawodd hi'r heddlu, a byddech chi'n agor llythyron y prif swyddog a'u didoli nhw, ac roedd hi'n gweithio ar y rhagdybiaeth 'na. Felly, dim ond petha fel yna. Ond roedd pawb yn newydd, ac eithrio Rhodri Morgan, oedd wedi dod o fod yn AS, Alun Michael, Ieuan Wyn [Jones], Dafydd Wigley, Dafydd Elis-Thomas, Ron Davies. I'r gweddill ohonon ni, roedd yn brofiad newydd.'

JANE HUTT

'Cyn belled ag yr oedd y Cynulliad yn y cwestiwn, ro'n ni jest yn gwybod mai ni oedd y rhai newydd a'n bod ni, wir, yn mynd i 'neud iddo fe weithio. Ein cyfrifoldeb ni oedd e. Nid *argraff* o'r Cynulliad, *ni oedd* y Cynulliad, doedd e ddim am yr adeiladau. At hyn roedd e'n gyflym iawn. O fewn dyddie, ces i 'mhenodi yn Weinidog Iechyd a Gwasanaethau Cymdeithasol, felly prin fod amser i gael i bennu swyddfa i ni. Ro'n i wedi bod yn gynrychiolydd etholedig, yn Gynghorydd o'r blaen, felly doedd bod yn gynrychiolydd etholedig ddim yn newydd i fi, a ro'n i wedi bod yn ymwneud ag ymgyrch 'Ie dros Gymru'. Daeth llawer o gydweithwyr, pobol, ffrindie ro'n yn eu nabod, i mewn i'r Cynulliad gyda fi. Ond ro'n ni'n sylweddoli bod tasg enfawr o'n blaene ni.'

CHRISTINE CHAPMAN

'Roedd ymdeimlad o ddechreuade newydd, diwylliant newydd. O edrych nôl nawr, mewn gwirionedd 'nes i ddim sylweddoli beth fydde'r swydd yn ei olygu. Nid yn gymaint y swydd ond y proffil. Fe amcangyfrifes i'n rhy isel y cyhoeddusrwydd a'r proffil bydden ni'n ei gael oherwydd hi. Yr wythnos gynta' roedd hi'n teimlo fel petai gwasg y byd yna. Gwnaeth y *Daily Mirror* erthygl a dewison nhw fi am ryw reswm, tynnu llun ohono i yn fy swyddfa, a ro'n nhw eisie gwybod am yr ychydig ddyddie cynta' fel AC. Y diwrnod cynta' yno ces i'n hunan mewn swyddfa wag, dim byd ar fy nesg i, dim staff, a 'dych chi'n meddwl, "Jiw, mae'n rhaid i fi gyflogi staff. Mae'n rhaid i fi gael hyd i swyddfa etholaethol," felly roedd yr holl bethe ymarferol hyn i'w 'neud. Ond unwaith roedd y rhain yn eu lle, dechreuodd pethe weithio. Byddech chi'n deffro yn y bore a'r peth cynta' fyddech chi'n meddwl amdano oedd, 'dych chi yno, 'dych chi'n Aelod Cynulliad. A dwi'n cofio gyrru i'r gwaith, a bydde *Radio Wales* ymlaen gen i drwy'r amser, allech chi byth switsio i ffwrdd, ro'ch chi eisie gwybod beth oedd yn mynd ymlaen. Fe deimles i, am nifer dda o flynyddoedd mewn gwirionedd, na allech chi jest switsio i ffwrdd o gwbwl, mae'n anodd switsio bant beth bynnag os y'ch chi'n wleidydd. Ond roedd hi'n wirioneddol gyffrous hefyd, gosod i fyny, bod ar bwyllgor, cael eich lobïo gan gymaint o bobol. Dwi'n credu yn y dyddie cynnar rydych chi bron iawn â dweud ie wrth bopeth, a dysges i dros gwrs yr ychydig flynyddoedd nesa' bod yn rhaid i chi fod lawer mwy dethol yn yr hyn ry'ch chi'n ei 'neud.'

JAYNE BRYANT

Fe fu Jayne yn gweithio yn y Cynulliad am dair blynedd ar ddeg yn staff i Rosemary Butler cyn dod yn AC ei hun yn 2016:

'Yn rhyfedd, ces i'r swyddfa oedd gan Rosemary, felly roedd hi'n reit ryfedd eistedd yn yr un stafell! Roedd pethe wedi newid ac wedi gwella. Roedd yr holl broses, pan fyddwch yn mynd i gymryd eich llw, yn broses wych. Mewn gwirionedd newidies i'n llw i gynnwys "dros bobol Gorllewin Casnewydd", dwi ddim yn meddwl bod pobol yn sylweddoli eich bod chi'n gallu 'neud hynny, ond roedd e'n rhywbeth ro'n i'n teimlo'n gryf iawn amdano.

Teimlad fod pethe wedi gwirioneddol newid, ei fod e wedi tyfu, mae'n debyg. Mae hi'n teimlo fel petai mynydd arall i'w ddringo achos dy'ch chi ddim eisie gadael pobol lawr, o fynd i mewn iddo fe. Ro'n i'n nabod yr adeilad a'm ffordd o'i gwmpas, a ro'n i'n dal i nabod rhai o'r bobol oedd yn gweithio yno. Ond mae hi jest yn swydd wahanol. Es i mewn iddi gyda fy llygaid ar agor, fel rhywun fuodd yn gweithio yno cynt, rhywun fuodd yn gweithio i AC oedd yn fywiog a phrysur iawn, ond mae'r llwyth gwaith yn arwyddocaol drymach nag o'n i wedi meddwl y bydde fe. Mae'n amlwg, ro'n i'n gwybod nad oedd hi'n swydd 9 tan 5, ac y byddai mwy na dim ond y gwaith pwyllgor i'w wneud – ar y dechre ro'n i ar dri phwyllgor mewn gwirionedd – ac es i i mewn yn meddwl y byddwn i'n darllen o gwmpas y pyncie bob tro ac yna sylweddoles i'n fuan, fod mynd trwy'r papure yn job ddigon anodd. Felly mae'n llawer o waith ond dwi wir yn ei fwynhau.'

LISA FRANCIS

'Ro'n i'n teimlo'i fod wedi'i drefnu'n dda iawn. Ces i syndod gan faint o help ges i ei gynnig. Cyfleustere ymchwil i aelodau – roedd hi'n rhyfeddol cael yr adnodd yna. Roedd ein Llywydd, Dafydd Elis-Thomas, a'r Dirprwy John Marek yn bobol brofiadol iawn a oedd yn awyddus iawn i roi lles eu pobol yn gynta'. Roedd Dafydd yn arbennig yn dipyn o seren achos roedd e'n credu'n ddiysgog y dyle pob aelod gael eu trin yn gyfartal, rhanbarthol ac etholaethol. Roedd e'n credu hynny'n hollol yn ei galon, tra bod llawer o'r aelodau Llafur ddim mewn gwirionedd yn hoffi'r ffaith fod y Ceidwadwyr ar y pryd wedi gwneud yn wirioneddol dda ar y rhestr ranbarthol, roedd e wedi rhoi llwyfan iddyn nhw nad o'n nhw erioed wedi ei gael o'r blaen. Dwi'n credu bod eitha' lot o ddicter am hynny. Ond gwnaeth yr holl drefniant argraff arna i, falle am ei fod yn newydd, dwi ddim yn gwybod. Ro'n i wedi'n llethu braidd. Allwn i ddim credu pa mor wahanol oedd 'mywyd i o fewn cyfnod o ychydig fisoedd. Ac roedd amserau pan o'n i'n llwyr ddisgwyl i rywun roi tap ar fy ysgwydd a dweud, "Mae'r cyfan wedi bod yn gamgymeriad ofnadwy, ddylech chi ddim bod yma mewn gwirionedd!" Roedd hynny oherwydd i fi gael i mewn [yna] yn annisgwyl o ffodus ac mae hynny fel tase fe'n aros gyda chi.'

KAREN SINCLAIR

'Yn ogystal â chyffro, roedd llawer o anesmwythder. Roedd yr holl fenywod, yn sicr yn ein grŵp Llafur ni, yn cwrdd efo'i gilydd ac yn cefnogi ei gilydd, yn enwedig Rosemary Butler oedd yn gweld ei hun fel ein mam ni, dwi'n meddwl, ro'n ni wirioneddol ei angen o ar y pryd achos roedd o'n gymaint o newid enfawr. Ro'ch chi'n ennill yr etholiad ar y dydd Iau ac erbyn dydd Mawrth, wel erbyn y dydd Llun achos y teithio, ro'ch chi i ffwrdd i Gaerdydd. Doedd dim cyfle mewn gwirionedd i 'neud cynllunia mawr ynglŷn â sut ro'ch chi'n mynd i'w 'neud o. A dwi'n cofio'n dda Ann Jones a fi, ro'n ni mewn gwesty, doedd dim un ohonon ni yn gyfarwydd â Chaerdydd, ro'n ni wedi gyrru i lawr, a doedd dim cliw efo ni ble ro'n ni'n mynd i aros. Felly arhoson ni mewn gwesty jest oddi ar yr M4 reit hwyr y nos. A ffoniodd Alun Michael a chael sgwrs a medda fo, "Ble ry'ch chi Karen?" A medda fi, "Does genna i ddim syniad! Dwi mewn gwesty rywla oddi ar yr M4." Roedd hynna mor ddoniol ar y pryd, ond o edrych yn ôl, mae hyd yn oed yn fwy digri' fyth mewn gwirionedd. Mynd i mewn a phawb yn cyflwyno'u hunain i'w gilydd, roedd o'n reit ryfeddol ac yn fraint enfawr. Dyw pobol ddim yn tueddu i feddwl am hynna, ond dwi yn meddwl ei bod hi'n fraint. Ond fe wnes i benderfyniad yn gynnar iawn 'mod i eisio g'neud fy areithia oddi ar fy eistedd ac roedd hynna am 'mod i bob amser wedi meddwl bod sefyll yn weithred bron yn ymosodol yn y Senedd lle'r oedd yr wrthblaid yn arfer bod draw fan yna a'r llywodraeth draw fan yma a bydden nhw'n sefyll i fyny a chael tipyn o ffrae. A ro'n i'n meddwl bod hynny'n wirioneddol drist, roedd o'n fwy o theatr wleidyddol yn hytrach na chyflawni petha mewn gwirionedd a dwi 'rioed wedi bod o blaid theatr wleidyddol yn y siambr. Roedd rhai pobol ychydig yn ddig am y peth [ei bod hi'n siarad ar ei heistedd] ond doedd Dafydd Êl [yr Arglwydd Elis-Thomas] ddim yn poeni o gwbwl ond roedd pobol eraill yn synnu at y peth. Ond dalies i ati a'r mwya' roedd pobol yn sôn amdano, y mwya' ro'n i'n ei 'neud o, achos ro'n i'n teimlo 'mod i'n g'neud datganiad mewn gwirionedd ac y gallen ni 'neud petha heb sefyll a bod yn wrthwynebus efo'n gilydd.'

* * *

Pennod Dau

DYLANWADAU GWLEIDYDDOL A MODELAU RÔL

Roedd yr Aelodau Cynulliad benywaidd a etholwyd i'r Cynulliad Cyntaf yn 1999, ac mewn blynyddoedd olynol, yn dod o gefndiroedd amrywiol. Roedd rhai wedi bod yn gynghorwyr, roedd rhai wedi gweithio i wleidyddion, ac roedd rhai wedi bod yn ymwneud â grwpiau pwyso ac ymgyrchoedd gwleidyddol neu led-wleidyddol amrywiol, gan gynnwys ymgyrch 'Ie dros Gymru' dros gynulliad cenedlaethol. Doedd gan rai ddim cefndir gwleidyddol o gwbl, a dwedai llawer nad oedden nhw erioed wedi meddwl dod, nac wedi disgwyl bod, yn wleidyddion. Siaradodd mwyafrif y rhai a holwyd am fodelau rôl a mentoriaid gwleidyddol, neu fel arall, a ffurfiodd eu credoau a'u meddyliau, a'u helpodd hwy ar hyd llwybrau gyrfaol amrywiol, ac a'u hysbrydolodd, a hyd yn oed a lywiodd eu penderfyniad weithiau i sefyll i'w hethol, fel y gwelir yn yr adran hon.

HANNAH BLYTHYN

'Dwi'n meddwl, fel llawer o 'nghenhedlaeth i, i fi gael 'ngwleidydda mae'n debyg gan yr hyn ddigwyddodd yn y prif ddiwydianna yn yr ardal. Roedd fy nhaid yng Ngweithfeydd Dur Shotton a chafodd o ei ddiswyddo a fo, mae gen i ryw frith gof, fuodd yn siarad â fi am wleidyddiaeth ac undeba llafur a phetha o'r fath. Wnes i 'rioed feddwl y byddwn i'n wleidydd achos do'n i ddim yn meddwl ei fod o'n rhywbeth i rywun fel fi. Yn gyffredinol, doedd gwleidyddion ddim yn edrych fel fi, na neb ro'n i'n ei nabod. Yr hyn sylweddoles i pan o'n i'n iau, oedd bod rhai petha ro'n i'n eu g'neud yn wleidyddol ond nid yr hyn welech chi o safbwynt gwleidyddiaeth plaid. Yn fy ail ysgol gynradd, trefnon ni wrthdystiad achos doedd merched ddim yn cael gwisgo trowsus bryd hynny. Chafodd o mo'i ddatrys yn ystod fy amser i ond rŵan pan dwi'n mynd nôl i ymweld, maen nhw wir yn gwisgo trowsus. Dwi jest yn cofio cwyno am bethau unwaith a'm mam yn deud wrtho i, "Wel, Hannah, gelli di naill ai 'neud rhywbeth am y peth, gelli di gwyno nad yw'n deg neu mewn difri gelli di godi a g'neud rhywbeth amdano fo." Felly ces i 'nylanwadu gan y teulu ond y tu allan i'r teulu, allwn i ddim nodi unrhyw un model rôl heblaw falla unrhyw un oedd yn barod i gicio yn erbyn y tresi, falla na fydda fo'n ymgeisydd amlwg i fod yn wleidydd, falla o ychydig ymhellach i ffwrdd. Os edrychwch chi ar betha yn yr Unol Daleithia, petha fel Terfysgoedd Harvey Milk a Stonewall, a phetha felly. Dwi'n tybio, pobol sydd wedi mynd trwy'r Mudiad Llafur ar lefel y DG, felly pobol fel Barbara Castle falla, pobol sy'n ymddangos i chi falla fel y collwyr sydd wedi herio'r anghyfiawndera hynny mewn gwirionedd, ond heb eu goresgyn dros nos falla, ond dros amser sydd wedi creu newid.'

JANICE GREGORY

'Yn nherme modele rôl, yn etholaeth Ogwr, roedd menyw wych, wych a fydde wedi dwlu cymryd rhan yn y prosiect yma. Ei henw oedd Muriel Williams. Roedd hi'n ferch i löwr, yn wraig i löwr, yn byw mewn pentref glofaol bach o'r enw Nant-y-moel, ac roedd hi'n rym gwirioneddol nad oedd modd ei anwybyddu. Daeth hi'n gynghorydd pan doedd hi ddim yn ffasiynol i fenywod fod yn gynghorwyr ac roedd hi'n ffantastig, roedd hi'n ddi-ofn, roedd hi'n gwybod ei phethe, roedd hi'n gwybod ei gwleidyddiaeth, roedd hi'n nabod ei gwreiddie, ac roedd hi bob amser yn trin pawb yr un peth. Mae'r straeon amdani ar yr hyn oedd yn Gyngor Bwrdeistref Ogwr bryd hynny, yn tynnu blew o drwyne gwrthwynebwyr, yn enwedig gwrthwynebwyr Torïaidd, yn chwedlonol. Roedd hi'n wych ac roedd hi'n fodel rôl heb iddi sylweddoli ei bod hi'n fodel rôl.'

SUE ESSEX

'Doedd e ddim yn deulu gwleidyddol yn yr ystyr yna. Roedd y wleidyddiaeth ehangach 'na, bydde fy rhieni, er enghraifft, wedi'u harswydo i ddod allan o Ewrop, roedd y wleidyddiaeth ehangach 'na a roddodd y rhyfel iddyn nhw. Fy nghyndeidie'n tyfu i fyny yn ystod y Dirwasgiad, fy mam yn blentyn y Dirwasgiad, yn gweld ei brodyr a'i chwiorydd bach yn marw o glefydau plant. Felly, roedd y wleidyddiaeth yna, yn sicr doedd dim "gwleidyddiaeth plaid" fel 'dyn ni'n gwybod amdani heddi, ond roedd y wleidyddiaeth honno o ddaioni pobol gyffredin petaen nhw ddim ond yn cael cyfle. Dwi ddim yn meddwl bod gen i fodele rôl fel y cyfryw. Ro'n i arfer darllen llawer, ro'n i arfer cadw llygad ar bopeth oedd yn mynd ymlaen. Ro'n i arfer siarad ag unrhyw un oedd, fel fi, ag ychydig o ddiddordeb. Mewn gwirionedd [digwyddodd] e pan es i i Brifysgol Caerlŷr. Roedd Dipak Nandy yno felly dechreuon ni gynnal y gwrthdystiade gwrth-apartheid cynta'. Dwi'n credu i ni gael y cynta' yno yng Nghaerlŷr, neu'n sicr y cynta' i Dipak ei drefnu, y cynta' o'r rheiny. Ac roedd hwnnw, dwi'n credu, yn fudiad pwysig iawn i bobol ifanc o'n oedran i, o ddeall bod pethe wedi gwella i ni yn y DG, achos ro'n nhw. Roedd hi'n chwedegau cynnar, yr holl gyfleon, cafwyd newid enfawr o'r pumdegau i'r chwedegau cynnar. Chi'n gwybod, roedd cerddoriaeth, roedd dillad, roedd ychydig mwy o arian o gwmpas, ond hefyd daeth pla apartheid yn sydyn a'n taro yn ein hwynebe, mewn ffordd nad oedden ni'n ei nabod. Felly roedd hynny yn eitha' dylanwadol ond eto dwi'n tybio bod 'ngwreiddie i bob amser yn fy nghymuned ddosbarth gweithiol.'

LEANNE WOOD

'Roedd fy mam-gu bob amser yn fodel rôl ardderchog i fi. Cafodd hi ei geni yn 1920, felly roedd ei hatgofion am dyfu i fyny yn yr 1930au, ac yn nherme 'ngwleidyddiaeth i – o edrych nôl nawr, do'n i ddim yn gweld hynny ar y pryd – ond roedd y straeon ddwedodd hi wrtho i am dyfu i fyny yn y Rhondda, cael ei gyrru i weithio i wasanaethu i deuluoedd cyfoethog yn Llundain, bod yn Llundain adeg y Blits. Roedd un stori ingol iawn adroddodd hi wrtho i – lle'r oedd yn rhaid iddi anfon y rhan fwyaf o'i harian nôl adre, i ofalu am ei brodyr a'i chwiorydd, roedd hi'n un o naw, a hi oedd yr hyna' – ac roedd hi'n daer eisie cot aea'. Felly, cafodd hi hyd i got roedd hi eisie mewn ffenest, aeth i mewn i'r siop, rhoddodd hi arian lawr arni, i'w phrynu – dros gyfnod o amser, byddech chi'n talu'r arian ac yna byddech chi'n cael y got. Ac erbyn iddi dalu'r arian amdani, roedd y got yn rhy fach. Bydde hi'n arfer crïo bob tro bydde hi'n adrodd y stori 'na wrtho i, a hithe'n bedair ar ddeg, bymtheg oed, roedd hi'n dal i deimlo'r poen hanner cant neu drigain mlynedd yn ddiweddarach. I mi, mae hyn fel petai'n crynhoi'r tlodi, yr anobaith, yr amser caled, buodd hi a'i chenhedlaeth yn byw trwyddyn nhw, ac mae'n rhoi rhai o'r probleme 'dyn ni'n eu hwynebu heddi mewn persbectif. At hyn, roedd gen i athro ffantastig, fy athro hanes yn yr ysgol, Mr Richard Gamman. Roedd e'n berson a wnâi inni jest meddwl mewn ffordd wahanol. Bydde fe bob amser yn ein cael i herio confensiwn. Os oedd rhywbeth mewn llyfr a gâi ei nodi fel ffaith, bydde fe'n ein cael ni i gwestiynu ffynonelle'r wybodaeth yna, p'run a oedd hi'n ffeithiol neu beidio. Ac roedd cael athro oedd jest yn 'neud i chi gwestiynu confensiwn a doethineb wedi ei dderbyn, yn rhyddid llwyr i fi. Does gyda ni ddim cyfoeth o fenywod gwleidyddol yn y Rhondda i dynnu oddi arnyn nhw. Un o'r rhesyme y ces i'n nenu at wleidyddiaeth mewn gwirionedd oedd, achos pan o'n i'n tyfu fyny, dim ond ychydig iawn o bobol ro'n i'n teimlo oedd yn fy nghynrychioli i, a boed hynny mewn llenyddiaeth, neu ar y teledu, yn y newyddion neu mewn gwleidyddiaeth, roedd jest cyn lleied [ohonyn nhw]. Felly, rhan o'r cymhelliad i fi ymwneud â gwleidyddiaeth oedd absenoldeb y modelau rôl hynny. Felly, roedd rhaid i fi edrych rywle arall. Mewn gwirionedd edryches i tuag at America lawer iawn am fodelau rôl, a chael hyd i lawer ohonyn nhw ymysg awduron o'r De, menywod duon o'r De, pobol fel Alice Walker, Toni Morrison, Marge Piercy – dim awdur du, ond sosialydd Iddewig o America. Dyma'r manne lle ces i dynnu'n ysbrydoliaeth wleidyddol i, o dudalenne llenyddiaeth mewn gwlad wahanol.'

ANTOINETTE SANDBACH

'Do'n ni ddim yn deulu gwleidyddol. Roedd gen i hen-ewyrth, wnes i 'rioed ei nabod o, gafodd ei ethol yn AS – ar ochr fy nhaid, ei frawd, ond buodd o farw ymhell cyn i fi gael 'ngeni. Heblaw am hynny, do'n i ddim yn ymwybodol o unrhyw un yn y teulu oedd mewn gwleidyddiaeth, a dwi'n meddwl mai fi yw'r ddynas gyntaf i gael ei hethol yn y teulu. Ro'n i'n tyfu i fyny pan oedd Margaret Thatcher yn Brif Weinidog ac felly roedd hi'n ymddangos yn gwbwl arferol y gallai dynas fod yn Brif Weinidog. Ond, ar ôl bod yn Downing Street a cherddad i fyny'r grisia melyn 'na, sydd â phortreada diddiwedd o ddynion, ry'ch chi'n sylweddoli mor anarferol oedd ei llwyddiant hi, a pha mor eithriadol oedd o mewn gwirionedd. Ond, mae'n debyg, oherwydd pryd ges i 'ngeni, ro'n i yn fy arddega pan oedd hi'n Brif Weinidog, yn bendant rhoddodd hi'r argraff y gallai menywod ymwneud â'r byd yna, a falla mai yn yr isymwybod roedd hynny, oherwydd es i i weithio fel cyfreithwraig cymorth cyfreithiol, ro'n i bob amser yn meddwl y byddwn i'n dal i weithio fel cyfreithwraig cymorth cyfreithiol. Dim ond pan ddes i'n fam sengl y dechreues i fod yn fwy gwleidyddol.'

EDWINA HART

'Dwi'n meddwl ei bod hi'n anodd iawn siarad am fodele rôl gwleidyddol achos mae 'nghalon i wedi bod bob amser, a bydd hi am byth mewn gwirionedd, o fewn y mudiad undebe llafur yn hytrach nag mewn gwleidyddiaeth. Pan orffennes i yn yr ysgol, es i, am gyfnod byr, i'r brifysgol ond do'n i ddim yn hapus iawn. Ro'n i'n hoffi byd gwaith. Ro'n i'n hoffi bod ag arian yn fy mhoced. Cymeres i swydd, na ddylen i fyth fod wedi ei chymryd mewn gwirionedd, ac wrth gwrs, o hynny ymunes i â'r undeb llafur. Felly, mudiad yr undebe llafur, dwi'n meddwl, gafodd y dylanwad mwya' arna i. Dwi bob amser yn cofio pan es i i 'nghynhadledd Cyngres Undebe Llafur genedlaethol gynta'. Doedd dim llawer felly o fenywod yno, a ro'ch chi'n edrych ar y llwyfan ac yn nabod Marie Patterson o'r Transport and General Workers' Union, Pat Turner o'r GMB, ac roedd cyn lleied ohonyn nhw. Ond roedd y menywod ro'ch chi'n eu cwrdd drwy'r mudiad undebe llafur yn eithriadol o gefnogol ohonoch chi ac o'r hyn ro'ch chi eisie ei 'neud. Bydden nhw'n eich cofio chi bob amser, byddech chi yn siarad â nhw bob amser, roedd gyda chi berthynas â nhw ac mae'n debyg mai nhw oedd fy modele rôl i, y menywod a ymladdodd dros gael tâl cyfartal mewn gwirionedd, oedd eisie 'neud pethe, ac oedd eisie newid y byd o bersbectif menywod.'

GWENDA THOMAS

'Wel, fi'n credu taw mam a dad, a gweud y gwir. Wedi cael 'ngeni i mewn i'r Blaid Lafur. Nad o'dd yn rhywbeth o'ch chi'n meddwl amdano fe, oedd yn beth naturiol. O'n nhw wastad yn mynd i gwrdd â rhai oedd yn eitha' gweithgar yn wleidyddol. Y math 'na o beth, oedd yn ffordd naturiol i feddwl am fywyd a gweud y gwir. Chi'n meddwl nôl, roedd sawl person a gweud y gwir. Harold Wilson, o'n i'n gwrando lot arno fe, a fel wnath e ymladd ddwywaith yn yr etholiadau cyffredinol, oedd e'n ddylanwad arna i. Ac wrth gwrs, o'n i wastad yn clywed am Keir Hardie a chlywed am rain i gyd wrth dyfu lan. Barbara Castle, o'n i'n meddwl lot amdani hi o hyd oherwydd wnath hi ymdrech i gael toiledau i fenywod yn Nhŷ'r Cyffredin, oherwydd doedd 'na ddim i fenywod, dim lle i fenywod i wneud beth oedden nhw eisiau gwneud, ac edrych ar ôl eu hanghenion personol. A wedyn gweld y lle wedi ei enwi'n "Barbara's Castle"! O'n i'n meddwl o'dd hwnna'n grêt, y teip 'na o fenyw. Dwi ddim yn meddwl bod menywod wastad yn gefnogol i fenywod erill, ond mae'n rhaid i fi weud i fi gael cefnogaeth gref gan ddynion, yn enwedig pan ddes i yn aelod o Gyngor Sir Gorllewin Morgannwg. Roedd dau arweinydd yna – Tom Jones a Fred Kingdom ar y pryd, a rhoion nhw ffydd yno i, wedi cael fy ethol am dair blynedd ac wedyn dod yn Gadeirydd Pwyllgor y Gwasanaethau Cymdeithasol. O'dd dim menyw wedi cadeirio pwyllgor fel hynny, ar y Cyngor, cyn 'ny o gwbl, mae'n rhaid i fi gydnabod y gefnogaeth gan ddynion hefyd.'

JAYNE BRYANT

'Pan o'n i tua naw oed, ro'n i'n mynd i Ysgol Gynradd St Julian, ac roedd Paul Flynn newydd gael ei ethol ar gyfer Gorllewin Casnewydd. Ro'n i'n byw yn Nwyrain Casnewydd, ond roedd Paul yn gallu dod i'n ysgol i, achos roedd rhai o'i etholwyr yn mynd yna. Dwi'n cofio'n rhieni yn dweud wrtho i fod hyn yn rhywbeth mor fawr, "Paul Flynn, AS newydd, yn mynd i ddod i dy ysgol di," a dwi'n dal i gofio ble ro'n i'n eistedd. Roedd cyfarfod gwleidydd am y tro cynta' yn eitha' arbennig a rhywbeth dwi'n teimlo sy'n bwysig iawn yw bod gwleidyddion yn mynd allan a siarad a chael eu gweld a'u clywed yn eu cymunede fel bod pobol yn meddwl bod e'n gyraeddadwy. Roedd Paul yn un o'r dylanwadau mawr hyd yn oed o oedran cynnar. Ac roedd gen i ddiddordeb mawr yn yr amgylchedd, felly o tua unarddeg, ddeuddeg, dechreues i fod â diddordeb yn yr haen osôn ac ailgylchu, ac arweiniodd hynny fi mewn gwirionedd i lawr un llwybr. Felly, ro'n i wedi fy ngwleidyddoli o oedran ifanc, er nad o'n i mae'n amlwg yn ymwneud yn yr oedran 'na dan gochl plaid wleidyddol.'

BETHAN SAYED

'Pan o'n i'n tyfu lan, o'dd mam wedi dod o ogledd Iwerddon yn wreiddiol, o'n i'n ffeindio fe'n ddiddorol i drafod ac i fynd i Belfast i edrych ar yr hyn oedd yn digwydd yno. Er bod e yn yr 1980au, roedd hi'n dal yn anodd yn wleidyddol yna, dal lot o drais, ond o'dd hi'n ysbrydoli fi, o ran y ffaith bod hi wedi dod o le mor anodd i dyfu lan, ac wedi dod i Gymru i fyw er mwyn dianc rhag hynny. Mae pobl yn siarad am Palestine a Lebanon ac yn y blaen, ond o'dd bomie'n mynd off ar y stryd bob dydd ym Melfast, ac felly o'n i'n darllen lot am hynny ac o'n i'n edrych lan at bobol fel Bobby Sands ar y pryd, oedd wedi 'neud lot dros yr achos, o ran gweriniaeth, a hefyd pobol fel De Valera yn y Weriniaeth a oedd wedi 'neud lot i gwffio ar gyfer Iwerddon unedig. Felly pan o'n i'n ifanc, o'n i'n edrych ar Iwerddon, a hefyd ar rywun fel Nelson Mandela, achos wnes i 'neud lot gyda'r ymgyrchoedd gwrth-apartheid, ac roedd e'n ysbrydoli fi hefyd. Ond o'dd dim lot o ffigurau mawr gwleidyddol pan o'n i'n tyfu lan. Pan o'n i yn yr arddege, o'n i ddim yn 'neud cymaint o bethe gwleidyddol, mwy o gerddoriaeth, cerddorfeydd ac yn blaen, oedd yn mynd â fy mryd i. Wedyn pan es i i'r coleg, o'dd e'n fwy o beth i ymwneud â'r ymgyrchoedd yna, ac o'n i'n ffeindio pobol yn yr SNP, fel Nicola Sturgeon, yn rhywun o'n i'n edrych lan ati, ac wedyn Leanne Wood yn amlwg. Daeth hi i Aberystwyth pan o'n i yn y coleg, gyda Dafydd Iwan. Ac o'n i'n gweld gwleidydd fel 'na a oedd yn edrych fel fi, yn swnio fel fi, ac o'dd at fy nant i pan o'n i ddim rili wedi edrych ar wleidyddiaeth bleidiol cyn hynny.'

MICHELLE BROWN

'Yn nherma actifiaeth doedd y teulu ddim yn weithredol yn wleidyddol. Does dim un o 'nheulu i wedi sefyll etholiad 'rioed, cyn belled ag y gwn i. Ond roedd diddordeb bob amser mewn gwleidyddiaeth a materion cyfoes. Pan o'n i'n blentyn, roedd y newyddion ymlaen bron drwy'r amser yn y cefndir. Roedd 'nheidiau a'm neiniau wedi cael llawer o addysg, a bydden nhw'n dadla â'r gwleidyddion, roedd llawer o siarad nôl at y teledu yn 'nheulu i pan o'n i'n blentyn, a dwi'n dal i 'neud hynny. Roedd un ddiweddar wedi ei chynnig fel model rôl i ferched modern er bod hyn wedi achosi tipyn o gynnwrf, ond arwres fawr i mi'n blentyn saith neu wyth oed oedd Wonder Woman. Ro'n i'n dod o deulu Ceidwadol felly pan ddaeth Margaret Thatcher yn Brif Weinidog, roedd hynny'n ddylanwad arna i fel merch mewn teulu Ceidwadol. Roedd hi wedi dod yn Brif Weinidog ac roedd hi'n g'neud penderfyniada mawrion. Beth bynnag ry'ch chi'n ei feddwl o'i gwleidyddiaeth, llwyddodd i 'neud rhywbeth roedd ffeministiaeth yn trio ei gyflawni, cydraddoldeb mewn gwleidyddiaeth. Dyma ddynas oedd yn ddynas wirioneddol gref, yn ddigon cryf i ymladd ei ffordd trwy system wleidyddol batriarchaidd iawn a dod yn Brif Weinidog. Ro'n i'n naw pan aeth Margaret Thatcher i mewn i Rif 10 a ro'n i yn ugain pan adawodd hi, felly roedd holl flynyddoedd fy arddega i o dan Brif Weinidog benywaidd, a dynnodd yn groes i'r tueddfryd i fenywod, yn enwedig yn y cyfnod yna. Shirley

Williams hefyd. Dwi ddim yn cytuno â'i gwleidyddiaeth hi, ond ro'n i'n edmygu Shirley Williams yn fawr am fwy neu lai'r un rhesyma.'

LAURA ANNE JONES

'Pan ymunes i â'r Blaid Geidwadol ymhen amser, es i i 'nghyfarfod cynta' ym Mrynbuga, yn y Clwb Ceidwadol, lle'r oedd y cyfartaledd oedran mae'n debyg tua phedwar ugain, a medde fi, "Beth ydw i'n 'neud yma?" Ro'n i tua phymtheg oed bryd hynny. Ond daeth dau o'r bobol yno yn ddylanwadau mawr yn fy mywyd gwleidyddol i. Un ohonyn nhw oedd Peter Davies, y mwyaf ohonyn nhw, fy mentor i. Roedd yn ddyn rhyfeddol. Roedd [yn siarad] yn blwmp ac yn blaen, yn groesawgar iawn i fi, a chymerodd e fi dan ei adain, a mynd â fi'n syth i fyny i Stad y Gurnos ym Merthyr i ganfasio. Dwi'n credu bod e'n fy mhrofi i i weld sut byddwn i'n ymdopi, mewn gwirionedd. Ces i gŵn wedi'u hysio arna i, dryse wedi eu clepian yn fy wyneb i fel Tori, ond ro'n i'n dotio at hynny. Yr holl bobol hyn ro'n i wedi g'neud iddyn nhw jest meddwl am y ffaith fod gyda nhw ddewis mewn gwleidyddiaeth, doedd dim rhaid iddyn nhw bleidleisio dros Lafur dim ond am fod eu teidiau a'u neiniau nhw wedi 'neud, gallen nhw feddwl am ddyfodol eu plant, a gallen nhw helpu i'w ffurfio trwy bleidleisio mewn ffordd wahanol. Felly, datblygodd e fi mewn gwirionedd, o ran pwysigrwydd siarad â phobol. Gweles i e ar stepen y drws yn addasu sut roedd e'n trafod pobol o bob oedran, o bob cefndir. Dysges i lawer, mewn gwirionedd, ganddo fe am sut i gyfathrebu gyda phobol. Roedd rhywun arall yno'r noson honno o'r enw Audrey Hull a hi oedd y ddynes yn y blaid. Roedd hi'n arbennig o gryf, fel Margaret Thatcher o ran ei phresenoldeb, a phopeth arall, yn y ffordd roedd hi'n gwisgo a'r ffordd roedd hi'n ymddwyn a'r ffordd roedd dynion a menywod yn ei pharchu. Meddylies i, "Waw, mae'r ddynes yma'n bwerdy ac un diwrnod hoffwn i fod fel 'na, mae hi wirioneddol wedi ei 'neud hi." Felly, y ddau berson yna, a Margaret Thatcher wrth gwrs, dynes bwerus arall, ac roedd e'n profi i fi ei bod hi'n bosibl.'

SUZY DAVIES

'O safbwynt gwleidyddol, y fenyw gynta' dwi'n cofio yw Barbara Castle, wrth gwrs, ac o safbwynt dylanwad – dwi'n gwbod bod chi i gyd yn meddwl 'mod i'n mynd i ddweud Margaret Thatcher – mewn ffordd, roedd hi'n emblematig, hi oedd y prif weinidog cynta', wrth gwrs. Ond yr un sydd wedi 'neud i fi feddwl falle am wleidyddiaeth oedd Mo Mowlam. Wrth gwrs, mae'n dod o blaid arall, ond be' sy wedi 'nharo i oedd y ffaith fod hi yn fodlon siarad â phwy bynnag mewn ffordd hollol wahanol. Dim cweit anffurfiol, ond dim cweit y stwff hen ffasiwn ro'n ni'n arfer gweld cyn hynny. Mae'n siomedig mewn ffordd fod hi ddim wedi cweit gael y clod am be' sy wedi digwydd yng Ngogledd Iwerddon, wel, Iwerddon gyfan. Falle ar y pryd, roedd Tony Blair dipyn bach yn genfigennus am beth roedd hi wedi bod yn llwyddiannus yn ei 'neud, a chymerodd e fwy o'r clod na falle oedd yn deg. Wrth gwrs, doedd hi ddim yr un gynta' i 'neud gwaith yn Iwerddon, mae rhaid i mi ddweud rhywbeth – bod John Major wedi 'neud rhyw fath o ddylanwad yno. Ond dim cweit "dan y radar". A dyna, wrth gwrs, sut mae gwleidyddiaeth yn gallu gweithio yn y ffordd ore.'

VIKKI HOWELLS

'Dwi'n credu i lawer ohono fe godi o 'nghariad i at hanes lleol, ac yn enwedig tyfu lan yng Nghymoedd De Cymru, pan mae gyda chi ddiddordeb yn eich hanes, allwch chi ddim peidio â bod wedi cael eich lliwio gan wleidyddiaeth wrth i chi edrych i mewn i hynna a brwydr y dosbarth gweithiol, yn enwedig yn yr ardaloedd glofaol, yn erbyn y perchnogion glo. Dwi'n credu mai dyna wnaeth i fi ddechre meddwl ac a ffurfiodd fy meddylie mewn gwirionedd. A dwi'n cofio yn glir iawn hefyd, pan o'n i'n saith oed, roedd Streic y Glowyr yn 1984, roedd llawer o'r plant yn fy nosbarth i, roedd eu rhieni, eu tadau yn lowyr, eu mamau yn helpu gyda hynna i gyd. Yn sicr dwi'n cofio fy mam yn agor y drws i fenywod eraill ro'n i'n eu nabod yn y pentre a oedd yn gofyn oedd unrhyw fwyd gallen ni ei roi. A dwi'n cofio roedd rhai o fame fy ffrindie i yn weithgar iawn gyda hyn. Hyd yn oed yn yr oedran cynnar yna, ces i'r argraff yna fod menywod yn flaenllaw gyda rhywbeth oedd yn bwysig iawn. Dwi'n cofio gweld y newyddion am blant na fydde'n cael presante Nadolig achos Streic y Glowyr. Dyna'r foment sylweddoles i nad oedd Siôn Corn [yn bodoli] a gwnaeth hyn fi'n wironeddol grac achos y wleidyddiaeth mewn gwirionedd oedd wedi dinistrio'r myth yna i fi. A chymeres i hyn yn reit ddifrifol yn fy mhen bach, yn saith oed, a dechreues i wrando yn iawn ar y newyddion lawer mwy a datblygodd hyn i jest mwynhau trafod gwleidyddiaeth gydag unrhyw un gallen i ffeindio oedd â diddordeb. A phan o'n i'r ddwy ar bymtheg, dwedodd mam wrtho i, "Beth hoffet ti gael ar y Nadolig, Victoria?" a medde fi, "Hoffwn i aelodaeth o'r Blaid Lafur, plîs." Ac roedd fy rhieni yn meddwl 'mod i wedi colli'r plot yn llwyr! Ro'n nhw'n meddwl mai dyna'r presant rhyfedda y galle eu merch ddwy ar bymtheg oed ofyn amdano. Digwyddodd rhywbeth a daniodd fi i feddwl, "Reit, dwi i wir eisie ymuno â'r Blaid Lafur," sef pryniant Glofa'r Tŵr gan y glowyr, a rhan Ann Clwyd yn hynny. A dwi'n cofio gwylio hynny'n datblygu'n ddyddiol a chael fy rhyfeddu bod cymaint o angerdd yn y gymuned leol, a bod y bobol yma yn 'neud rhywbeth oedd ddim wedi cael ei 'neud yn unman arall yn y byd o'r blaen, prynu eu glofa eu hunain a'i rhedeg hi. Felly roedd hynna'n ddylanwad mawr arna i, ac roedd Ann yn ddylanwad mawr yn hynna o beth hefyd.'

JOCELYN DAVIES

'Mae Llew Smith, yr ASE a'r AS Llafur a oedd o Drecelyn hefyd, yn gefnder cyntaf i fy mam, felly roedd gwleidyddiaeth wedi bod yn ochr mam o'r teulu, a hefyd ar ochr 'nhad o'r teulu, ond wrth gwrs Llafur oedd hwnnw. Ond yn yr 1960au, ymunodd mam a 'nhad â Phlaid Cymru. Ro'n i'n dal yn yr ysgol gynradd, ac yn y rhan yna o Gymru, dim dyna'r dewis mwya' poblogaidd. Ond ro'n nhw wedi eu dadrithio gan wleidyddiaeth leol, y ddau yn genedlaetholwyr yn credu y dyle Cymru gael ei senedd ei hunan, a ro'n nhw'n edmygu'r gwleidyddion Plaid Cymru lleol yn fawr. Aneurin Richards oedd ein cynghorydd lleol ni, a châi e'i ystyried yn onest eithriadol. Roedd e'n "foi da". Ro'n nhw'n ei hoffi e, ro'n nhw'n hoffi ei neges e, ac felly ymunon nhw â'r blaid [Plaid Cymru]. Ro'n i tua naw oed. Bydde Aneurin yn galw yn y tŷ'n rheolaidd gyda thaflenni; mae'n rhaid i fi ddweud wrthoch chi nad o'n nhw'n eu dosbarthu – bydde 'mrawd a finne gan amla'n cael ein hanfon i rannu'r taflenni hynny rownd y dryse. A bryd hynny roedd gan Blaid Cymru "aelodaeth teulu", felly am ffi arbennig byddech chi i gyd yn ymuno, felly roedd gyda ni aelodaeth teulu a bydden ni'n ystyried ein hunen, hyd yn oed pan oedden ni'n blant bach mewn gwirionedd, yn rhan o deulu Plaid Cymru. Aneurin oedd y prif ffocws. Roedd Aneurin yr un oed â 'nhad. Hyd yn oed jest cyn iddo fe farw, dim ond ryw gwpwl o flynydde yn ôl, roedd pobol Trecelyn yn dal i siarad amdano fe. Dy'ch chi ddim yn cwrdd â llawer o bobol fel Aneurin Richards yn eich bywyd. Roedd e jest yn un o'r bobol yna a oedd eisie 'neud y peth iawn bob amser, roedd e wedi ymroi'n llwyr i'r achos 'ma, ac roedd e mor gefnogol ohono i. Ac weithie mae angen dyn ar fenywod i ddweud wrthyn nhw gallan nhw ei 'neud e, mae hynna wedi bod yn thema gydol 'mywyd i mewn gwirionedd. Yn eironig, mae anogaeth dyn ry'ch chi'n ei edmygu yn gallu rhoi hyder i chi i 'neud rhywbeth mae eich ffrindie wedi bod yn dweud wrthoch chi gallwch chi ei 'neud.

Ac roedd Aneurin yn sicr yn un o'r dylanwadau arna i. Pan sefes i yn yr is-etholiad, daeth lot o aelode Plaid Cymru i Islwyn i helpu. Dechreues i fynd i'r Cyngor Cenedlaethol, felly cwrddes i â menywod eraill oedd ym Mhlaid Cymru, Helen Mary Jones, Laura McAllister, Siân Edwards, pobol y dysges i gymaint ganddyn nhw dwi'n meddwl. Ro'n nhw jest yn ymddangos i mi fel pobol onest dda a dyna'r peth ro'n i'n ei edmygu'n fawr. Yn anffodus, doedd gen i ddim Cymraeg felly dyna un agwedd ohono fe allwn i ddim ymuno ynddo fe ond roedd math ar deimlad teuluol amdano fe ac o fewn hynna roedd chwaeroliaeth fach hefyd oedd yn ddeniadol iawn, a ro'n i'n teimlo croeso mawr yno. Ro'n nhw'n fy neall i.'

JULIE JAMES

'Mae dwy athrawes sy'n sefyll allan i fi yn arbennig. Roedd un yn athrawes mewn ysgol yng Ngogledd Ontario, a chymerodd hi fi dan ei haden rywfaint, achos honno oedd y ddeuddegfed neu'r bedwaredd ysgol ar ddeg i fi fod ynddi. Ac yn yr ysgol yna yng Ngogledd Ontario, ro'n i'n byw mewn lle bach o'r enw Manitoba, ymhell yn y Gwylltir yng Nghanada, mewn tre lofaol fach. Ac roedd yr hyn sy'n cael ei alw nawr yn Llwyth Cenedl Gyntaf yn byw yna, ond bryd hynny oedd yn cael ei alw'n Llwyth Indiaidd Americanaidd. Ac roedd plant y llwyth yna yn yr ysgol gyda ni, ond ro'n nhw hollol ar wahân fel apartheid, mewn set o ddosbarthiade hollol wahanol ac yn y blaen. Ac roedd rhaid i fi ofyn i'r athrawes yma am hyn, a dwedodd hi bopeth amdano fe wrtho i a pha mor grac oedd hi am y ffaith eu bod nhw'n cael eu trin fel 'na. Ro'n i tua deg neu un ar ddeg a newidiodd hynny mewn gwirionedd sut o'n i'n teimlo am yr ysgol a phopeth. A chafodd fy nghariad i at hanes a sut ry'ch chi'n ystyried trefedigaethu Prydeinig ei newid yn llwyr jest trwy agwedd ryddfrydol iawn yr athrawes arbennig 'na, yn y chwedegau, pan doedd e jest ddim ar y radar i'r rhan fwyaf o bobol wyn fod hynna'n unrhyw fath o bwnc dadl. Pan ddychweles i i Brydain a mynd i'r ysgol yn Penzance, pan o'n i'n bedair ar ddeg, des i ar draws athrawes hanes, a oedd tua'r athrawes hanes waetha dwi 'rioed wedi ei chyfarfod yn fy mywyd, oedd yn gwybod dim am hanes ac a oedd yn dysgu hanes trefedigaethol Prydain fel petai'r Ymerodraeth yn rhywbeth gwych. A gwnaeth hi ffafr fawr â fi achos dysgodd hi i fi ddadle. Gan 'mod i'n casáu beth roedd hi'n ei ddweud, wrth gwrs dechreues i ddadle gyda hi yn y dosbarth. Felly, gwnaeth hi fi'n [berson] dadleugar ac yn benderfynol o lynu at fy marn.'

* * *

Pennod Tri

SEFYLL ETHOLIAD

Dilynodd y menywod a holwyd yn ystod ein prosiect lwybrau amrywiol i'r Cynulliad Cenedlaethol/y Senedd, yng Nghynulliad Cyntaf 1999, ac mewn etholiadau dilynol, yn ogystal ag i seddau ar y cynghorau cyn dod yn ACau/ASau. Roedd rhai wedi bod yn weithredol yn eu pleidiau lleol, roedd rhai wedi bod yn aelodau staff mewn Cynulliadau cynt, neu wedi gweithio mewn sefydliadau lled-wleidyddol neu ar garfanau pwyso. Roedd rhai wedi dod trwy'r mudiad undebau llafur a'r cynghorau lleol ac roedd un neu ddwy wedi bod yn gwasanaethu yn San Steffan eisoes. Roedd rhai wedi cael swyddi eraill hefyd neu'n rhedeg eu busnesau eu hunain. Daeth rhai menywod i mewn i fyd gwleidyddiaeth yn ifanc, yn syth o'r brifysgol, neu'n fuan wedyn, tra ymunodd eraill yn hwyrach yn eu bywydau, heb ddim ond ychydig o ddiddordeb gweithredol mewn gwleidyddiaeth cyn hynny, neu heb fod â ffocws pleidiol-wleidyddol o gwbl. Yn ddieithriad, mynegodd pob un o'r menywod a holwyd, bryder am faterion llosg a bod angen mynd i'r afael â nhw, ac roedd pob un yn angerddol dros newid pethau yn eu cymunedau lleol, eu hetholaethau ac yng Nghymru. Dyma ddetholiad o rai o'r llwybrau diddorol, ac anarferol droeon, a wnaeth iddynt fynd i mewn i'r byd gwleidyddol.

JANE DAVIDSON

'Ro'n i wedi treulio'n holl amser yn gweithio i Gymdeithas Llywodraeth Leol Cymru ac i'r Fforwm Llywodraeth Leol Cenedlaethol yn erbyn tlodi, yn cwrdd â phobol o dros y DG ac yn rhoi fy llaw i fyny a dweud, "Mewn gwirionedd dyw hi ddim fel 'na yng Nghymru", a bydde pobol yn jest dweud, "O, dyw Cymru ddim yn cyfri' achos dim ond pump y cant o'r boblogaeth yw hi." Ond mae Cymru yn cyfri'. Fel rhywun sy'n byw yng Nghymru ac yn gwybod mai Cymru oedd rhan dlota'r DG, a bod polisïau'r llywodraeth ddim yn rhoi'r hyn roedd ei angen i Gymru, ro'n i'n teimlo bod Cymru'n cyfri' fwy nag erioed. Ac felly, pan ddechreuodd y Cynulliad Cenedlaethol ro'n i'n siomedig iawn na allwn i sefyll. Ond wrth gwrs, yn Llafur, yr hyn ddigwyddodd achos gwleidyddiaeth a oedd yn bennaf tu ôl i'r llenni ond a ddaeth wedyn yn amlwg iawn i'r blaen ac yn ganolog – i alluogi Alun Michael i ddod i mewn yn ymgeisydd yng Nghanolbarth a Gorllewin Cymru, achos ei fod e'n edrych i symud o fod yn Aelod Seneddol i fod yn Aelod Cynulliad – cafodd y rhestr ei hagor. Ac felly, yn llythrennol, gweles i ar y newyddion fod y rhestr wedi cael ei hagor – dwi'n meddwl mai dim ond am gwpwl o wythnose buodd hi ar agor – ond fe ymgeisies i ar gyfer y rhestr newydd 'na, a dod yn ymgeisydd Cynulliad bona fide. Dim ond rhyw dair neu bedair wythnos oedd hyn cyn i restr Pontypridd agor a dyna'r etholaeth lle ro'n i'n byw ac felly rhoies i'n enw 'mlaen am Etholaeth Pontypridd. Ond pan es i mewn i'r broses ddewis ym Mhontypridd, ffeindies i 'mod i wedi mynd mewn i broses ddewis lle'r oedd y Blaid Lafur etholaethol, aelode gweithredol y Blaid Lafur etholaethol, y pwyllgor gwaith, wedi penderfynu'n barod pwy fydde eu hymgeiswyr ar gyfer hyn. Ro'n nhw o'r farn, eu bod nhw jest yn mynd i gael dewis, mewn partneriaeth â Merthyr – dyna'r efaill etholaeth – a fyddai'n galluogi ymgeiswyr o'u dewis nhw i ddod ymlaen o Bontypridd a Merthyr. Roedd y ffaith i fi ymgeisio yn her enfawr i'r mecanwaith roedd y pwyllgor gwaith wedi penderfynu eu bod nhw eisie ei ddilyn. A daeth yn amlwg yn fuan iawn fod y ffaith 'mod i'n ymgeisio yn cael ei gweld gan lawer o bobol ym Mhlaid Lafur yr etholaeth yn chwa real o awyr iach.'

TAMSIN DUNWOODY

'Mewn gwirionedd ro'n i wedi mynd i ddewisiade cyn hynny [yn 2003], ar gyfer seddi San Steffan yma yng Nghymru, a ro'n nhw'n eitha' dadleuol, achos ymgeiswyr gwrywaidd oedd yn llwyddiannus yn bennaf yn enwedig mewn seddi diogel; dim ond mewn seddi ymylol neu seddi hyblyg roedd menywod yn llwyddiannus. Roedd nifer o brobleme lle ro'n i i fod i siarad mewn clybie gweithwyr lle'r oedd menywod wedi cael eu gwahardd. Roedd e'n brofiad dysgu gwych, yn broses ddysgu dda, ac roedd yn dysgu'r broses i chi, yn llythrennol, creu taflenni, anfon nhw allan, siarad ag aelode, cyflwyno eich dadl, pam chi ac nid y chwech neu'r saith person arall, a 'dych chi'n mynd trwy drefen bendant iawn. Yna daeth sedd i fyny fan hyn ar gyfer y Senedd [sic] . Achos 'mod i'n aelod Plaid gweithredol yn lleol, rhoies i'n enw'n hunan 'mlaen wedyn. [Ar noson etholiad] ro'n i wedi treulio 'mhlentyndod i gyd yn gwylio pleidleisie'n pentyrru, felly ro'n i'n gwylio'r pleidleisie'n pentyrru ac yn meddwl, "Dwi wir yn mynd i ennill hon!" Ac, er 'mod i'n gweld y peth yn digwydd, roedd e'n dal yn sioc. A dwi'n cofio am wythnose wedyn gyrru ar draws y Preseli a meddwl i'n hunan, "O jiw, fi yw Aelod Cynulliad fan hyn!" Roedd e'n hollol ysgubol.'

JULIE MORGAN

Roedd Julie Morgan yn un o'r menywod a oedd wedi bod yn AS Cymreig cyn etholiadau'r Cynulliad Cyntaf yn 1999:
'Ro'n i wedi ymladd Gogledd Caerdydd yn '92, ac roedd hwnnw yn ddewis agored, ac enilles i (yr enwebiad). Ac yna fe wnaethon

ni gynnydd mawr yn y pleidleisie ond dim ennill mae'n amlwg. Ac yna yn '97, pan ddaeth [y sedd] fyny eto, ro'n i'n meddwl y bydden ni'n cael tro arall fan'na. Fe ges i gyfle i fynd i lefydd eraill, er dwi ddim yn gwybod a fyddwn i wedi eu cael nhw neu beidio, ond meddylies i bydde'n well i fi sticio gyda'r etholaeth. Ro'n i wedi dod yn hoff iawn o Ogledd Caerdydd a'r bobol yno, felly penderfynes i gael tro arall. Yn y rownd gyntaf, yn ystod y broses ddewis, roedd hi eitha' rhagfarnllyd yn erbyn menywod, er enghraifft, gofynnon nhw i fi, "Pwy sy'n mynd i edrych ar ôl eich plant chi os ewch chi i San Steffan?" Ac roedd pobol yn eitha' rhywiaethol weithie. Roedd Rhodri [Morgan, ei gŵr] yn AS yn barod a bydde nhw'n dweud wrtho i, "O, dwi ddim yn licio Rhodri, felly 'dyn ni ddim eisie chi," y math 'na o beth. Ond, er gwaetha' hyn, ges i'r enwebiad 'na, a chafon ni ymgyrch dda. Ond yna pan ddaeth y tro nesa, cynigiodd Gogledd Caerdydd i fod yn Rhestr Fer Menywod yn Unig achos roedd e'n golygu gallech chi gael eich dewis lawer yn gynt. Achos os fyddech chi'n cytuno yn y Blaid Lafur i gael Rhestr Fer Menywod yn Unig, ro'n nhw mor awyddus i gael menywod, ro'n nhw'n 'neud y rheiny gynta'.'

JANET RYDER

'Dwi'n cofio bod mewn cyfarfod o'r Pwyllgor Gwaith Cenedlaethol a ro'n ni'n arolygu beth oedd yn digwydd ac yn edrych ar yr enwa ar gael. Ac yna'n sydyn iawn, ar ganol y cyfarfod 'ma, dyrnodd Wigley – fel mai dim ond Wigley oedd yn gallu g'neud – ar y ddesg, [gan ddweud] "'Dan ni'n stopio'r broses 'ma rŵan!" A dyma fo'n pwyntio ata i a deud, "Ac ry'ch chi'n mynd i roi'ch enw 'mlaen." Felly, ches i ddim llawer o ddewis yn y peth. Roedd yn rhaid i mi fynd drwy'r holl broses, achos beth oedd wedi digwydd pan ddaethon ni i ddewis y rhestr yng Ngogledd Cymru, roedd yr holl ferched da iawn yma wedi tynnu'n ôl, achos ro'n nhw'n meddwl, "Wel, does dim pwynt." Ond unwaith aeth fy enw i i mewn, diolch byth, daeth yr holl ferched yma i mewn hefyd. Felly, roedd llawer o enwa da, merched, yn cystadlu am y rhestr Gogledd Cymru yna y tro cynta' yn '99. Doedd dim dal o gwbl y byddwn i'n cael fy ethol. Fel mae'n digwydd fi oedd ar dop y pôl, a hynny'n hollol argyhoeddiadol hefyd, ond wnes i 'rioed fynd ati'n fwriadol i fynd i'r Cynulliad. Dwi'n cofio bod y diwrnod pleidleisio yn ddiwrnod hir iawn, a hanner ffordd drwyddo, doedd hi ddim mewn gwirionedd, yn edrych fel 'swn i'n mynd i gael fy ethol, achos roedd Gareth [Jones] wedi cael ei ethol yng Nghonwy, a ro'n ni'n meddwl, wel, dyna hi siŵr o fod, roedd tair sedd yng ngogledd Cymru yn rhannu'r bleidlais yn golygu mwy na thebyg na fyddwn i'n cael fy ethol. Ond fe ges i a dwi'n cofio ro'n ni wedi trefnu bws y noson yna oedd yn codi pobl i fyny ar hyd lleoedd gwahanol a diweddon ni yn y Celtic Manor [sic] yng Nghaernarfon, ac roedd hwnnw'n dipyn o barti'r noson yna, dwi ddim yn cofio llawer am ddod adra.'

ELUNED PARROTT

'Yn 2010, daeth hi'n amser Etholiad Cyffredinol. Y broses ddewis yn fy mhlaid i yw bydd hysbyseb yn mynd allan, a llenwes i ffurflen ymgeisio, ymgeisio fel byddech chi am swydd. Cyn hynny, cyn eich bod yn gallu sefyll, mae hyfforddiant a phroses ddewis fel y gallwch chi fod yn ymgeisydd cymeradwy. Do'n i ddim wedi mynd trwy hynna eto ar y pwynt yna, felly do'n i ddim ond yn gallu bod yn ymgeisydd achos 'mod i wedi 'nghymeradwyo ar drwydded. Felly, ces i gyfweliad i siarad am fy Rhyddfrydiaeth ac i wirio 'mod i'n berson derbyniol, ac na fydden i'n drafferth. A dyna 'mhrofiad cynta' i o ymgyrch etholiadol. Profi'r dŵr mewn gwirionedd. Do'n i ddim yn disgwyl ennill. Mae Bro Morgannwg yn sedd ymylol rhwng Llafur a'r Ceidwadwyr. Bryd hynny, roedd yr AS Llafur cynt yn sefyll lawr ac ymgeisydd newydd wedi dod 'mlaen, Alun Cairns, ei etholiad cynta' am y sedd yma. Yr hyn oedd yn wirioneddol ddifyr am y broses yna oedd mewn gwirionedd nad oedd dim pwysau o gwbwl. Doedd dim disgwyliade. Gallwn i jest mwynhau mynd allan ac ymgyrchu, siarad am y pethe oedd yn bwysig i fi, mynd allan a chwrdd â phobol, cnocio ar ddryse, a gwneud llawer o hustynge, roedd llawer o hustynge ar gyfer yr etholiad yna, tua wyth dwi'n meddwl. Mewn rhai ymgyrchoedd etholiadol does dim, felly gan ei bod yn sedd gystadleuol, roedd eitha lot. Felly, oedd, roedd e'n brofiad diddorol.'

SUE ESSEX

'Ces i 'mherswadio i sefyll yn gynghorydd a sefes i dros Glan yr Afon. Roedd Jane Hutt yna, daeth Mark Drakeford yn ddiweddarach, daeth Rhodri Morgan yn AS, daeth Jane Davidson yn AC, felly profiadau gwych yn gynghorydd yng Nglan yr Afon a Phontcanna, yn ail i ddim yn wir o safbwynt yr hyn ro'n ni'n 'neud ac yn cydweithio. Yna, fel cynghorydd, yn gynta' ro'n i'n Ddirprwy Arweinydd ac yna ces i'r cyfle i fod y fenyw gyntaf i fod yn Arweinydd Cyngor Caerdydd, oedd yn rhyfeddol. Ac roedd hynna eto yn newid arloesol mewn gwirionedd, o safbwynt 'neud y pwynt yna, ond gobeithio 'neud pethe oedd yn dda i fenywod, ac yn dda i bawb. Roedd e'n hyfryd, mewn gwirionedd. Ro'n i'n dwlu ar fy nghyfnod fel cynghorydd. Roedd pobol mor gefnogol. Y diwrnod ar ôl i fi gael fy ethol, dwi'n cofio mynd i mewn i'r Neuadd y Ddinas grand, y neuadd farmor yna, ac roedd y menywod rhyfeddol yma bob amser yn polisio'r pres. Stopiodd un ohonyn nhw fi a medde hi, "Sue, mae'r holl fenywod wedi gofyn i fi ddweud mor falch maen nhw ohonoch chi." Wel, roedd hi'n foment lwmp diarhebol yn y gwddw. "Mor falch ydyn ni ohonoch chi. Chi yw'r fenyw gynta' 'rioed i fod yn arweinydd." A dwedes i, "Ydy hynna'n bwysig i chi?" Roedd y menywod yma yn wir yn gweithio'n galed dros ben. "O ydy", medde hi. "O ydy, mae'n wirioneddol bwysig iawn i ni. 'Dyn ni i gyd mor falch." Ac os gwnes i e am ddim byd arall, dyna'r foment pan ry'ch chi'n meddwl, yn torri drwy'r nenfwd gwydyr mewn gwirionedd, nid [amdanoch] chi mae e yn wir, am yr hyn 'dych chi'n 'neud mae e, a pha neges mae hynny'n ei hanfon allan sy mor allweddol.'

JENNY RATHBONE

'Gofynnodd aelode'r Blaid [Lafur] i fi a fyddwn i'n barod i sefyll etholiad yn 2011, felly roedd e jest rownd y gornel. Dwi'n dyfalu eu bod nhw wedi oedi dewis ymgeisydd achos yr Etholiad Cyffredinol. Ro'n i'n meddwl bod hwn yn syniad gwirioneddol ddiddorol. Do'n i ddim wedi ystyried y peth mewn gwirionedd tan hynny achos ro'n i'n canolbwyntio ar fynd i mewn i'r Senedd, ond roedd hi'n amlwg fod datganoli yn galluogi Cymru i gymryd ei phenderfyniade ei hunan am addysg, iechyd a chludiant cyhoeddus, a llawer o bethe erill hefyd. Ond ro'n i'n teimlo'n angerddol am faterion addysg ac iechyd felly ro'n i'n gweld llawer o atynfa mewn 'neud hyn. Fe es i i mewn iddi'n llwyr. Fe lwyddes i yn y cyfnod 12 mis yna i droi pethe o gwmpas ac ennill y sedd, yn rhannol achos bod yr anorchfygol Jenny Randerson, oedd wedi dal y sedd er 1999 yn ymddeol. Felly, roeddwn yn ymgeisydd newydd heb hanes ei record hi o lwyddo. Dwi'n credu petai Jenny Randerson yno, mae'n debyg na fyddwn i wedi 'neud hi, jest am ei bod hi'n dal y swydd. Ond roedd hi'n symud bant i Dŷ'r Arglwyddi, felly fe gipies i'r cyfle ac ennill ar ran y Blaid Lafur.'

ANTOINETTE SANDBACH

'Roedd y Blaid Geidwadol bryd hynny yn newid llawer. Roedd hi'n bwrw ymaith ei "delwedd ddrwg", ei "delwedd plaid gas" ac ar ôl meddwl na fyddwn i'r math o berson y bydda'r Ceidwadwyr yn ei hoffi – ro'n i'n aelod o Amnest Rhyngwladol a Chyfeillion y Ddaear, ac ar y pryd ro'n i'n rhiant sengl – ro'n i'n meddwl fyddwn i ddim yn ymgeisydd deniadol i'r Blaid Geidwadol. Ond dwedon nhw wrtho i 'mod i'r union beth ro'n nhw'n chwilio amdano. Felly es i'n ôl i Gymru, achos ro'n i'n byw yng Nghymru gyda fy merch bryd hynny, a chysylltes i ag asiant Gorllewin Clwyd – Vince Morris, bryd hynny – a dwedodd e wrtho i am lenwi ffurflen. Felly, llenwes i'r ffurflen a gofynnodd e lawer o gwestiyna i fi fel, "Faint o ddrysa 'dach chi wedi'u cnocio?" a'r atab oedd, "Dim un!" A meddylies i, wel, mae'n debyg nad oes gen i'r profiad, felly dwedes i, "Mewn gwirionedd, mae'n debyg 'mod i wedi g'neud camgymeriad." Ond dwedodd o, "Na, dewch mewn i 'ngweld i." Es i i mewn yn fy jîns mwdlyd a'm siaced fferm ac roedd o'n gefnogol iawn. Felly, ymunes i â'r Blaid Geidwadol ar 28 Mawrth. [Es i o flaen] fy mwrdd dewis ar 6 Ebrill, ac erbyn 7 Mehefin y flwyddyn yna [2006] fi oedd yr ymgeisydd dewisol yn Delyn.'

ANGELA BURNS

'Dwi'n meddwl i fi gael 'ngofyn i sefyll ar gyfer y Cynulliad yn 2006, achos pan oedd fy merched i'n bitw fach, es i i gwpwl o gyfarfodydd cyhoeddus, achos roedd y "Rhaglen Cynllun i Ddarparu" yma, am newid Ysbyty Llwynhelyg, am gau'r ysbyty, symud yr holl bethe ysbyty o gwmpas. Darllenes i'r ddogfen a ches i argraff wirioneddol wael ohoni. Ac mewn un cyfarfod arbennig ym Mhenfro, yn neuadd y dre', fe wnes i wirioneddol herio'r Bwrdd Iechyd ar y pryd, ac yn sylfaenol, achos yr holl bethe ro'n i'n ddweud, daeth pobol amrywiol ata i yn dweud a fyddwn i'n ystyried helpu grŵp lleol i ymladd yn erbyn y symud. Dwi'n meddwl, gan 'mod i wedi cael cwpwl o blant, a bod Stuart a fi wedi bod yn dipyn o "sipsiwn" yn ein bywyde, a ro'n ni fel petai wedi setlo yn sir Benfro, daeth e'n wir yn gartref i ni. Dychwelon ni at wreiddie do'n ni ddim yn gwybod oedd gyda ni, a rhoion ni wreiddie i lawr do'n ni ddim yn gwybod ro'n ni'n gallu'u rhoi lawr. Fe ymgartrefon ni yn y gymuned 'na yn ddwfn iawn, 'naethon ni lot o ffrindie. Ro'n i wedi bod yn helpu 'nghymydog, oedd angen dialysis ac yn gorfod teithio i Abertawe am ddialysis, a mynd i mewn i'r ysgol leol, ac yn sydyn ry'ch chi'n stopio edrych ar y darlun gwirioneddol enfawr ac ry'ch chi'n edrych ar y darlun lawer llai, sef eich cymuned chi, a'r bobol sydd o'ch cwmpas chi. A meddylies i, arhoswch funud. Mae'n ysgol ni'n syrthio i lawr. Os caewch chi'r ysbyty yma, ble mae pawb yn mynd i fynd? Mae'n ffyrdd ni'n ardderchog, mae'n cludiant ni'n wael, does dim modd cael bws am bris yn y byd, mae'r trenau'n ysbeidiol. Mae llewyrch ein prif strydoedd ni'n mynd a dod yn dibynnu ar ba mor gyfoethog mae pobol ar y pryd. Dyw sir Benfro ddim yn ardal gyfoethog, ac mae'n ardal eitha' oedrannus, felly pan ges i 'ngofyn a hoffen i ymuno a thrio ymladd y "Rhaglen Cynllun i Ddarparu", dwedes i, "Yn bendant, bydden, bydden i." Felly, pan ddaeth y Blaid Geidwadol leol i gnocio ar y drws a dweud, "Fyddech chi'n ystyried sefyll droston ni yn etholiade nesa'r Cynulliad?" doedd dim llawer o angen meddwl, fe wnes i fatha meddwl y tu mewn i fi, ar unwaith, "O galla' i 'neud hyn. Galla' i drio 'neud gwahaniaeth.'"

CATHERINE THOMAS

Cyn dod yn aelod Cynulliad, roedd Catherine Thomas yn gweithio dros Julie Morgan yr AS dros Ogledd Caerdydd, o 1997, fel Rheolwr Swyddfa a Chynorthwyydd Gwleidyddol:

'Ro'n i wedi meddwl un tro sefyll ar gyfer Cyngor Caerdydd ac yna meddylies i, na, dwi ddim yn barod eto. Ro'n i bob amser yn un oedd yn meddwl bod angen i chi 'neud rhyw fath o brentisiaeth a ro'n i'n mwynhau gweithio i Julie [Morgan] yn fawr iawn. Yna'r peth nesa ddigwyddodd oedd etholiade'r ail Gynulliad. Do'n i ddim wir wedi meddwl amdanyn nhw, doedd gen i ddim cynllun crand o gwbwl. Do'n i ddim eisie sefyll yn ystod yr etholiade cynta'. Ro'n i'n hapus iawn yn cefnogi ffrindie oedd yn sefyll a 'neud popeth allen i i'w galluogi nhw. Ond weithie ry'ch chi'n cael "eiliad o oleuni", mae rhywbeth yn clicio, a phan ddaeth etholiade'r ail Gynulliad, meddylies i, ie. Ro'n nhw'n edrych am ymgeisydd yn Llanelli. Roedd e jest yn teimlo'n iawn, ac roedd Julie yn galonogol a chefnogol iawn a phenderfynes i 'mod i eisie mynd amdani. Roedd hi'n anrhydedd i gynrychioli'n etholaeth gartre' i, achos do'n i ddim eisie sefyll dros unman arall, aeth hynny ddim trwy 'mhen i 'rioed, a, fel dwedes i, do'n i ddim wedi cynllunio dim ohono fe. Dim ond un diwrnod, meddylies i, ydy, mae hwn yn teimlo'n iawn nawr, dwi'n mynd i sefyll. Ond yr unig le fyddwn i wedi'i ystyried oedd etholaeth Llanelli, a dwi bob amser yn 'neud pwynt o ddweud "Etholaeth Llanelli" achos dim jest tre' Llanelli ydy hi – mae'n mynd at y Gwendraeth, Porth Tywyn, Pen-bre a'r Hendy, nid dim ond Llanelli.'

DAWN BOWDEN

'Roedd noson yr etholiad yn hollol ryfeddol. Er bod Merthyr Tudful a Rhymni, o safbwynt y Blaid Lafur, yn cael ei hystyried yn sedd ddiogel, 'nes i 'rioed gymryd hynny'n ganiataol. Wnaiff dim un ymgeisydd fyth ddweud wrthoch chi bod nhw'n credu bod eu sedd nhw'n ddiogel. Mae'r etholaeth yma'n ymgyrchu fel tase hon yn sedd ymylol, byddan nhw'n ymgyrchu am bob pleidlais. Ond ro'n i bob amser yn teimlo mai fi oedd yn mynd i fod yr ymgeisydd cynta' i golli Merthyr Tudful a Rhymni i'r Blaid Lafur, achos dyna sut mae pob ymgeisydd yn teimlo. Dyw ymgeiswyr byth yn meddwl bod nhw'n mynd i ennill. A dwi'n cofio bod yn y cownt a do'n i ddim eisie mynd at y byrdde ac edrych ar y pleidleisie'n cael eu cyfri' a gweld beth oedd yn digwydd. A, fel ro'n ni'n dod at ddiwedd y noson, daeth 'n asiant i draw ata i a dweud, "Der gyda fi." A chymerodd e 'mraich i a cherddodd e fi rownd y byrdde, a'r holl bentyrre 'ma o bleidleisie – medde fe, "Dy bleidleisie di yw'r rheina i gyd, rheina i gyd sydd yn y pentyrre 'na." Am y tro cynta' dechreues i feddwl bod ni'n mynd i ennill, ac roedd e'n ffantastig. Ond yr hyn 'naeth fi'n wirioneddol browd y noson yna, mwy na'r gefnogaeth ges i gan bobol Merthyr Tudful a Rhymni – oedd yn anhygoel achos do'n nhw ddim yn fy nabod, ymddiriedon nhw ynddo i, a dwi'n freintiedig iawn, a dwi'n teimlo'i bod hi gymaint o anrhydedd i fod yn y Senedd yn eu cynrychioli nhw. Ond fe drawodd e fi mai fi oedd y fenyw gynta' 'rioed i gynrychioli Merthyr Tudful a Rhymni. Mewn can mlynedd o gynrychiolaeth Lafur ym Merthyr Tudful a Rhymni, gan ddechre gyda Keir Hardie yn 1900, fi oedd y fenyw gynta' i gael ei hethol. A thrawodd hynna fi fel moment eitha hanesyddol a 'neud i fi deimlo'n anhygoel o falch. Beth bynnag ddigwyddith o hyn 'mlaen, bydd y llyfrau hanes bob amser yn cofnodi mai fi oedd y fenyw gynta' i gynrychioli Merthyr Tudful a Rhymni. Y fenyw gynta' i gael ei hethol mewn can mlynedd o etholfraint menywod, a dros gan mlynedd o wleidyddiaeth Plaid Lafur yn y dre' yma.'

* * *

Pennod Pedwar

Y BROSES DDETHOL

Gefeillio, Top y Rhestr, Rhestrau Byrion Menywod yn Unig, Rhestrau Am yn Ail a Dewis ar Sail Teilyngdod

Roedd Cynulliad Cenedlaethol newydd Cymru yn 1999 yn gorff hollol newydd, ac felly, roedd dyhead i sicrhau ei fod yn cynnwys nifer cytbwys o aelodau gwrywaidd a benywaidd. Yn yr etholiadau cyntaf, ac mewn rhai olynol, mabwysiadodd Llafur Cymru a Phlaid Cymru ddulliau cadarnhaol i sicrhau hyn, sef Gefeillio a Thop y Rhestr. Fe wnaeth Democratiaid Rhyddfrydol Cymru ystyried proses o Am yn Ail am gyfnod, tra bod y Ceidwadwyr Cymreig yn cadw at eu proses o Ddewis ar Sail Teilyngdod.

LLAFUR CYMRU: GEFEILLIO A RHESTRAU BYRION MENYWOD YN UNIG

Golygai polisi Gefeillio Llafur fod etholaethau yn cael eu paru ac y bydden nhw'n dewis ymgeisydd gwrywaidd ac ymgeisydd benywaidd, gyda'r etholaethau yn dewis rhyngddynt pa ymgeisydd gâi ei ddewis i

sefyll. Mabwysiadodd y blaid Restrau Byrion Menywod yn Unig hefyd,
ac o ganlyniad y blaid oedd y fwyaf cytbwys o ran rhywedd yn y sefydliad
ac mae hyn wedi mynd hyd yn oed ymhellach yn y blynyddoedd dilynol.
Ar adeg ysgrifennu hyn o eiriau, o'r deg ar hugain Aelod Llafur o'r
Senedd, mae dwy fenyw ar bymtheg o'u cymharu â thri dyn ar ddeg.

JANE DAVIDSON

'Wel, roedd e'n brofiad eitha' annisgwyl. Y broses yn y Blaid Lafur,
ro'n i'n ei chymeradwyo'n gryf iawn, oedd cydnabod taw dim ond
pedair menyw oedd wedi bod yn ASau yng Nghymru 'rioed, yn holl
hanes y Senedd, tan 1997, a oedd jest yn chwerthinllyd. Ac felly
penderfynodd y Blaid Lafur ei bod eisie datblygu ystod newydd
o gyfleoedd i alluogi cynrychiolaeth menywod. A rhoddodd
Cynulliad Cenedlaethol newydd Cymru'r cyfle cynhara' iddyn nhw
i gyflawni'r gynrychiolaeth newydd yna. Felly, 'naethon nhw'r hyn
oedd yn cael ei alw'n broses Gefeillio. Gofynnon nhw i'r deugain
etholaeth yng Nghymru uno gyda'i gilydd yn ugain pâr o efeilliaid
a gofynnwyd i un o bob pâr o efeilliaid ddewis un dyn ac un fenyw
yn ymgeisydd, ac yna cafodd yr ymgeiswyr hynny eu rhannu i
un o'r ddwy etholaeth a olyge, wrth fynd i mewn i'r etholiad, yr
etholiad cynta' 'rioed i Gynulliad Cenedlaethol Cymru, y bydde
ugain ymgeisydd gwrywaidd ac ugain ymgeisydd benywaidd yn yr
etholaethe. I Lafur, a oedd yn dal etholaethe yn bennaf, dyma'r
mecanwaith mwya' effeithiol, gan newid cynrychiolaeth menywod
mewn gwleidyddiaeth yng Nghymru dros nos yn llythrennol.
Mae'n rhaid i fi gyfadde', ro'n i'n anhygoel o browd o'r Blaid Lafur
am 'neud hyn.'

JULIE MORGAN

'Dwi wrth fy modd â'r Rhestrau Byrion Menywod yn Unig. Dwi'n
meddwl ei fod e'n un o'r pethe gore 'dyn ni 'rioed wedi ei 'neud
yn y Blaid Lafur, cael yr holl fenywod hynna yna. 'Nes i 'rioed

feddwl o gwbl mai achos diffyg teilyngdod roedd gyda ni cyn lleied o fenywod mewn gwleidyddiaeth, roedd e achos fod popeth yn creu rhagfarn yn eu herbyn nhw. Ac roedd aelodau'r blaid, yn ddiarwybod, yn gweld gwleidydd fel dyn canol oed mewn siwt. Dyna sut mae pobol yn gweld gwleidydd, er bod pethe'n symud nawr, yn bendant. Ces i 'newis ar Restr Fer Menywod yn Unig a ro'n i'n browd iawn o hyn, a dwedodd yr holl bobol oedd yn ei erbyn e, "O, chewch chi ddim eich trin fel pawb arall, byddan nhw'n edrych arnoch chi fel dinesydd ail ddosbarth, achos bod rhaid i chi gael help i gyrraedd 'ma achos mai Rhestr Fer Menywod yn Unig oedd hi." Ond ar ôl pum munud, wnaeth neb feddwl rhagor ynghylch os o'ch chi ar Restr Fer Menywod yn Unig neu beidio. Felly, dwi wedi ymgyrchu byth ers hynny i drio cynyddu'r nifer o restrau byrion Menywod yn Unig. Yna ro'n i'n ymwneud yn drwm iawn, fel un o'r arweinwyr, â'r ymgyrch i gael Gefeillio yn y Cynulliad. Corff newydd, ro'n ni eisie rhywle mor agored a thryloyw ag oedd yn bosibl ei gael, a ro'n ni eisie cynrychiolwyr o'r holl fywydau gwahanol, ac mae'n amlwg fod menywod yn un o'r prif ystyriaethe bryd hynny. Felly, bues i'n ymgyrchu yn gryf iawn yn y Blaid Lafur dros y drefn Gefeillio yma, oedd yn golygu ein bod ni wedi mynd mewn gyda niferoedd cyfartal o ddynion a menywod. Roedd lot o wrthwynebiad o fewn y Blaid. Roedd gyda ni rai pobol wych a ymladdodd drosto fe. Anita Gale, yr Ysgrifennydd Cyffredinol [o'r Blaid Lafur Gymreig] arweiniodd e o du fewn y blaid. Roedd hi mor benderfynol. Buon ni'n canu tu allan i Transport House, adeilad Unite nawr – "Ro'n ni wedi Gefeillio i Ennill!" – ac enillon ni o ganran fechan fach.'

TAMSIN DUNWOODY

'Roedd dynion, yn sicr yn rhagfarnllyd. Dwedodd rhywun wrtha'i ar ddiwedd un broses ddewis, "Mae'n iawn, gallwch chi fynd nôl nawr i edrych ar ôl eich moch a'ch plant," a oedd ychydig yn nawddoglyd, ro'n i'n meddwl. Ond yn sicr ro'ch chi'n dod ar draws hyn yn eitha' aml ac yn sicr yn y cymunede hŷn, fydde'r aelodau plaid hŷn ddim mor awyddus â hynny i gael menyw yn ymgeisydd, a dwi'n gwybod i nifer o 'nghydweithwyr i ddiodde' gwahaniaethu uniongyrchol mewn gwirionedd. Ro'n i'n meddwl bod Gefeillio yn hollol wych, yn wironeddol ardderchog, yn ffordd ragweithiol iawn i fynd ymlaen yn nhermau creu cydraddoldeb o fewn y Senedd [sic]. Dwi'n meddwl mai'r broblem gyda Rhestrau Byrion Menywod yn Unig oedd eu bod nhw'n creu mwy o brobleme nad o'n nhw'n helpu. Cafodd lot o ddrwgdeimlad ei greu achos hynny. Doedd pobol ddim yn gallu gweld pam bod ni mewn gwirionedd angen Rhestrau Byrion Menywod yn Unig i drio cydbwyso niferoedd y bobol oedd yn dod ymlaen, a'r ymgeiswyr, a 'neud yn siŵr bod nhw mewn seddi posibl eu hennill nid jest rhai ymylol.'

JULIE JAMES

'Roedd Gorllewin Abertawe yn Rhestr Fer Menywod yn Unig. Doedd hi ddim wedi ei gefeillio gydag unrhyw le. Roedd y cyn Aelod Seneddol, Alan Williams, yn wael iawn ac wedi sefyll i lawr, ac roedd proses ddewis ar gyfer Gorllewin Abertawe. Roedd dadl yn y blaid ar y pryd oherwydd roedd siawns y byddai ymgeisydd gwrywaidd o leiafrif ethnig yn dod ymlaen yng Ngorllewin Abertawe ac yn cael ei ddewis. Roedd y blaid yn awyddus iawn i ddewis rhywun o gefndir oedd ddim yn wyn felly penderfynon nhw beidio â chael Rhestr Fer Menywod yn Unig yng Ngorllewin Abertawe ar gyfer dewis AS i ganiatáu i hyn ddigwydd. Pan ddaeth hi'n ddewis ar gyfer y Cynulliad, wrth gwrs aethon nhw'n ôl i Restr Fer Menywod yn Unig, fel y dylse fod wedi bod ar gyfer dewis yr AS. Daeth ystod eang o ymgeiswyr ymlaen a bues i'n ddigon ffodus i gael fy newis. Roedd hyd yn oed hynny'n ddadleuol achos safodd Andrew [Davies] i lawr yn reit hwyr yn y broses ac felly, yn lle mynd trwy'r dewis normal ward wrth ward, daethon nhw â'r wardiau i gyd at ei gilydd mewn tair ystafell yn Neuadd y Dref Abertawe a 'naethon nhw rywbeth fel "dêtio cyflym", lle'r oedd yr holl ymgeiswyr yn mynd o gwmpas ac yn cael pwnc pum munud gyda phob ward. Ac yna bydde pob un o'r wardie'n penderfynu pwy i'w enwebu ar ddiwedd hynna, sy'n ffordd eitha' anarferol o 'neud e. Roedd eitha' tipyn o gwynion, ond dwi'n adnabyddus iawn yn Abertawe, felly mae'n debyg, y ces i fy newis. Mae Gorllewin Abertawe yn Blaid Lafur Etholaethol flaengar iawn a doedd dim problem o gwbwl gyda Rhestr Fer Menywod yn Unig. Mae'n ddiddorol er hynny beth sydd yn dechre digwydd yw bod Rhestrau Byrion Menywod yn Unig ar gyfer menywod a Rhestrau Byrion agored ar gyfer dynion. A dwi'n meddwl bod rhaid i ni warchod rhag hynny.'

VIKKI HOWELLS

'Dwi ddim yn ffan o Efeillio. Dwi'n meddwl bod Rhestrau Byrion Menywod yn Unig yn fwy tryloyw ac os y'ch chi'n mynd i drio annog menywod i mewn i wleidyddiaeth, dwi'n meddwl bod Rhestrau Byrion Menywod yn Unig yn well na Gefeillio, jest ar lefel ymarferol. Os y'ch chi'n gweithio gyda phroses Gefeillio, mae'n rhaid i chi weithio ddwywaith mor galed achos mae'n rhaid i chi ganfasio dwy blaid etholaethol yn lle un. O'm rhan i fel menyw oedd yn gweithio llawn amser ac yn fam, ffeindies i hi'n wirioneddol anodd i ffeindio amser i 'neud hynna. A hefyd, ry'ch chi'n talu mewn gwirionedd am unrhyw ganfasio ry'ch chi'n 'neud, felly mae'n costio ddwywaith cymaint hefyd. Dwi'n meddwl bod Rhestrau Byrion Menywod yn Unig yn wych yn y lle iawn ac ar yr amser iawn. Mae Llafur Cymru ar y foment yn rhedeg gyda Rhestrau Byrion Menywod yn Unig ar draws Cymru i gyd, ar gyfer San Steffan, nes ein bod ni'n gallu cael rhaniad o ran rhyw o 50:50. Fy marn bersonol i yw dylech chi edrych ar etholaethe ar sail eu hanes yn dewis menywod ac os oes gyda chi sedd sy 'rioed wedi ethol menyw, ar gyfer y Senedd neu'r Cynulliad, yna rhowch Restr Fer Menywod yn Unig i mewn fan'na. Ond lle ydyn ni ar y foment, mae perygl... Mae gen i lot o ffrindie yn y blaid sy'n ddynion sy'n wir yn teimlo'u bod nhw'n cael eu cau allan o'r broses. Mae gyda ni lot o dalent ry'n ni'n rhoi ar un ochor.'

JANE HUTT

'Bues i'n ymwneud llawer yn y Blaid Lafur yn edrych ar systemau i gael gwell cynrychiolaeth o fenywod, a dyna ble feddylion ni am yr ymgyrch Efeillio. Roedd yn rhaid cael dwy etholaeth yn cytuno i ddewis un dyn ac un fenyw. Aeth hynny'n ddadl boeth iawn, felly dim ond jest ennill y bleidlais 'naethon ni mewn cynhadledd Plaid Lafur. Roedd llawer o fenywod, yn drist roedd rhai sy ddim gyda ni mwyach, yn ymwneud â'r ymgyrch yna, [fel] y ddiweddar Val Feld, ond fe lwyddon ni i ennill y bleidlais Efeillio. Roedd hyn yn '97 trwodd i '98, ro'n ni'n ymladd am y Gefeillio 'ma. Dim ond y Blaid Lafur oedd yn trio, a doedd gan bobol ddim diddordeb felly yn yr hyn ro'n ni'n 'neud. Denodd yr ymgyrch 'Ie dros Gymru' y sylw ond roedd llawer mwy o bryder am Efeillio o fewn y Blaid Lafur. Roedd rhai etholaethau yn wrthwynebol iawn, felly roedd pobol fel Anita Gale, a oedd yn Ysgrifennydd Cyffredinol ar y pryd, arweinydd o fenyw a lynodd wrthon ni'r holl ffordd drwyddo [yn bwysig], ac fe lwyddon ni. Ond roedd rhaid i ni 'neud lot o ymgyrchu o fewn y blaid i gael Gefeillio. Unwaith digwyddodd e, fe weithiodd e'n ardderchog, achos roedd e'n fenywod yn cystadlu yn erbyn menywod, yn ogystal â dynion. Yn ffodus, fe lwyddon ni i gael llawer o'r menywod hyn wedi'u hethol. Mae Cymru wedi ei dominyddu gymaint gan ddynion yn nhermau cynrychiolaeth etholedig. Fe gyrhaeddon ni, fe lwyddon ni, a fydde'r Cynulliad ddim fel mae e nawr heb Efeillio. Roedd yn fan cychwyn pwysig iawn i gael Llafur mwy cynrychioliadol.'

LYNNE NEAGLE

'Polisi'r Blaid Lafur ar y pryd oedd Gefeillio. Câi etholaethau eu gefeillio fel bod cydbwysedd rhyw yn y Cynulliad Cyntaf o blith y cynrychiolwyr Llafur. Roedd e'n bolisi dadleuol iawn ar y pryd a dwi ddim yn twyllo'n hunan o gwbwl na fydden i wedi bod yn y Senedd o gwbwl hebddo fe. Felly, cafodd Islwyn a Torfaen eu paru gyda'i gilydd yn etholaethau gefeillio. Roedd gen i gysylltiade da yn Islwyn gydag aelode Plaid Lafur yna. Roedd gen i rai cysylltiade yn Nhorfaen, a meddylies i, "Fe gynigia i'n enw fan hyn a gweld sut gwna i." Do'n i ddim wir yn meddwl bydde fe'n dod i unrhyw beth, ar y dechre doedd e ddim yn edrych fel gobaith realistig iawn. Ond ces i lawer o enwebiade yn Islwyn ac yna, am ryw reswm, dechreues i gael rhai yn Nhorfaen. Ces i'n rhoi ar y rhestr fer ac yna es i i'r hustyngau yn y ddwy etholaeth ac ennill. Roedd llawer o bobol yn cefnogi'r polisi ym Mhlaid Lafur Cymru ond roedd llawer o bobol yn teimlo'n anfodlon iawn amdano fe, achos roedd gan lot o etholaethe "ffefryn" a fydde'n cael ei weld fel y person naturiol i gymryd at y rôl yna. Felly, ym mhob un o'r etholaethe lle'r oedd sedd wedi'i chlustnodi ar gyfer menyw, yn anorfod roedd pobol anfodlon. Doedd y broses ddewis ddim yn un o'r hawdda' yn etholaeth Islwyn, lle'r oedd gyda fi'r rhan fwya' o 'nghysylltiade a llawer mwy o enwebiade. Roedd lot o bobol, oedd ddim yn hoffi Gefeillio mewn gwirionedd, yn cefnogi'r dyn oedd yn sefyll yno, felly teimles i fod hynna'n eitha' gelyniaethus, roedd ymdrechion fuodd yn llwyddiannus iawn i'n stopio i rhag cael bod ar restr fer Islwyn, er bod gyda fi lawer mwy o gysylltiad â phobol yn Islwyn, ond yn ffodus, ces i fod ar y rhestr fer trwy etholaeth Torfaen. Roedd llawer o ddrwgdeimlad, yn enwedig o gwmpas hustyngau Islwyn – roedd cweryl am y bleidlais bost – ond dwi'n cofio bod yr awyrgylch yn elyniaethus iawn. Unwaith ces i fy newis, mae'n amlwg bod chi jest yn bwrw iddi, ry'ch chi'n moyn canolbwyntio ar ennill y sedd, ac fe ffeindies i fod rhai pobl yn grêt wrtho i, hyd yn oed pobol oedd wedi gwrthwynebu Gefeillio, yn dweud, "Reit, hi yw'r ymgeisydd nawr, rhaid i ni fod yn gefen iddi a'i chefnogi hi." Ond roedd rhai pobol oedd ddim yn gallu symud ymlaen o hynna. Mewn ffordd datblygodd, rywsut, math o chwedloniaeth amdana i, achos roedd pobol yn siarad amdana i, "O, mae wedi cael ei pharasiwtio i mewn.'"

JOYCE WATSON

'Yn '95 Jackie Lawrence oedd Arweinydd y Grŵp Llafur, ac yna roedd cynnig gan Anita Gale. Daeth hi ata i a gofyn fydden i'n cefnogi Rhestrau Byrion Menywod yn Unig, a dwedes i iawn, bydden i'n cefnogi yn bendant achos hyd at hynny dim ond pedair AS benywaidd oedd wedi bod gyda ni yng Nghymru. Daeth Jackie Lawrence yn AS ar Restr Fer Menywod yn Unig, ac yna wrth gwrs, trwy Anita Gale, efo'r fath o fenyw yw hi, dibennon ni â saith AS benywaidd yng Nghymru o ganlyniad i hynna; camau bras wrth gwrs allan o ddeugain. Gan symud ymlaen yn gyflym i '99 – sefydliad newydd sbon yn cyrraedd, a dwedodd eitha' nifer ohonon ni fenywod, "Mae'n rhaid i ni ei 'neud e nawr." A 'naethon ni. Dibennon ni lan â Gefeillio, roedd deugain sedd etholaethol, cafon nhw eu paru i lawr i bare o ugain, a bydde un dyn ac un fenyw yn cael eu dewis. Roedd Llafur yn meddwl, yn gwbwl gywir y bydde gyda nhw fwyafrif yn y Cynulliad, neu bydden ni mewn safle cryf yn bendant, felly dyna'r amser i gael menywod i mewn i lywodraeth yng Nghymru. Dyna ni. Mae'n swnio'n syml, ond na, doedd e ddim yn syml. Dyna'r ffrae fwya' o fewn y Blaid Lafur dwi 'rioed wedi dod ar ei thraws. Ond llwyddon ni. Perswadion ni'r Undebe Llafur. Doedd lot o ddynion ddim yn hoffi beth ro'n nhw'n weld, ac roedd lot o fenywod yn cael eu rheoli, eu gorfodi a phobol yn dweud wrthyn nhw bod e'n annheg, a hwythe'n credu. Ac roedd ofn ar fenywod erill i fynd lawr y ffordd yna, achos ro'n nhw'n meddwl bydde'u statws nhw'n cael ei leihau, achos ro'n nhw wedi mynd trwyddo ar Restr Fer Menywod yn Unig. Roedd lot o resymau gwahanol pam fod pobol yn wrthwynebus iddo fe, ond yr hyn oedd yn hollol amlwg i bobol fel fi oedd yn ei gefnogi oedd, gallen ni weld, roedd hanes yn dweud wrthon ni, fydde fe ddim yn digwydd trwy unrhyw ffordd arall. Wedyn, wrth gwrs, dyma [ddweud], "Ble ry'ch chi'n mynd i gael gafael ar yr holl fenywod 'ma?" A dyma'r peth diddorol, dyma'r pwynt sy'n cael ei anghofio drwy'r amser – i gyrraedd y rhestr, roedd yn rhaid i chi wneud cais gynta', p'run ai o'ch chi'n ddyn neu fenyw, doedd dim gwahaniaeth, roedd gyda chi'n union yr un broses ymgeisio, roedd gyda chi'r un ffurflen ymgeisio. Wedyn byddech chi'n cael cyfweliad, jest i weld, ac wedyn bydde'r cyfweliad real i weld pa lefel o wybodaeth oedd gyda chi, beth fyddech chi'n dod gyda chi fel person i'r blaid a hefyd yn fwy eang i'ch etholwyr. Roedd pob dyn a phob menyw yn mynd trwy'r un broses gyfweld, pob dyn a menyw. Dim unwaith, dim unwaith hyd at heddi', dwi 'rioed wedi clywed unrhyw un yn dweud wrtho i, bod y dyn yna wedi cael mantais. Dim unwaith. Ond yr hyn dwi wedi'i glywed, gormod o weithie i gofio, yw bod y fenyw yna wedi cael mantais. Ac eto roedd statws mynd drwy'r holl broses yna yn union yr un fath.'

Plaid Cymru: Top y Rhestr

Roedd dull Top y Rhestr Plaid Cymru wedi ei ganoli'n rhanbarthol, gyda'r enw cyntaf ar ben pob rhestr ranbarthol yn fenyw. Yn 2003, y flwyddyn y cafwyd cydraddoldeb yn y Cynulliad, cynyddodd agwedd bositif y blaid, ac, yn lle rhoi dyn a menyw am yn ail ar y rhestr, gallai dwy fenyw fod ar ben y rhestr mewn seddi targed a ystyrid yn bosibl eu hennill.

JOCELYN DAVIES

'Wel, bydde hi wedi bod yn grêt petai dim rhaid i ni gael system. Mae probleme ynghlwm â'r ddwy system. Gan amla', i gael eich dewis, y'ch chi'n cael hustyngau. Felly, dy'ch chi'n codi a 'neud araith afieithus iawn, ac mae pawb yn clapio, ac yna ry'ch chi'n ateb cwestiyne. Mewn gwirionedd, pan y'ch chi'n 'neud y swydd fel gwleidydd proffesiynol yn anaml iawn, iawn mae'n rhaid i chi 'neud hynna. Ry'ch chi'n defnyddio dull hen-ffasiwn iawn i weld a fydde'r person yna'n Aelod Cynulliad da. Dyw e ddim byd i 'neud ag a fyddech chi'n dda mewn tîm neu ry'ch chi'n feddyliwr strategol, clyfar – eich perfformiad yn 'neud araith yw e, nid y ffordd ore i ddewis cynrychiolydd o gwbwl a dwi'n meddwl bod eisie i ni feddwl sut ry'n ni'n dewis yr enillydd, pa system bynnag sydd gyda chi. Gyda Gefeillio roedd adlach. Y Blaid Lafur ddioddefodd yr adlach ohono fe. Chafodd e mo'i dderbyn gan aelode lleol ac os y'ch chi'n mynd i efeillio sedd bosibl ei hennill gydag un amhosibl ei hennill p'run mae'r fenyw yn mynd i fynd i mewn iddi? Top y rhestr? Wel, os mai dyma ble ry'ch chi'n mynd i gael y rhan fwya' o'ch seddi, ac i ni ar y pryd, roedd hi'n ymddangos mai dyna'r ffordd ore i gael menywod i mewn i'r Cynulliad. Felly, dim jest cael ymgeiswyr yw e, cael menywod i mewn i'r sefydliade yna yw e. A gallen ni weld o'r rhai ddaeth i mewn gynta', a'r ail dwi'n meddwl, a falle'r trydydd, bod y systemau yna'n gweithio. Ond yna, wrth gwrs, ar ôl ychydig o amser, mae 'na bobol sy'n dweud, "Wel, ry'n ni wedi 'neud hynna nawr, 'sdim eisie i ni 'neud e ragor, achos 'dyn ni wedi ei 'neud e unwaith." Ac roedd e'n iawn pan oedd e'n Jocelyn Davies, ac roedd e'n Janet Davies, ac roedd e'n Helen Mary. Ond pwy yw'r bobol newydd 'ma, y bobol newydd 'ma 'dyn ni ddim yn eu nabod, nad oes gyda nhw ddim hanes? Maen nhw'n neidio dros benne "Dai Lloyds" y byd 'ma. Dwi ddim yn gwybod beth yw'r ateb, ond dwi'n gwybod nad 'yn ni'n gallu rhoi'r gore jest am nad yw e'n boblogaidd.'

JANET DAVIES

'Yn yr wythdegau a'r nawdegau, roedd Plaid Cymru yn frwdfrydig iawn am gael menywod yn ymgeiswyr ar gyfer San Steffan, ac yn hapus i'w cael nhw i 'neud hynny, ond dim ond mewn seddi fydden nhw byth yn gallu eu hennill. Ac i fi, y cwestiwn mawr oedd nid yn gymaint cael 50% o'r ymgeiswyr yn fenywod ond cael 50% o'r ymgeiswyr oedd yn fenywod mewn seddi roedd modd eu hennill. A dyna ble daethon ni i fyny yn erbyn probleme real yn y blaid. Ac wrth gwrs, daeth hynny'n wirioneddol amlwg pan ddaeth y Cynulliad, a ro'n ni eisie 'neud yn siŵr bod eitha' nifer o fenywod yn cael eu hethol i'r Cynulliad. Fi oedd y Gyfarwyddwraig Etholiade o 1996 hyd 2001, felly roedd llawer o gyfrifoldeb arna i, a dwi'n meddwl mai Helen Mary oedd Cyfarwyddwraig Cydraddoldebe, a gweithion ni gyda'n gilydd i drio delio gyda hyn mewn gwirionedd. Yn gynta' oll, am y tro cynta' 'rioed, 'naethon ni gofrestr o ymgeiswyr fel bod pobol yn cael eu cyfweld cyn bod nhw'n cael mynd ar y gofrestr. Buon ni'n annog menywod yn gryf i sefyll, i gael eu rhoi ar y gofrestr, i sefyll, buon ni'n rhedeg ysgolion hyfforddi. Ond ar ddiwedd y dydd, roedd yn dal yn rhaid i ni ymladd yn galed.'

JANET RYDER

'Fe gymeron ni'r penderfyniad, yn reit hawdd mewn gwirionadd, ein bod ni'n gwybod ein bod ni eisio i'n cynrychiolaeth ni fod yn gytbwys o ran rhyw. Roedd gynnon ni syniad eitha' cryf o'r wybodaeth oedd gyda ni, pa seddi etholaethol fydden ni'n eu cipio, a phenderfynon ni bydden ni'n dilyn polisi cytbwys o ran rhyw, ond ro'n ni eisio g'neud yn siŵr y bydda'r aeloda etholedig yn adlewyrchu hynny. Mae'n hawdd iawn cael rhestr gytbwys o ran rhyw o ymgeiswyr ond os rhowch chi'r menywod mewn seddi sydd ddim yn mynd i gael eu hethol, 'dach chi ddim yn mynd i sicrhau cyfran gytbwys o ran rhyw yn y Cynulliad. Felly, cymeron ni'r penderfyniad ein bod ni eisio i'r union grŵp yna fod yn gytbwys o ran rhyw. Cyn belled â phosibl, buon ni'n asesu beth fydda'n digwydd. Dwi ddim yn cofio beth 'naethon ni gyda'r etholaetha, ond dwi'n gwybod bod menywod jest ddim yn cael eu hethol yn y seddi lle ro'n ni'n gwybod y bydda gyda ni ryw siawns. Doedd o jest ddim yn digwydd, peidiwch gofyn i fi pam. Oherwydd menywod, yn gymaint â dynion, achos mae'r etholaeth yn pleidleisio arno fo ac mae cymaint o fenywod â dynion ym Mhlaid Cymru ac maen nhw i gyd yn pleidleisio ar yr ymgeisydd. Felly, mae angen gweld newid yn agweddau menywod yn ogystal, nid yn unig yn agwedda dynion. Mae rhai dynion fwy o blaid ymgeiswyr benywaidd na menywod. Felly, penderfynon ni edrych ar y rhestra a byddan ni'n g'neud yn siŵr fod menywod ar dop y rhestra hynny. Cydbwyson ni nhw, os mynnwch chi, fel bod llawar o fenywod ar y rhestra. G'naethon ni lawer iawn yn yr ardal leol. Bues i'n gweithio llawer iawn gydag Elinor Bennett, gwraig Dafydd Wigley, i annog menywod i roi eu henwa ymlaen. Yng ngogledd Cymru, roedd gynnon ni sawl menyw o safon uchel, benigamp mewn gwirionedd, yn rhoi eu henwa ymlaen, ond yna pan o'n nhw ddim yn cael eu dewis, ro'n nhw jest yn rhoi'r gora iddi. Pwy all eu beio nhw? Roedd y rhain yn fenywod busnes o'r radd flaena', chi'n gwybod, roedd efo ni ymgeiswyr o ansawdd uchel a fydda wedi bod yn ffantastig yn y Cynulliad, ond do'n nhw jest ddim yn cael eu hethol. A beth benderfynon ni 'neud efo'r rhestra oedd cael rhestr o ddynion ac o fenywod a byddech chi'n cael pleidlais ar ble ro'ch chi'n sefyll ar y rhestr yna. Felly, bydda'r rhestr menywod bob amser yn mynd gynta'. Felly, os byddech chi'n cael pleidlais a ro'ch chi ar dop y pôl ar restr y menywod, yn eich etholaeth ranbarthol, eich enw chi fydda'n mynd gynta'. Ac yna penderfynwyd y bydda enw dyn yn mynd yn ail, ac yna dynas, a byddan nhw'n g'neud o fel yna'r holl ffordd i lawr y rhestr.'

NERYS EVANS

'Cyn yr etholiad, mae'n amlwg fod y polisi 'na [menywod ar dop y rhestr] mewn lle pan ges i 'newis, ond 'nes i ddechre gweithio i'r Blaid [Plaid Cymru] yn 2002, ac o fewn mis, ro'n i'n aelod o adran y menywod, ac yn cynrychioli adran y menywod ar y Pwyllgor Gwaith o fewn tri mis. A dwi'n credu oedd y blaid mor falch o'r ffaith fod 'na gydraddoldeb rhwng dynion a menywod yn yr ail Gynulliad. Digwyddodd hwnna oherwydd mesure gwahaniaethu positif, a gethon ni drafodaethe manwl yn fewnol ynglŷn â pa fesure oedd angen eu parhau a bues i'n rhan, ac yn arwain, rhai o'r ymgyrchoedd hynna, gyda aelode erill, gwrywaidd a benywaidd yn y blaid, felly dwi'n meddwl bod e'n hynod bwysig bod y polisi yna mewn lle. Dwi'n cofio – ar ôl yr etholiad, cyn yr etholiad yn 2007, ar ôl i'r enwebiade a pobol yn cal eu dewis – dadleuon ffyrnig a pobol yn gadel y blaid, oherwydd y penderfyniade. Ond ar ddiwedd y dydd, dyw e ddim yn fater ynglŷn â personoliaethe, mae'n fater ynglŷn â chael cydraddoldeb. Fi'n credu bod e'n siom o beth bod newidiade wedi bod. Ni'n ymfalchïo yn y ffaith bod 'na gydraddoldeb wedi bod yn y Cynulliad, a mae hwnna wedi digwydd oherwydd mecanwaith yn y Blaid Lafur a Phlaid Cymru, does dim dwywaith ynglŷn â hynny. A ni wedi camu nôl oherwydd y newidiade polisi sydd wedi bod.'

Democratiaid Rhyddfrydol Cymreig: Rhestr Am yn Ail

Trafododd y Democratiaid Rhyddfrydol Cymreig gam positif o'r enw 'Am yn Ail' am ychydig, lle byddai'n ddyn-menyw-dyn-menyw yr holl ffordd i lawr y rhestr, ond ni chafodd hwn ei weithredu'n llawn ac ni fu'n llwyddiannus. Gwrthododd y blaid gynigion i gael Rhestrau Byrion Menywod yn Unig ar gyfer seddi targed, er bod y cyn-arweinydd, Kirsty Williams, wedi siarad o blaid Rhestrau Byrion Menywod yn Unig. Ar hyn o bryd, yn eironig, menyw yw unig aelod y Democratiaid Rhyddfrydol yn y Senedd.

VERONICA GERMAN

'Roedd yn rhaid i ni roi polisi o "[bleidlais] Am yn Ail" ar gyfer y rhestr, achos ro'n ni'n gwybod mewn gwirionedd mai yn y rhestr y bydden ni'n 'neud y rhan fwya' o enillion. Felly, y syniad oedd y byddech chi'n cael menyw-dyn-menyw-dyn, felly ar draws y rhanbarthe byddech chi'n cael naill ai dyn neu fenyw a byddech chi'n mynd i lawr "am yn ail". Cafodd hynna ei roi ymlaen yn y gynhadledd yma ac yna roedd yr holl ddynion 'ma i fyny fan yna yn dweud pa mor annheg oedd e. Nid hynny'n unig ond ro'n nhw yn aneglur yn eu dadleuon! Chafodd y penderfyniad ddim ei 'neud. Wedyn cafodd e ei godi eto mewn cynhadledd arbennig ar ôl hynny, yn Llanelwedd, ar faes y sioe. Yr adeg hynny, ro'n i ac roedd Kirsty [Williams] – a dyna pryd ddes i'n ffrindie gyda Kirsty – ac un dyn yn siarad o'i blaid. Dim ond ni oedd yna a cafon ni'n trechu. Ro'n ni wedi llorio. Roedd e'n siom mawr. Galle fe fod wedi bod, yn fy rhestr i, bod dyn ar y top, felly fydde fe ddim wedi 'neud unrhyw wahaniaeth, ond jest yr egwyddor oedd e. Dwi'n cofio nhw'n dweud, "Wel, bydd e'r person gore ar gyfer y swydd." Cymeres i niferoedd y Senedd ar y pryd ac roedd faint bynnag yn fwy o ddynion i un fenyw, a medde fi, "Y'ch chi'n dweud wrtho i fod hynny'n golygu fod dynion – dweder mai pedwar ar ddeg oedd e – bedair gwaith ar ddeg yn well na menywod? Achos dyna beth ry'ch chi'n ddweud." Ond na, yn anffodus, chafodd y ddadl mo'i derbyn. Ond y peth da oedd nad o'n i mewn gwirionedd wedi cael llawer i'w 'neud â Kirsty cyn hynny, a ro'n ni'n cyd-dynnu'n dda, a g'naethon ni lot gyda'n gilydd wedyn wrth baratoi ar gyfer y Cynulliad y flwyddyn nesa.'

Ceidwadwyr Cymreig:
Dewis ar Sail Teilyngdod

Parhaodd y Ceidwadwyr Cymreig i ddewis ymgeiswyr ar sail teilyngdod, heb ystyried eu rhyw, ac roedd nifer y cynrychiolwyr benywaidd yn fach, ac maen nhw'n dal felly. O'r aelodau sy'n gwasanaethu yn 2022, mae tri ar ddeg yn ddynion, a dim ond tair yn fenywod.

LISA FRANCIS

'Mae gan aelode pob sefydliad – ac mae, dwi'n meddwl, naw ohonyn nhw, naw etholaeth felly – bleidlais yr un. Mae dau hustyng rhanbarthol, un yng Nghaerfyrddin ac un arall yn Rhaeadr lle 'dych chi'n cael cyfle i siarad am ddeng munud, ac yna dderbyn cwestiyne am ddeng munud, ac roedd eich CV yn cael ei gylchredeg. Roedd pleidlais bost ac yna bydde pob aelod yn penderfynu. Bues i'n lwcus i gael y trydydd slot yna achos do'n ni ddim yn adnabyddus iawn. Ces i gyngor da gan bobol fel Nick Bourne a ddwedodd wrtho i, "Mae angen i ti fynd o gwmpas pob bore coffi, pob garddwest, pob sioe bentre' sydd ymlaen a dod i nabod pobol." Felly gwnes i hynny. Gwnes i'n siŵr 'mod i'n adnabyddus ym mhob man. At hyn gwnes i'n siŵr bod fy CV i'n sefyll allan – roedd e'n sefyll allan beth bynnag achos dwi'n meddwl mai fi oedd yr unig fenyw bryd hynny oedd yn ceisio am y rhestr. Sylweddoles i fod arna i angen rhywbeth i 'neud i fi sefyll allan, felly gwaries i lot o arian yn cael fy CV yn hollol iawn, 'n arian i'n hunan, a dwi'n meddwl bod hyn wedi talu. Dyna'r unig beth mewn gwirionedd sydd gan aelod i fynd arno fe. A ro'n i'n gwybod os bysen i'n gallu llwyddo i fod yn y trydydd safle ar y rhestr, bod cyfle falle i fi gael fy ethol. A golygodd mympwyon y system etholiadol sydd gyda ni, fel roedd e, 'mod i wedi [cael fy ethol]. Newidiodd hynna yn nes ymlaen, yn 2007, enillodd Angela Burns sedd Gorllewin Caerfyrddin a De Penfro, a gwnaeth hynny wahaniaeth. Achos mae rhan gyfadferol y system bleidleisio yn golygu bod pleidleisie'r rhestr yn mynd lawr

wedyn, neu'n cael eu tynnu i ffwrdd. Ro'n i arfer disgrifio'n hunan
fel math o *"tail-end Charlie"*, yn saethwr ôl mewn awyren fomio
Lancaster, achos nhw oedd y rhai mwya' tebygol o'i chael hi. Felly,
ro'n i bob amser yn teimlo hynna, cyn gyflymed ag o'n i mewn,
y bydden i allan yn yr etholiad nesa'. A tries i fynd yn uwch ar y
rhestr, ond yn ofer, yn anffodus.'

LAURA ANNE JONES

Mae Laura yn teimlo iddi hi a Lisa Francis gyrraedd y Senedd yn eu
rhinwedd eu hunain, yn hytrach na thrwy unrhyw fath ar weithred
bositif, fel y mesurau a gymerwyd gan Lafur Cymru a Phlaid Cymru:
'Mae Richard John ar Gyngor Sir Fynwy wedi rhoi cynnig gerbron
nawr yn dweud mai'r nod yw cael y Cyngor yma yn 50:50 [dynion a
menywod], gadewch i ni 'neud camau positif i 'neud i hyn ddigwydd,
a dwi'n hollol o blaid hynna. Dwi ddim yn gwybod sut maen nhw'n
mynd i drio 'neud hynna; dwi'n meddwl eu bod nhw'n mynd i 'neud
e mewn ffordd fwy naturiol na jest Rhestrau Byrion Menywod
yn Unig, dim ond jest trio ffeindio menywod yn ymgeiswyr a'u
hannog i gamu ymlaen. Dwi ddim yn gwybod beth yw'r ateb, i fod
yn onest, achos ry'ch chi eisie iddo fe fod yn deg ond, ar yr un
pryd, rhaid iddo fe fod y person gore am y swydd. Ond mae angen
menywod i ddod i mewn i hynny, a dwi ddim yn gwybod beth yw'r
broblem gyda phobol yn dewis menywod. Mae'n ymddangos bod
ffafriaeth o hyd o blaid dyn dros fenyw, heb ystyried pa mor dda
ydyn nhw. Roedd gyda ni ymgeiswyr benywaidd anhygoel yn yr
etholiad Senedd diwetha', ac mae'n drueni mawr na ddaeth lot
ohonyn nhw mewn i'r Senedd, bydden nhw wedi bod yn anhygoel.
A byddan nhw yna yn y dyfodol, dwi'n gwybod y byddan nhw'n
cyrraedd yna, a dim ond eu cael nhw yna ydy e. O ran tegwch,
gallwch chi weld y rhesymau drosto [Gefeillio]. Mae angen i ni
'neud rhywbeth i 'neud iddo fe ddigwydd ond, ar yr un pryd, dwi
ddim eisie i ddynion golli allan achos eu bod nhw'n ddynion,

achos sut mae hynny'n well? Mae'n eitha' brwydr ynglŷn â sut ry'n ni'n 'neud e. Bydden i'n dwlu 'neud e'n naturiol ond 'dyn ni'n cael probleme gyda hynna, felly mae angen i rywbeth ddigwydd. Achos 'dyn ni wedi dihysbyddu'r broses yna [dewis naturiol] gynta', falle bod angen i ni 'neud rhywbeth nawr i ddechre cymryd mwy o game, a falle mwy o wahaniaethu positif. Achos, er 'mod i'n hollol yn erbyn hynny, 'dyn ni wedi trio'i 'neud e mewn ffordd naturiol. Felly dwi'n agored i syniade. Fydden i ddim yn dweud 'mod i'n llwyr yn erbyn rhywbeth fel 'na [gweithred bositif] ond dwi yn meddwl bod angen i ni 'i drafod e a'i drafod e'n onest fel Plaid.'

* * *

Pennod Pump

CYDRADDOLDEB: 2003 A THU HWNT

Yn 2003, Cynulliad Cenedlaethol Cymru oedd y ddeddfwrfa gyntaf yn y byd i gyrraedd cydbwysedd rhyw 50:50 rhwng yr aelodau benywaidd a'r aelodau gwrywaidd, rhywbeth nad yw San Steffan erioed wedi ei gyflawni yn ei holl hanes. Dychwelwyd deg ar hugain o fenywod, gan ennill hanner y trigain sedd Gymreig. Yn y Grŵp Llafur, o blith y deg Aelod ar hugain, yr oedd mwy o aelodau benywaidd na gwrywaidd, mewn gwirionedd, gyda phedair ar bymtheg o fenywod o'i gymharu ag un dyn ar ddeg.

Roedd yr orchest arwyddocaol a hanesyddol hon yn ddyledus yn bennaf i ymdrechion cadarnhaol Llafur Cymru a Phlaid Cymru. Roedd y ddwy blaid wedi defnyddio strategaethau arbennig i sicrhau bod ymgeiswyr benywaidd yn cael blaenoriaeth a'u cefnogi i sefyll am seddi. Cyrhaeddodd y torri drwy'r 'nenfwd gwydr' hwn yng ngwleidyddiaeth Cymru benawdau'r newyddion ledled y byd ac fe'i croesawyd gan grwpiau hawliau menywod yn y DG ac ar draws y byd.

Buom ni'n cyfweld sawl menyw a etholwyd i'r Cynulliad rhyfeddol hwn yn 2003, ac i'r Cynulliadau dilynol, a gofynnon ni iddyn nhw sut roedden nhw'n teimlo o fod yn rhan o hynny, sut roedd ei legasi wedi effeithio arnynt, a hefyd am y rhesymau pam nad yw'r cydraddoldeb hwnnw wedi ei gyrraedd ers hynny.

LISA FRANCIS

'Wnes i ddim sylweddoli ar y pryd pa mor bwysig oedd e. Ro'n i bob amser wedi credu 'mod i eisie cael fy ethol yn ôl fy nheilyngdod fy hunan, 'ngallu i'n hunan, nid am 'mod i'n fenyw. Roedd gan Lafur bolisi gwahaniaethu positif cryf iawn, felly roedd lot o'r menywod Llafur oedd yn Aelode Cynulliad wedi cael eu hethol achos bod nhw wedi cael eu rhoi mewn etholaethe, ac mae hyn yn dod â'i brobleme ei hunan. Roedd gen i farn gref fod cymdeithase etholaethol yn gwybod beth o'n nhw moyn ac y dylen nhw benderfynu beth o'n nhw moyn. I mi roedd hi'n bwysicach 'mod i wedi cael fy newis achos fy ngallu. Dwi'n cofio 'nghydweithwraig i, Laura Jones yn rhoi cyfweliad a digwyddes i ei chlywed hi'n dweud wrth rywun, "Wel, mae Lisa Francis a finne wedi cael ein dewis a'n hethol yn ôl ein teilyngdod, a dyna sut dyle hi fod, mae'n hollol wahanol." A dwi'n cofio meddwl, "Dwi ddim wir yn cytuno â hynna." Dwi'n credu ein bod ni'n lwcus iawn ein bod ni yn y lle iawn ar yr amser iawn. A ro'n i'n dechre gweld effaith cael hollt 50:50 o safbwynt rhyw yn barod. Allwch chi ddim jest dweud, "Does gan y bobol yna ddim hawl i fod yna achos do'n nhw ddim wedi cael eu hethol yn ôl eu teilyngdod," dyna sut roedd e'n swnio i fi. Yn ddiweddarach yn ystod y Cynulliad hwnnw, daeth hi'n amlwg iawn fod cael cymaint â hynna o fenywod yn mowldio'i siâp e wrth y mathe o gwestiyne oedd yn cael eu holi, y gwaith oedd yn cael ei wneud yn y pwyllgore, y ffordd roedd y pwyllgore'n 'neud eu gwaith, hyd yn oed. Mae menywod yn cydsynio'n well wrth natur, maen nhw'n fwy ymarferol, yn fy marn i, 'dyn nhw ddim yn gwastraffu amser. Dwi'n gwybod bod dynion fydd yn dadlau am hyn, ond dyna'r argraff ges i. Ac roedd corff cryf iawn o fenywod yn y Cynulliad yna, yn sicr, a ro'n nhw'n gefnogol iawn ac yn ymestyn allan aton ni, a synnodd hynna fi. Ro'n i'n disgwyl "llinellau mwy llwythol" ond dwi'n meddwl bod menywod yn gweithio gyda'i gilydd yn mynd ymhell tu hwnt i hynna mewn gwirionedd. Roedd consérn mamol bron gan aelodau Llafur fel Rosemary Butler, Janice Gregory, a bydde fe rywbeth fel, "Shwt wyt ti'n dod mlaen yn dy grŵp di, bach, gyda dim ond dwy ohonoch chi?" Ac roedd hi'n wych cael y gefnogaeth yna. A bydden nhw'n sylweddoli os byddech chi'n cael diwrnod gwael, neu fod pethe ddim wedi mynd yn dda i chi, bydden nhw'n sylwi ar hynna, gyda math ar antena, yr antena benywaidd yna sy gyda ni, bydden nhw'n cydio'n hwnna, tra bod y dynion yn eich grŵp chi eich hunan, yn hapus ddim yn sylwi arno. Galle fe fod yn dipyn o glwb i'r bois, achos do'dd jest dim digon o fenywod yn eich grŵp chi. Ond roedd e'n arwyddocaol iawn, o edrych nôl arno fe nawr, yn y ffordd roedd e'n siapio'r Cynulliad. Felly, dwi wedi mynd rownd mewn cylch, mewn gwirionedd, dwi wedi newid fy marn yn llwyr nawr. Dwi'n credu mai gwahaniaethu positif yw'r ffordd mlaen, mae angen iddo fe ddigwydd, achos all hi ddim bod yn deg, all hi, os ydyn ni dros 50% o'r boblogaeth, nad oes gyda ni'r gynrychiolaeth yna yn ein Senedd?'

LEANNE WOOD

'Mae hi bob amser yr un fath gyda hanes, 'dych chi'n edrych nôl ac 'dych chi'n gweld bod pethe yn llawer mwy arwyddocaol erbyn meddwl nad o'n nhw 'rioed wedi teimlo ar y pryd. Dwi'n cofio, roedd e'n grêt, chi'n gwybod. Byddwn i'n cael galwade ffôn oddi wrth academyddion o ochor arall y byd – o Ganada, o Awstralia – â diddordeb gwirioneddol yn y ffaith fod Cynulliad Cenedlaethol Cymru wedi cyrraedd cydraddoldeb rhwng dynion a menywod, roedd cyn lleied o lefydd oedd wedi dod yn agos at hynny hyd yn oed, a shwt o'dd e'n teimlo i fod yn rhan o hyn. Ac aeth hi bron yn *boring* i 'neud y cyfweliade yma achos roedd cymaint ohonyn nhw. O edrych yn ôl nawr, hynny yw, 'na sefyllfa grêt oedd hynna, a dwi ddim yn meddwl bod ni wedi cydnabod hyd yn oed ar y pryd pa mor arwyddocaol oedd e, a dim ond am nôl 'dyn ni wedi mynd ers hynny. Yn bendant [fe gododd e broffil Cymru] achos roedd diddordeb, hynny yw, bydde criwie teledu yn dod i'r Senedd [sic], ac eisie 'neud cyfweliade, myfyrwyr o bob man, ac yn enwedig os oedd unrhyw fath o grwpiau astudiaethau rhywedd neu gyrsie fel yna, odd, roedd diddordeb mawr gyda nhw. Ac mae'n rhaid bod hynna wedi codi'r proffil, achos bydde pobol wedi bod yn ysgrifennu erthygle a rhannu'r wybodaeth yna pryd bynnag bydden nhw'n mynd nôl i'w gwledydd gartre.'

CATHERINE THOMAS

'Un o'r pethe cynta' ddigwyddodd i fi pan gyrhaeddes i'r Cynulliad oedd, ro'n i'n cerdded rownd cornel ac yn llythrennol bwres i mewn i dri Aelod Cynulliad Tori gwrywaidd, a oedd yn rhyw fath o biffian chwerthin. Meddylies i, "O jiw, fel hyn mae hi am fod?" Achos 'mod i wedi ennill Llanelli, ac roedd e mor fach, doedd e ddim yn ddisgwyliedig, roedd erthygl wedi bod yn y *Western Mail* amdana i, ac o'n nhw fel bechgyn bach, wir – "O, 'dyn ni wedi dy weld di yn y papur!" A gwnes i jest meddwl – "O diar." Ac yna, pan o'n i'n eistedd yn y Siambr yna ac edrych o gwmpas a gweld nifer y menywod, ces i 'nghalonogi. A meddylies i, "Waw!" Achos unwaith eto roedd e'n rhywbeth ro'n i'n rhan ohono fe – gyda lot o rai eraill – yn ymgyrchu drosto, ac yna gweld ffrwyth eich llafur o'ch blaen chi a 'dych chi'n freintiedig mewn gwirionedd i fod yn rhan ohono fe, ac achos bod chi'n gwybod y gwahaniaeth y gall ac y bydd e'n 'neud, mae hynna'n deimlad arbennig iawn. A dyna pam dwi'n angerddol am barhau â gweithredu positif achos allwch chi ddim tynnu'ch troed oddi ar y pedal. Achos unwaith 'wnewch chi hynny, byddwch chi'n llithro reit nôl, ac mae ei angen e. Felly, ro'n i yn ymwybodol iawn, a ro'n i'n ei theimlo hi'n fraint bod yna. Ro'n i'n sefyll fan'na yn y ffotograff yna a jest yn meddwl, "Waw, mae hon yn foment mewn hanes." Ac i fod yna, roedd e jest yn wych.'

JANET RYDER

'Wel, fe saethodd o Gymru i fyny. Ar un adeg, Cymru oedd yr unig ddeddfwrfa yn y byd â chorff cynrychioliadol cytbwys o ran rhyw, felly yn sicr rhoddodd o Gymru ar lwyfan rhyngwladol o ran adnabyddiaeth. Gwnaeth y Pwyllgor Cyfleoedd Cyfartal lawer o waith, a dwi ddim yn gwybod a fydda hwnna wedi bod yna tasa'r holl ferched yna ddim ar y Pwyllgor. Ac roeddech chi'n dechra edrych ar betha mae'n debyg fwy o safbwynt dynas, sy'n gallu bod ychydig bach yn wahanol i safbwynt dyn, weithia, jest galluoedd sy gan ferched. Sut ydach chi'n g'neud yn siŵr eich bod chi'n torri'r nenfwd gwydr? Wel, mae'n amlwg na wnaethon ni hynna achos mae o'n dal yna, yn anffodus, i ryw radda, mae ffordd bell i fynd o hyd. Yn rhannol, mae o am annog merched i ddod ymlaen, felly mae angen rhoi model rôl iddyn nhw a deud, "Edrychwch mae'n gallu digwydd, dyma beth allwch chi 'neud, gallwch chi 'neud gwahaniaeth, mae'r gallu yna i chi i ddod drwodd." Mae'n eu cefnogi nhw pan maen nhw'n dod drwodd yn ymgeiswyr, mae o am sicrhau bod pob plaid wleidyddol yn cydsynio hefyd, neu gymaint â phosib, fel eich bod chi'n cael cynrychiolaeth gytbwys dda ar draws yr holl bleidia gwleidyddol. Beth na ddigwyddodd, a fydda wedi gallu helpu o bosib, falla bod angen i chi ffurfio rhyw fath o grŵp cawcws o ferched ar draws y pleidia. Ac roedd llawer o'r merched yna a gafodd eu hethol, yn enwedig yn '99, nhw oedd y merched oedd o'r grŵp yna, a oedd wedi bod yn gweithio am hynna, y Jane Hutts a'r Sue Essexs, Helen Mary, chi'n gwybod, roeddan nhw fel tasan nhw'n nabod ei gilydd. Ond roedd angan i chi feithrin cenhedlaeth arall o ferched. Os edrychwch chi ar senedda eraill, mewn rhai achosion mae senedda lle mae merched ar draws y pleidia yn gallu dod at ei gilydd a thrafod materion. A wnes i ddim gweld hynna'n digwydd mewn gwirionedd yn y Cynulliad a dwi'n meddwl basa hynna wedi bod yn dda, o fudd mewn rhai achosion. Mae hi bob amser yn dda i siarad â phobol o bleidia eraill achos gallwch chi gael llawer gwell consensws pan fyddwch chi'n dod â deddfwriaeth ymlaen, a dwi'n meddwl bod hynna'n gyfla a gollwyd.'

LYNNE NEAGLE

'Dwi'n meddwl ar y pryd fod y ffaith fod mwy o fenywod yn y Grŵp Llafur na dynion yn achos dathlu mawr. Roedd y ffaith fod y Senedd [sic] i fod yn lle gwahanol iawn wedi'i ragordeinio o'r dechre mewn gwirionedd. Fe aethon ni yna yn gwybod bod hwn yn sefydliad yr oedden ni'n gobeithio a fydde'n wahanol iawn i San Steffan. Mae'n amlwg, roedd gen i lot o fenywod o 'nghwmpas i, â llawer mwy o brofiad na fi. Dwi bob amser wedi cydnabod na fydden i wedi cyrraedd lle dwi, i fod yn Aelod o'r Senedd [sic], oni bai fod y Blaid Lafur wedi cymryd camau at Efeillio a bod yn barod i frwydro dros hynny. Dwi'n tybio, achos 'mod i gymaint iau na rhai o'r menywod eraill, a bod gan rai o'r menywod yn y Senedd [sic], pobol fel Val Feld a Jane Hutt, flynyddoedd o brofiad yn ymgyrchu dros faterion cydraddoldeb, felly ro'n i, dwi'n meddwl, yn eu cysgod nhw. Dwi wedi trio 'neud fy ymgyrchu i ar y materion yma yn fwy lleol, yn nhermau trio cefnogi menywod yn lleol, yn dadlau am gwotâu yn lleol, achos doedd y brwydre ddim wedi'u hennill. Ac fe ges i frwydr sy'n dal i fynd 'mlaen yn y Blaid Lafur am fy mhresenoldeb i yna, mewn gwirionedd, sialens oedd yn mynd 'mlaen dwi'n teimlo 'mod i wedi gorfod ymladd â hi am amser hir. Roedd bob amser lot o siarad am y ffaith fod gyda ni gymaint o fenywod yn y Cynulliad bryd hynny, a dwi'n meddwl yn gyffredinol, bod [y ffaith fod] gyda ni fenywod gweithredol iawn, iawn yn golygu bod y proffil wedi parhau yn uchel, felly mae e wedi 'neud gwahaniaeth mawr. Hyd yn oed jest yn y ffordd y cafodd y Cynulliad ei osod i fyny ar y dechre, gyda'r Grŵp Ymgynghorol Cenedlaethol a phopeth, yn rhoi pethe'n eu lle a fydde'n 'neud pethe'n haws i fenywod, er bod rhai o'r rheiny wedi mynd am nôl nawr.'

SIÂN GWENLLIAN

'Mae'n siŵr bod o wedi effeithio ar y diwylliant. Mae wedi g'neud y diwylliant yn un llai cecrus, falla, o gymharu efo San Steffan, 'dach chi'n meddwl am ddadleuon, ac yn y blaen. Mae'n ddiddorol ofnadwy. Pan 'dan ni'n trafod materion cynhennus, fel Brexit ac yn y blaen, ychydig iawn o ferched sy'n cymryd rhan yn y dadleuon yna, ac maen nhw'n gallu mynd yn gecrus. Dwi'n meddwl o ran creu diwylliant sydd yn fwy cydnaws, rhywsut, be' mae pobol eisio gweld gwleidyddion yn g'neud 'te, trafod yn gall a peidio gweiddi at ei gilydd. Dwi'n meddwl bod presenoldeb hanner ohonan ni ferched yn cyfrannu at hynna. Dwi hefyd yn meddwl o ran y pyncia 'dan ni'n drafod ... mae tystiolaeth yn dangos, tydy, mwya byd o ferched sydd 'na mewn stafall, mwya byd o sylw sydd 'na i byncia sydd yn gallu effeithio ar fywyda merched yn gyffredinol, hynny yw gofal plant, ac ati. A dwi'n meddwl bod ymchwil wedi cael ei 'neud yn dangos bod y Cynulliad Cenedlaethol – bod pyncia fel gofal plant a rhannu swydd, ac yn y blaen, yn cael mwy o sylw fan hyn nad ydy o mewn sefydliada lle does gynnoch chi ddim y cydraddoldeb yna. Mae cael mwy o ferched yn golygu bod bywydau pob merch yn mynd i fod yn well oherwydd 'dan ni'n tynnu sylw at y petha sydd yn bwysig yn ein bywyda ni.'

DELYTH JEWELL

'Mae cydraddoldeb rhwng y rhywie yn rili rili bwysig i fi. Mae'n siom yn y Senedd bod ni wedi camu'n ôl, mewn ffordd, achos roedden ni'n arfer bod sblit 50:50 a nawr dyw e ddim cymaint – dylsen ni ffeindio ffordd o gael mwy o fenywod yn mynd i mewn i'r byd gwleidyddol. Mae 'na heriau arbennig i fenywod, oherwydd maen nhw'n fenywod – dyw e ddim fod herie *ddim* yna ar gyfer dynion, a maen nhw'n gallu fod yn herie rili rili anodd – ond yr herie sy'n wynebu menywod yn eitha' aml, yn anffodus, maen nhw oherwydd maen nhw yn fenywod, dyna be sy'n gwneud e'n wahanol. Er gwaetha hynny mae'n rhaid cael menywod yn y byd gwleidyddol, achos 'dyn ni'n dod â rhywbeth at ddeddfwriaethu sydd yn wahanol. 'Dyn ni'n dod â persbectif gwahanol mewn, a ffordd wahanol o 'neud pethe, falle 'dyn ni ddim cweit mor *gung-ho* trwy'r amser, ond 'dyn ni'n ffeindio ffordd eitha' *conciliatory* o gyflawni pethe. Mae hynna'n rhywbeth rili bwysig i fi ac mae'n rhywbeth dwi eisie hyd yn oed g'neud mwy gyda fe. Mae'r Senedd wedi bod ar flaen y gad yn y byd trwy gael cyfartaledd rhwng y rhywie. Ond eto mae'n dangos bod ni'n methu cymryd rhywbeth fel yna yn ganiataol achos 'dyn ni wedi llithro'n ôl. Mae cymaint o bobl sydd ddim yn deall pam o'n i'n gweithio gyda hawliau menywod, neu sydd ddim yn gweld bod angen bod yn *feminist*, yn meddwl fod y ddadl wedi'i hennill. Wrth gwrs mae lot o'r ddadl wedi'i hennill, ond 'dyn ni'n methu, "*We can't rest on our laurels*", 'dyn ni'n methu jest cymryd yn ganiataol fod pethe yn mynd i aros wedi cael eu hennill. Mae'n rhaid inni gario ymlaen i frwydro, ac mae'n rhaid inni gael mwy o ymwybyddiaeth, am fel mae menywod wedi cyflawni lot o fewn y system Datganoli, ond mae 'na bellter eto i fynd.'

ELIN JONES

'Dwi'n meddwl, o edrych yn ôl nawr, bod ni wedi bod yn euog o beidio deall yn iawn mawredd y newid oedd wedi digwydd yn etholiad 1999 a 2003. Roedd saith aelod Seneddol benywaidd wedi cael eu hethol ers 1918 i San Steffan o Gymru, dros 90 mlynedd, a dim ond saith. Ac wedyn, yn sydyn iawn, fe etholwyd dros ugen o fenywod i fywyd cyhoeddus gwleidyddol Cymru yn 1999. Felly fe oedd yna drawsnewid sylweddol iawn yn y nifer o fenywod oedd yn ymddangos ar sgrinie teledu, yn siarad am wleidyddieth yn ogystal â shwt o'n nhw'n dylanwadu ar wleidyddieth. Wnes i fyth weld 'n hunan fel rhywun oedd angen amlygu hynny mewn rhyw ffordd – dwi'n siŵr o achos o'n i'n ifancach, do'n i ddim yn gwybod dim byd gwell. Do'n i ddim, falle, wedi gorfod ymladd cymaint â rhai oedd yn hŷn – Jane Hutt, Sue Essex, Janet Daviesek y byd yma, oedd wedi bod yn ymladd o fewn eu pleidie ar hyd y blynydde i gael fwy o sylw i fenywod. Mae meddwl am y ffaith, yn 2003 gaethon ni y Senedd [sic] ddeddfwriaethol ddemocrataidd gyntaf eriôd yn y byd, i ethol Senedd [sic] le oedd dynion a menywod yn gwbwl gyfartal, a 'naethon ni ddim brolio'n hunen o gwbwl, 'naethon ni bron ddim *dathlu* y ffaith bod ni'n hynny, a 'dyn ni bron wedi anghofio sôn am hynny. Ac felly mae'n bwysig i ni feddwl am shwt 'yn ni'n cofnodi a sicrhau bod pobol yn cofio yng Nghymru taw ni oedd y cynta' i dorri trwyddo beth oedd, i bob pwrpas, yn *glass ceiling*. Ac erbyn heddi, wrth i mi 'neud y cyfweliad yma, 'dyn ni'n 47% o fenywod. Felly mae rhai yn dweud bod ni'n cwympo'n ôl ac yn y blân, ond 'dyn ni ddim wedi cwympo gymaint â hynny, 'dyn ni'n dal yn weddol o gyfartal. Dwi ddim yn meddwl 'naethon ni ddigon ohono fe. Fe ddylen ni fod wedi bod yn brolio lot yn fwy; dylen ni fod yn hala rhai o'r menywod yna ar draws y byd i gyd, yn ceisio dylanwadu a dangos beth sy'n bosib mewn llefydd eraill. 'Naethon ni ddim gweld mawredd beth o'n ni wedi'i gyflawni yng Nghymru yn iawn. Rhaid i ni beidio ag anghofio fe, pa mor arloesol o'n ni bryd hynny; ac yn bennaf oherwydd y camau roedd dwy blaid wleidyddol, ac yn enwedig y Blaid Lafur, wedi'u cymryd i sicrhau bod hynna'n digwydd. Doedd e ddim wedi digwydd heb dipyn o waith o fewn y ddwy blaid, Plaid Cymru a'r Blaid Lafur, ac yn enwedig y came oedd y Blaid Lafur wedi'u cymryd i ddewis menywod i sefyll mewn etholiade – Gefeillio.'

RHIANON PASSMORE

'Yr hyn fydden ni'n ddweud nawr yw 'mod i'n meddwl bod y siambr yn trafod llawer mwy, yn dadlau llawer mwy, a dwi'n hunan ddim yn credu mai jest rhai tawel, meddal yw menywod. Mewn gwirionedd dwi'n credu bod menywod yn lew ac eisie mynd at galon y ddadl. Felly, dwi ddim wir yn credu bod menywod yn mynd i gymryd agwedd dawel, mynd gan bwyll. Falle bydd e'n cael effaith wahanol, argraff wahanol, oherwydd mae gyda ni brofiade gwahanol, ond dwi'n meddwl bod gyda ni agwedd sy'n trafod mwy yn y Cynulliad [sic], ac mae llawer mwy o ymyrraeth a dadlau poethach. Dyw rhai ddim yn hoffi hynna. Mae rhai'n dweud nad yw hyn yn wleidyddiaeth gydsyniol, mae angen i ni fod yn wahanol i San Steffan. Wel, 'dyn ni yn wahanol i San Steffan, ond dwi ddim yn meddwl dylen ni fod yn wahanol er mwyn bod yn wahanol. A dwi'n meddwl ei bod yn bwysig, lle ydyn ni'n anghytuno, bod ni'n dweud wrth bobol ein bod ni'n anghytuno. Dwi'n meddwl ei bod yn gelwydd i'r cyhoedd i esgus ein bod ni gyd yn dod 'mlaen yn gydsyniol; 'dyn ni ddim. O safbwynt edrych ar y siambr a disgwyl i bawb fod yn gwrtais i'w gilydd, 'dyn ni'n disgwyl cwrteisi a bod y rheole'n cael eu cadw, ond mae helyntion wedi bod pan mae pethe cas iawn wedi'u dweud, stwff y gellid ystyried eu bod nhw allan o drefn ac a oedd allan o drefn. Hoffwn i weld pethe fel 'na yn cael eu trin yn llym iawn yn y Siambr. Ond dwi'n meddwl jest am fod mwy o fenywod yn y siambr yna, dyw e ddim yn golygu'n bod ni'n mynd i fod yn fwy cwrtais.'

JANE DAVIDSON

'Bod yn fenyw, bod yn ffeminydd, bod yn rhan o'r mudiad i fenywod, bod yn hynod falch – ddim yn teimlo bod gen i unrhyw ran ynddo fe heblaw 'mod i wedi'n ethol – ond bod yn hynod falch o fod yn rhan o sefydliad a oedd yn 'neud hanes ledled y byd oherwydd cynrychiolaeth menywod. A bod yn un oedd yn mynd allan a siarad am hynny lot. Ro'n i'n cael 'ngwahodd i brifysgolion yn arbennig a phryd bynnag bydden i'n siarad am fy rôl mewn addysg, bydden ni'n pwysleisio hefyd 'mod i yn y Cabinet sy â'r lefel hyn o gynrychiolaeth. Ac roedd hynny mor bwysig yn ogystal â chyflwyno neges am fath o Gymru newydd, lle'r oedd cydraddoldeb wrth graidd a chalon y Gymru newydd, lle'r oedd uchelgais yn bendant wrth galon y Gymru newydd, a bydde fe'n chwarae rôl ôl-ddiwydiannol i'n cryfdere fel Cymru newydd hefyd. Roedd e'n rhan o'r mantra alluogodd fi i fod pwy ydw i ymhobman achos roedd gen i'r gefnogaeth enfawr yma roedden ni wedi'i gael gan y Cymry. Y Cymry wnaeth hyn nid ni. Etholon nhw fwy o fenywod na dynion, etholon nhw lawer mwy o fenywod Llafur na dynion. Y trwbwl heddi pan edrychwch chi arno fe, heb y mesure yna yn eu lle, 'dyn ni mewn perygl bod y math yna o beth yn fath o blip hanesyddol a bod rhai o'r hen arferion mewn dewisiade plaid yn dod nôl.'

HELEN MARY JONES

'Mae tystiolaeth academaidd gref fod cael y math yna o fàs critigol o fenywod yn 'neud gwahaniaeth i beth fydden ni'n drafod, roedd e'n 'neud gwahaniaeth i'r penderfyniade ro'n ni'n 'neud. Roedd e'n 'neud gwahaniaeth hefyd i sut ro'n ni'n trafod pethe. Pan feddyliwch chi, dros fater Cyllido Ewropeaidd, daethon ni i'r casgliad bod yn rhaid i Alun Michael fynd a chafodd e'i ethol mas. Nawr os byse hynna wedi'i 'neud yn Senedd San Steffan, bydde fe wedi'i 'neud gyda gweiddi a bloeddio a bangio desgie. Yn y Cynulliad, cafodd e'i 'neud mewn tawelwch llethol. A dwi'n meddwl bod peth o hynna achos ro'n ni'n gallu gweld mai person oedd yna, a ro'n ni'n gallu gweld ei loes, a'i boen e, a'r synnwyr ei fod e wedi methu 'neud yr hyn roedd ei arweinydd e Tony Blair wedi gofyn iddo fe 'neud, sef ein dal ni i gyd ar dennyn tyn. A 'wnaethon ni ddim. Nawr, ewch chi mewn i'r fan yna nawr a 'dych chi'n gweld bangio desgie, a dwi ddim yn ei hoffi e. Dim dyna'r ddemocratiaeth ymladdes i drosti. Dim dyna'r ddemocratiaeth ymladdodd 'nghenhedlaeth i o fenywod drosti. Ro'n ni'n ffenomen ac fe lwyddon ni i gael y ddemocratiaeth 'na [cydraddoldeb]. Y siom i fi oedd, roeddech chi'n dod i 2003, ac roedd y ddwy blaid wleidyddol wedi defnyddio gweithredu cadarnhaol i gyrraedd y fan lle'r oedd y Senedd [sic] yn gytbwys o ran rhyw. Ro'n i, a'r genhedlaeth yna o fenywod Llafur – pobol fel Jane Hutt – yn wir yn gobeithio y bydde'ch modele rôl chi'n dod yn fwy amrywiol, ac yna pan fydde menywod yn dechre cynnig eu hunen i'w dewis, heb weithredu cadarnhaol, y bydde hi'n dod yn naturiol i fenywod gael eu dewis. Â siarad am 'n hunan, fe wnes i amcangyfrif yn rhy isel pa mor annileadwy mae'r ddelwedd yna, pan fydd aelod o Blaid Cymru yn cau ei lygaid, a 'dych chi'n dweud y gair "gwleidydd" maen nhw'n dal i weld Dafydd Wigley a Gwynfor Evans. Ac felly, pan welon ni wedyn fod y rhaglenni dros weithredu'n gadarnhaol yn cael, nid eu stopio'n llwyr, ond rhyw fath o'u rolio'n ôl ychydig, yn y ddwy blaid, dechreuon ni gwympo'n ôl o 2007, ac yna i mewn i 2011 ymlaen. Beth o'n i'n feddwl? Y gallen ni droi dros 4000 o flynyddoedd o batriarchaeth mewn 15 mlynedd o ddemocratiaeth? Na.'

* * *

Pennod Chwech

DYHEADAU A PHROFIADAU

Agendâu Menywod, Dyheadau, Chwaeroliaeth, Rhagfarn Rhyw a Chefnogaeth

Siaradodd pob un o'r menywod y buon ni'n eu cyfweld am agweddau amrywiol agendâu menywod, yn rhychwantu o'r gwahanol, neu arall, dyheadau a chyfleoedd dynion a menywod, chwaeroliaeth, o fewn ac ar draws pleidiau, y rhywiaeth a'r gwrthwynebiad roedden nhw'n eu hwynebu, a'r gefnogaeth gawson nhw gan eu cyd-aelodau benywaidd, gan eu pleidiau a chan gydweithwyr gwrywaidd hefyd. Heb eithriad, cytunai'r menywod fod Cynulliad/Senedd Cymru yn fwy cydsyniol oherwydd nifer y menywod oedd yn bresennol yn y Siambr, gydag ymagwedd fwy meddal a llai ymosodol nag a welid yn San Steffan.

At hyn, newidiodd tôn y dadlau, yn ogystal â chynnwys y pynciau a drafodid, i gynnwys pynciau na fyddai efallai wedi cael eu codi na'u trafod pe na bai'r nifer o fenywod oedd yno, ac sy'n dal yno, er enghraifft, ym maes gofal iechyd, lles teuluoedd a phlant, gofal yr henoed, tâl cyfartal, cymunedau, a.y.b. Siaradodd sawl un o'n cyfweleion hefyd am ragfarn rhyw, camdriniaeth ar gyfryngau cymdeithasol am eu bod yn fenywod, a phwysleision nhw rai o'r anghydraddoldebau wynebon nhw gan bleidleiswyr tra allan yn ymgyrchu.

JAYNE BRYANT

'Digwyddodd rhywbeth pan o'n i'n ymgyrchu yn yr etholiade Ewropeaidd, pan oedd Derek Vaughan yn rhif un ar y rhestr, ac roedd e'n ASE yn barod, ond yn trio eto a ro'n i'n sefyll. Roedd lot o bobol yn gofyn i fi beth oedd barn fy nheulu i, beth oedd barn fy ngŵr? Do'n i ddim wedi priodi ar y pryd. Ar y dechre, ro'n i'n meddwl bod diddordeb gyda phobol yn pwy o'n i, ond wedyn dechreuodd pobol ddweud wrtho i, "Beth yw barn eich gŵr eich bod chi'n mynd i Frwsel falle?" A dechreues i feddwl bod neb yn gofyn i Derek am ei gefndir teuluol e neu beth oedd barn ei blant e, doedd hynny byth yn codi. Ond i fi, ble bynnag bydden i'n mynd bydde rhywun yn gofyn i fi am hynna. A do'n i ddim wedi meddwl falle bydden i'n mynd bant, ac os oedd gen i blant, beth fydden i'n 'neud â nhw. Roedd e fel tasen nhw trio dweud rhywbeth wrtho i. Ac un arall pan o'n i'n ymgyrchu yn etholiade'r Cynulliad. Ces i eitha' sioc pan gnocies i ddrws, ac agorodd dyn y drws, a dwedodd e fydde fe ddim yn pleidleisio drosto i achos doedd e ddim yn gwybod oedd gen i blant. Dwedes i fod dim plant gyda fi, a dwedodd e na fydde fe'n bendant yn pleidleisio drosto i achos doedd e ddim yn gwybod pryd o'n i'n bwriadu cael plant, ac ar sail hynny, alle fe ddim pleidleisio drosto i o gwbwl. Ces i'r fath sioc. Nid dyma'r agwedd ro'n i wedi'i disgwyl, ac yn amlwg dim ond un person oedd hwnna, ond ces i'n synnu bod rhywun yn meddwl gallen nhw ofyn hynna i fi ac mae dyna fydde sail eu pleidlais. Ces i sioc wirioneddol gyda hynna – yn 2016 – dyna oedd yr agwedd. Does neb yn gofyn i ddyn am ei gefndir teuluol, ond mae menywod yn cael eu gofyn y mathe yma o bethe yn amal.'

NERYS EVANS

'Dwi wastad yn ymgyrchu o ran hawliau menywod. Mae'n annatod i lot fawr o fenywod i 'neud e, falle, heb feddwl amdano. Dwi'n dal yn aelod o adran menywod y Blaid. Dwi'n meddwl bod pob menyw yn y Blaid yn aelod, mae'n dibynnu faint mor actif mae pobl, wrth gwrs. Roedd 'na grŵp trawsbleidiol ar fenywod mewn democratiaeth yn y Cynulliad, roedd hwn yn grŵp trawsbleidiol caeedig – fel arfer maen nhw ar agor i'r cyhoedd – ac roedd hwn yn lle i fenywod o'r pleidiau erill drafod y realiti o fod yn aelode Cynulliad benywaidd – yr herie, y probleme, y tensiyne a oedd yn codi ym mhob un Blaid. Roedd rhai o'r straeon o'n i'n clywed am rai o'r pleidie yn hala i chi sylweddoli bod y Blaid [Plaid Cymru] yn *progressive*, er bod ni'n brwydro'n fewnol weithie, a dal yn, er mwyn cael cydraddoldeb, a sicrhau bod hwnna yn cael 'i gydnabod ar draws y Blaid. Dwi'n cofio Kirsty Williams yn mynd am arweinyddiaeth y Blaid [Democratiaid Rhyddfrydol]. Roedd hi'n cael 'i holi, *"How will you juggle this with your three children?"* Sa i eriôd wedi clywed dyn yn cael y fath gyfweliad – Boris Johnson, oes rhywun wedi gofyn iddo fe gynta' faint o blant sy gydag e, ac yn ail, fel bydde fe'n ymdopi? Roedd hwn yn fforwm preifat i drafod y realiti o ran cael y gefnogaeth 'ma, a rhannu *tips* o ran fel ry'n ni'n trafod pethe mewnol, o ran y prosese, dewis ymgeiswyr, mentora, ac yn y bla'n, a helpu'n gilydd. Un peth oedd wedi taro fi, o fynd o fod yn aelod o staff yn y Cynulliad i fod yn wleidydd, roedd lot mwy o densiyne rhwng pleidie fel aelod o staff na beth oedd hi ar ôl cael 'n ethol. Dwi'n credu ar ôl cael eich ethol fel Aelod Cynulliad, chi'n sylweddoli'ch bod chi yn y grŵp *weird* yma o bobol sy'n byw rhyw fywyd rhwng dau le, yn cynrychioli pobol, lan i sgrwtini, a dwi'n credu bod y tensiyne 'na a'r pwyse, yn dod â chi at 'ch gilydd, 'sdim ots pwy blaid y'ch chi. Yn sicr, pan o'n i 'na, roedd yna gyfeillgarwch trawsbleidiol ar y materion 'ma, a help ymarferol ar gael hefyd. Un o'r pethe o'n i'n falch iawn i gael 'neud, un o'r manteision o gael cynrychiolaeth [hanner] cant y cant [rhwng dynion a menywod] roedd 'na faterion yn cael 'u trafod, ymgyrchu arno, a cael sylw fyddwch chi ddim yn gweld o reidrwydd yn San Steffan a llefydd eraill – hawlie i ofalwyr, tâl ar gyfartaledd gyda dynion, ac yn y bla'n.'

LESLEY GRIFFITHS

'Dwi'n meddwl bod pobol yn ymddwyn yn well weithia pan mae merched o gwmpas. Peidiwch â 'nghamddeall i, mae'r merched yn gallu bod jest mor anodd â'r dynion. I mi yn y Siambr, prin dwi wedi cael 'ngalw i drefn gan y Llywydd. Galla' i gofio cwpwl o weithia, ond os nad ydach chi'n teimlo'n angerddol am y peth, fyddech chi ddim yna. Dwi'n cofio gweiddi ar draws y Siambr unwaith, dywedodd rhywun wrtha i am stopio gweiddi. Weithia mae'n rhwystredig iawn pan fydd pobol ddim yn gallu gweld eich safbwynt, ond dwi bob amser yn meddwl os ydach chi'n gweiddi, yna mae'n debyg eich bod chi wedi colli'ch dadl ychydig. Dyw'r Llywyddion erioed wedi gadael iddi ddirywio yn y modd 'dan ni wedi'i weld yn San Steffan, a dwi'n meddwl bod hynny'n dda, achos sut 'dach chi'n deud wrth blant a phobol ifanc, "Drychwch mae angen i chi ymddwyn mewn ffordd arbennig er ei bod hi'n iawn pan ydach chi yn Nhŷ'r Cyffredin gallwch chi ymddwyn mewn unrhyw ffordd." Felly, dwi'n hoffi'r ffaith nad ydan ni'n gweld ymddygiad fel sydd i'w weld yn San Steffan. Dwi'n cofio dadl arbennig – roedd e rhwng y Prif Weinidog ac un o arweinwyr y gwrthbleidia a meddwl, "O, mawredd, mae hyn yn mynd i ddirywio go iawn," a chael fy synnu a ddim yn ei hoffi e, mewn ffordd, a siarad amdano fe wedyn gyda chwpwl o gydweithwyr benywaidd a ddwedodd eu bod nhw wedi teimlo'n reit ofnus. Fyddwn i ddim yn deud 'mod i wedi teimlo'n ofnus, ond ces i'n synnu, achos dim dyna'r ffordd i ymddwyn. Dwi ddim yn malio cael fy heclo o gwbl – gallwch chi heclo fi drwy'r dydd gwyn. A dwi'n credu bod pobol yn hoffi gweld yr angerdd yna, ond dwi ddim yn meddwl bod pobol yn hoffi gweld ymddygiad gwael. Felly, dwi'n meddwl ar y cyfan fod pobol, dynion yn gyffredinol, yn ymddwyn yn well os oes merched yn bresennol.'

ANGELA BURNS

'Dwi'n meddwl falle bod gyda ni ffordd wahanol o'i gyflawni, achos dwi'n meddwl bod menywod wrth natur yn llawer mwy colegol. 'Dyn ni llawer mwy awyddus, rywsut, i gael pobol i eistedd lawr a siarad am bethe a 'neud i bethe ddigwydd. Pan o'n i'r unig fenyw yn nhîm y Blaid Geidwadol, ro'n i'n hollol benderfynol – o feddwl am fy nghefndir a ble ro'n i wedi bod. Dwi'n cofio fe wnes i gael sgwrs reit ar y dechre un ac awgrymon nhw falle hoffen i fynd bant a 'neud menywod a phlant, a chyfiawnder cymdeithasol, neu rywbeth fel yna. Nawr, mae menywod, plant a chyfiawnder cymdeithasol yn bwysig tu hwnt ond dros fy nghrogi do'n i ddim yn mynd i gael fy nheipgastio i bynciau meddalach, ac i ffwrdd o fusnes, cyllid, rhai o'r pynciau mwy caled. Ro'n i'n teimlo'n gryf iawn fod menywod weithie'n cael eu teipgastio i'r math yna o agendâu. Fel dwi'n dweud, maen nhw'n hynod bwysig ac, mewn gwirionedd, mae plant yn un o 'mhethe mawr i, a dwi'n cofleidio hynny'n hapus, ond yr adeg honno, ro'n i jest yn meddwl, "Na, dwi ddim yn mynd i fod y Tori symbolaidd, a'r fenyw Dori symbolaidd sy'n 'neud y math yna o beth," a dyna pam gwnes i ymdrech fawr i gadeirio'r Pwyllgor Cyllid ar ôl tua blwyddyn, achos Alun Cairns oedd cadeirydd hwnna, a ro'n i'n eistedd ar y pwyllgor a gwnes i hi'n glir iawn i Nick Bourne 'mod i'n disgwyl mai fi ddyle fod yn gadeirydd achos fy mhrofiad, yn hytrach na chael rhyw "foi" yn dod i mewn a'i 'neud e achos mai fi oedd "y fenyw".'

LISA FRANCIS

'Falle bod dynion yn mynd mewn gyda mwy o agenda "un peth". Dwi'n credu bod menywod, mae'n debyg ychydig mwy fel fi, yn cofleidio pethe gwahanol, yn gweld pethe gwahanol yn mynd ymlaen maen nhw'n ymddiddori ynddyn nhw. Yn sicr, dwi'n credu bod gyda nhw fwy o ddiddordeb mewn pethe sy'n effeithio ar eu teuluoedd a'u cymunede – iechyd, addysg. Mae dynion fel tasen nhw â diddordeb mewn pethe sy'n ymwneud â chyllid, yr economi. Dwi ddim yn dweud bod yna fenywod sydd ddim â diddordeb yn hynna, ond dwi'n meddwl bod hynna wedi lliwio'r math o gwestiyne sy'n cael eu gofyn iddyn nhw. O safbwynt ble maen nhw'n gweld eu hunen yn mynd, dwi'n credu yr hirach 'dych chi'n gwasanaethu, mae hynna yn newid, 'dych chi'n gweld pobol yn tyfu yn y pyncie sy o ddiddordeb iddyn nhw. Dwi'n credu bod dynion yn mynd mewn gyda syniad o, "Ble ydw i'n mynd i fod mewn pum mlynedd? Dwi eisie bod yn arweinydd fy ngrŵp, neu dwi eisie bod yn Ddirprwy Arweinydd, neu dwi eisie bod yn Gadeirydd neu beth bynnag, dwi eisie'r portffolio arbennig yma." Dwi ddim yn meddwl bod menywod wedi'u cyflyru i 'neud hynna gymaint. Dwi'n credu bod hynna yn broblem achos 'dyn ni'n tueddu i ddal nôl. Falle bod e wedi newid gyda'r bobol sydd yn y Cynulliad [sic] nawr. Yn fy nghenhedlaeth i, dwi'n credu'n bod ni, chi'n gwybod, 'dych chi'n aros nes bod rhywun yn gofyn i chi 'neud rhywbeth. Er newidies i yn hyn o beth. A dweud y gwir, gofynnes i am rywbeth. Ro'n i ar y Pwyllgor Datblygu Economaidd. Roedd dau o'n grŵp ni yn cael bod ar y Pwyllgor yna, a phenderfynodd Llafur mai dim ond un aelod ddylen ni gael. Ac wrth gwrs, roedd hwnnw yn hanfodol bwysig i fi achos roedd y pwyllgor yna yn cynnwys twristiaeth. Alun Cairns oedd y person arall ar y pwyllgor gyda fi a fe oedd y prif lefarydd. A dwedodd Nick [Bourne], "Mae'n rhaid i fi'ch tynnu chi oddi ar y pwyllgor yna, achos dyna'r rheole nawr." Ro'n i wedi'n siomi'n arw, "Pwy sy'n mynd i siarad dros dwristiaeth? Fydd gyda fe [Alun] ddim yr un angerdd ac ymrwymiad â fi." Mae'n debygol y bydde gyda fe ond ro'n i wedi'n arswydo 'mod i'n mynd i gael fy nhynnu oddi ar y pwyllgor. Ond erbyn hynny, ro'n i'n ddigon hyderus i ddweud, "Wel, a dweud y gwir, dwi'n mynd i ofyn am rywbeth arall", achos os y'ch chi'n cymryd rhywbeth i ffwrdd yna mae'n rhaid i chi roi rhywbeth yn ei le fe. Dwi'n meddwl 'mod i wedi mynd yn anodd iawn. Es i i weld Nick a dweud, "Dwi ddim yn derbyn hyn. Mae'n rhaid i chi fy nghael i'n ôl ar y pwyllgor yna. Dwi ddim yn derbyn hyn." Yn hollol afrealistig, roedd e allan o'i ddwylo e'n llwyr. Yna cynigiodd e reolwr busnes i fi. Dwi'n credu bod e'n meddwl, "Wel, mae hi'n wirioneddol eisie cael ei dannedd i mewn i rywbeth." A bois bach, roedd hwnna yn rhywbeth i gael eich dannedd ynddo fe! Dysgodd hyn fi i fod yn fwy beiddgar a dewr, a hoffwn i feddwl bod y menywod sydd yna nawr o'r meddylfryd yna yn hytrach nag yn cymryd beth sy'n cael ei roi i chi a jest setlo am hynna.'

RHIANON PASSMORE

'Ro'n i'n Gadeirydd Fforwm Polisi Menywod Cymreig dros Lafur, Cadeirydd Pwyllgor y Menywod Cymreig, yn weithgar iawn gyda Deddf y Pleidiau Gwleidyddol o safbwynt yr ymgyrch yna, a ro'n i wir eisie ac yn deall pwysigrwydd menywod mewn gwleidyddiaeth. O safbwynt fy ngwaith cyfredol i gyda Chymdeithas Seneddol y Gymanwlad, fi yw aelod gweithredol Pwyllgor Llywio Menywod Rhanbarth Prydain, Iwerddon ac ardal Môr y Canoldir, lle 'dyn ni'n edrych ar faterion rhywedd ar draws y cenhedloedd bach, a 'dyn ni newydd greu strategaeth newydd yn hyn o beth. Dwi newydd ddod nôl o Ynysoedd Malvinas, cyn Covid, a dim ond pan 'dych chi'n gweld deddfwriaethau eraill, pan 'dych chi'n ddigon breintiedig i'w gweld nhw, gweld sut maen nhw'n gweithio, gweld sut mae menywod yn cael eu trin, neu ddim eu trin, neu ddim eu trin mewn ffordd addas, fel dylen nhw, 'dych chi'n deall ein bod ni ymhell ar y blaen. Dwi'n teimlo trwy edrych ar beth mae pobol eraill yn 'neud a helpu yn y cyswllt yna, o safbwynt beth mae'r deddfwriaethau yna'n 'neud, mae'n hynod bwysig ein bod ni'n 'neud yn siŵr bod y cyfleusterau yna, bod cefnogaeth, bod dealltwriaeth, a bod y cyd-destun yna o beth yn ychwanegol mae'r rhan fwya' o fenywod yn 'neud. Un o'r pethe dwi'n gweithio arno ar y foment, o fewn y cysylltiade dwi wedi eu cael yn y Senedd, yw 'mod i'n teimlo y dylen ni fod â meithrinfa, neu *crèche*, yn y Senedd, a dwi ddim yn gwybod pan ddim. Mae'n bwnc [trafod] i San Steffan hefyd.'

JANE DAVIDSON

'Dwi'n credu bod chwaeroliaeth yn bwysig iawn. Dwi'n cofio'r person cynta' 'rioed i ddweud wrtho i am Margaret Thatcher, bod hi ddim mewn chwaeroliaeth, roedd e fel rhywbeth yn clicio i'w le, a sylweddoles i fod hynna yn anghywir. Bod rhai menywod oedd yn tynnu'r ysgolion i fyny ar eu hôl a bod menywod sy'n gollwng yr ysgolion i lawr. A dwi'n meddwl bod teimlad real o chwaeroliaeth [yn y Cynulliad]. Dwi ddim yn meddwl bod unrhyw fenyw Geidwadol yn y weinyddiaeth gynta' neu os oedd, dim ond un, ond roedd chwaeroliaeth sicr rhwng y pleidie eraill. Roedd hynny'n cael hwb trwy 'mod i'n nabod un o gynrychiolwyr y Democratiaid Rhyddfrydol, Jenny Randerson, achos ro'n ni wedi bod ar Gyngor y Ddinas gyda'n gilydd. Ro'n i'n nabod Helen Mary Jones, er enghraifft, oherwydd ei hymgyrchu dros gydraddoldeb a Kirsty Williams a ddaeth i mewn yn Aelod Cynulliad newydd ac a aeth trwy bob beichiogrwydd yn y Cynulliad, felly roedd hi'n cael ei hystyried yn un o'r genhedlaeth nesa'n sicr. Roedd chwaeroliaeth ymysg aelodau hŷn y Cynulliad ac roedd math o gefnogaeth i Aelodau Cynulliad iau. A dwi'n meddwl bod chwaeroliaeth yn wirioneddol bwysig. Doedd e ddim gymaint i fi am gael ffrindie ar draws llinelle plaid, â chael parch ar draws llinelle plaid, a gwybod

bod rhai elfenne y bydden ni i gyd yn mynd iddyn nhw – pob un ohonon ni oedd yn gefnogol iawn iawn o gynrychiolaeth menywod yn y Cynulliad Cenedlaethol. Bydden ni'n mynd i'r cyfarfodydd, bydden ni'n mynd i'r dathliade, bydden ni'n cymryd rhan yn y mentre o gwmpas Diwrnod Rhyngwladol Menywod. Trefnodd Rosemary Butler ginio am flynyddoedd yn gysylltiedig â Diwrnod Rhyngwladol Menywod y bydden ni'n mynd iddo fe flwyddyn ar ôl blwyddyn. Roedd hi'n hynod braf gwybod bod gyda chi'r lefel yna o gysur a chefnogaeth a gwybod a dweud y gwir y gallech chi fod wedi mynd at unrhyw un o'r menywod hyn unrhyw bryd ar unrhyw fater yn ymwneud â rhywedd a chael sgyrsie cyfrinachol. Felly, roedd hi'n awyrgylch gwahanol iawn wrth ddelio o fenyw i fenyw. Dwi'n gwybod bod rhai o'r dynion mwy traddodiadol, yn enwedig yn y grŵp Llafur – pan oedd hi'n un deg saith menyw i un deg tri dyn – yn ei chael hi'n fygythiol iawn mai dyna'r sefyllfa a bydden nhw'n siarad amdanon ni'n "gangio i fyny" arnyn nhw. Yn rhyfedd iawn ro'n ni yn gangio i fyny er mwyn trio creu gwleidyddiaeth fwy caredig, felly dwi'n credu 'mod i yn y gang iawn!'

VIKKI HOWELLS

'Mae ymdeimlad o chwaeroliaeth, yn bendant, ond fydden i ddim yn dweud ei fod e'n trosgynnu popeth. Dwi'n meddwl bod oedran yn fater [trafod] hefyd, felly falle bod rhai o'r Aelode Cynulliad iau yn teimlo bod mwy yn gyffredin gyda'i gilydd gyda nhw heb ystyried rhywedd a heb ystyried plaid. Yn bendant mae ymdeimlad cryf o chwaeroliaeth ac esiampl dda o hynny fydde'r ymgyrch am blacie porffor 'dyn ni wedi'i sefydlu, a hynny gyda chefnogaeth drawsbleidiol. Dwi'n hoffi meddwl am 'n hunan, 'mod i'n ôl ôl-ffeminydd, ond mae hynny'n gallu codi aelie pan y'ch chi'n dweud hynna. Falle mai oherwydd fy llwybyr i drwy fywyd mae hynny, 'mod i 'rioed wedi teimlo bod fy rhyw wedi fy nal i'n ôl. Ond dwi'n ymwybodol iawn fod llawer o bobol eraill a fyddai'n teimlo yn wahanol i hynna. Mae hynny'n dod i'r blaen pan y'ch chi'n teimlo bod rhywun yn ymdrechu neu'n brwydro'n ôl yn erbyn system, ac yn enwedig o safbwynt sut mae Aelodau Cynulliad/o'r Senedd yn cael eu trin ar gyfrynge cymdeithasol. Dyna le, dwi'n meddwl, 'mod i wedi gweld menywod o bob plaid yn wirioneddol ddod at ei gilydd i gefnogi'i gilydd, achos y llifeiriant o gamdriniaeth y gallwch chi ei wynebu ar gyfryngau cymdeithasol. A dwi'n meddwl bod hwnna yn fater sydd yn cael ei yrru gan gasineb at fenywod yn bennaf.'

JANET DAVIES

'Ffeindies i fod gwahaniaethe o fewn grwpie menywod ac o fewn grwpie dynion yn debygol o fod yn fwy ar y cyfan. Mae'r rhan fwyaf o fenywod eisie gweld cymdeithas dda, gyda chyfleoedd cyfartal, addysg dda, gofal iechyd da, ac mae eitha' tipyn o ddynion hefyd. Dwi'n credu mai lle gweles i'r rhwyg oedd rhwng rhai o'r dynion, yn y grŵp Ceidwadol yn enwedig, lle doedden nhw ddim o'r farn yna o gwbwl. Dim pawb, ond roedd rhai ohonyn nhw a oedd yn amlwg yn meddwl mwy am eu gyrfaoedd mewn bywyd, a beth allen nhw 'neud i gael proffil uchel a chael eu hethol i San Steffan yn lle beth allen nhw 'neud dros Gymru. A dwi'n meddwl 'mod i'n gweld hynna yn fwy o agendor, na dweder, agendor rhyngddo i ac un o'r dynion Llafur oedd yn weinidog. Falle, achos bod cymaint o fenywod yna, roedd mater rhywedd fel tase fe o broffil is.'

JULIE JAMES

''Dych chi'n clywed lot am ba mor anodd yw hi i fod yn wleidydd benywaidd, a'r holl gam-drin 'dych chi'n ei gael ar gyfrynge cymdeithasol, y math yna o bethe. Ac i ryw radde mae'n wir, mae cryn dipyn o sothach yn mynd ar gyfrynge cymdeithasol, a dwi'n meddwl bod hynna yn waeth mae'n debyg yr ieuenga' 'dych chi. Y mwya' sefydledig y'ch chi yn eich hawl eich hunan, y mwya' gwydn 'dych chi i'r math yna o beth. Dwi'n gallu gweld yn iawn os bydden i wedi bod yn chwech ar hugen ac nid chwe deg pedair falle bydden i wedi cael fy effeithio lawer mwy gan y math yna o alw enwe ac yn y blaen. Ond beth 'dych chi byth yn ei weld yw'r ochor bositif. 'Dych chi byth yn gweld y ffaith fod gyda chi gyfle real i newid sut mae pethe i bobol. Ac i ddylanwadu ar y ffordd 'dyn ni'n byw ein bywyde. Ac mae'r ffaith fod cymaint o fenywod yn y Cynulliad [sic] yn golygu bod y flaenoriaeth yn cael ei rhoi i'r pethe sy'n bwysig mewn ffordd sy heb ei gweld o'r blaen. Mae hi wedi bod yn ddiddorol gyda Covid-19 ein bod ni wedi gallu pwysleisio ailddechre gofal plant a threfniade anffurfiol o'r math yna, eu bod nhw'n hollol hanfodol i'r economi, tra ddigwyddodd hynny ddim yn Lloegr. Felly, dyna'r math o beth, lle gallwch chi gael dylanwad enfawr ar sut mae pethe'n gweithio yn y wlad 'dych chi'n ei chynrychioli. Ac yn eich ardal leol, does dim pŵer caled gyda chi, ond gallwch chi gael pobol mewn i'r stafell, gallwch chi eu cael nhw i siarad â'i gilydd, gallwch chi eu cael nhw i weld eu safbwyntie ei gilydd, gallwch chi symud pethe ymlaen mewn ffordd gydsyniol sydd, dwi'n meddwl yn gweddu i lot o fenywod yn nherme'r ffordd maen nhw'n gweithio beth bynnag. A'r peth arall ro'n i'n bwysleisio drwy'r amser yw, tu ôl i'r llenni yn y Cynulliad/ Senedd, gan eithrio'r pleidie lleiafrifol a gafodd eu hethol yn yr etholiad diwetha', mae bron popeth 'dyn ni'n ei 'neud yn gydsyniol, hyd yn oed gyda'r Ceidwadwyr. Achos mae gwleidyddiaeth yng Nghymru mewn gwirionedd eitha' dipyn mwy o'r chwith i'r canol nag yw hi yn Lloegr, a dyna pam bod gyda ni ddylanwad meddal ar ddisgwrs gwleidyddol y wlad.'

JENNY RATHBONE

'Dwi'n credu [yn nherme] cyfeillgarwch agos â menywod mewn pleidie eraill, ddim cymaint. Dwi jest yn meddwl ein bod ni'n eithriadol brysur, a'n bod ni ddim yn gweld gymaint â hynny ar ein gilydd, mewn gwirionedd. Ond yn sicr, dwi bob amser wedi ceisio ffeindio consenws ar bethe gallwn ni gytuno arnyn nhw achos dyna un ffordd y cewch chi newid. Felly, dwi bob amser wedi cydweithio gyda phwy bynnag sy eisie cydweithio â fi. Ac yn sicr, yn y Pumed Tymor yma dwi'n teimlo bod newid mawr wedi bod yn ein gallu ni i drefnu. Dwi'n cadeirio'r grŵp trawsbleidiol ar Iechyd Menywod a dwi'n meddwl ein bod ni wedi cyflawni rhai pethe pwysig yn ymwneud â gwella'r ffordd y caiff erthyliade meddygol eu cyflwyno, ac mae hwnna wedi bod yn arbennig o bwysig yn ystod y Clo Mawr. A chodi pryderon am iechyd menywod – sicrhau bod llais gan fenywod. Pethe fel endometriosis y mae un o bob deg menyw yn diodde' ohono fe. Dyw e ddim yn rhywbeth mae llawer o siarad amdano fe, tra bod y lobi cancr wedi ei drefnu'n dda iawn. Dwi wedi bod yn actifydd a ffeminydd ers yr 1970au cynnar, felly mae rôl menywod yn y byd yn bwysig iawn. Dwi'n meddwl ei fod e wedi'n galluogi ni i nodi, er enghraifft, bod cadeiryddiaethe'r pwyllgore sy'n cael eu dal gan y grŵp Llafur, mai dynion ydyn nhw'n bennaf. Ac mae angen i ni 'neud mwy o ymdrech i sicrhau bod gyda ni gydbwysedd o bobol, o ddynion a menywod. Felly, dwi'n meddwl bod y pethe yma'n wirioneddol bwysig. Dwi'n meddwl nad ydyn ni wedi ennill y frwydr eto. Mae'n rhaid i ni ddal ati. Ac weithie mae angen atgoffa dynion. Mae rhai ohonyn nhw'n cwympo'n ôl i'w hen ffyrdd. Mae'r cyfan yn cael ei 'neud trwy *camaraderie*, ond does gyda ni ddim cymdeithas berffaith eto. Felly, mae angen i ni ddal at faterion menywod, materion plant. Dwi'n meddwl bod menywod yn llawer mwy tebygol o ymladd dros blant na dynion.'

LAURA ANNE JONES

'Yn sicr iawn felly. Mae gen i lot o ffrindie trawsbleidiol. Ro'n i jest yn siarad â Delyth Jewell – sy'n amlwg yn aelod Plaid Cymru dros Ddwyrain De Cymru – neithiwr. Wrth gwrs, 'dyn ni ddim yn cytuno ar bopeth sy'n dod allan o gege'n gilydd pan mae'n dod at bolisi go iawn, ond pan mae'n dod i fudd i Ddwyrain De Cymru, fe weithiwn ni gyda'n gilydd ar lot o bethe, a dwi'n caru'r agwedd adeiladol yna. Mae'n bwysig ein bod ni'n canmol ein gilydd hefyd ac mae hynna yn digwydd ar draws pleidie, er bod rhai o'r menywod yn y Blaid Lafur ddim, ond mae lot ohonyn nhw yn, a lot ohonyn nhw ym Mhlaid Cymru hefyd. Fel rheol, mae'r menywod yn gefnogol iawn i'w gilydd, ac yn helpu'i gilydd, a dwi'n caru hynna, dwi'n cael ymdeimlad real o hynna. Ond yn enwedig yn ein plaid ni, yn cael ei harwain gan yr ardderchog Suzy Davies, dwi'n teimlo bod y menywod wedi dod at ei gilydd go iawn. Mae gyda ni'n grŵp WhatsApp ein hunen, lle 'dyn ni'n siarad am bethe menywod a sut i gefnogi'n gilydd ore wth ganfasio neu'n sefyll am hyn a'r llall, a phan mae rhywun yn cael safle yn y Cyngor, neu rywbeth yn ein Grŵp ni, mae'n, "Da iawn, dyna wych," neu'n 'neud araith, bydd pobol yn eu cefnogi nhw. Mae hi jest yn gymuned hyfryd ar y foment ac mae hynna wedi newid yn aruthrol yn yr ugen mlynedd ddiwetha' i fi. O gael hynna nawr, dwi'n meddwl ein bod ni mewn lle da iawn yn y Blaid Geidwadol. Mae ochor menywod y blaid yn wirioneddol gref, cymaint o dalent, pobol dda iawn yn dod mlaen ac yn paratoi'r ffordd i eraill. 'Dyn ni mewn lle da, mae jest angen i ni eu cael nhw wedi eu dewis mewn seddi allweddol nawr, dyna'r cam nesa'. Fel plaid, 'dyn ni'n denu menywod gwirioneddol dda i mewn iddi, felly mae hynna yn arwydd da, bod ein polisïe ni'n denu'r bobol iawn. Felly, yn wirioneddol gadarnhaol a bob amser mor gefnogol o'i gilydd a dwi'n falch i fod yn Geidwadwraig am y rheswm yna ar y foment. Pan ges i'n ethol i ddechre, prin iawn oedden ni, ac mewn gwirionedd roedd menywod yn dweud wrtho i ddylen i fynd bant a chael plant – "Ddylech chi ddim cael gyrfa, ddylech chi fod yn cael plant, setlo i lawr a gadael i'r dyn 'neud y gwaith..." – y ffolineb yna roedd yn rhaid i fi ymladd yn ei erbyn. Ond dwi ddim yn teimlo bod yn rhaid i fi ymladd yn erbyn hynna ddim mwy, sy'n wirioneddol braf.'

* * *

Pennod Saith

SEFYDLIAD TEULU-GYFEILLGAR?

Pan sefydlwyd y Cynulliad ym 1999, roedd awydd cryf i sicrhau y byddai'r sefydliad yn llawer mwy ystyriol o fywyd teuluol na'r Senedd yn San Steffan. Bu ymgais i sefydlu oriau gwaith teulu-gyfeillgar, a oedd wedi eu cynnwys yn ysgrifenedig yn Rheolau Sefydlog ffurfiol y Cynulliad. Roedd presenoldeb cymaint o Aelodau benywaidd, eu mewnbwn a'u dylanwad wrth wraidd yr awydd a chyflwynwyd cynlluniau ar gyfer *crèche*, gofal plant, oriau llawer mwy cymdeithasol os nad yn union yn naw i bump, hyblygrwydd o gwmpas sesiynau'r Cynulliad fyddai'n caniatáu rhieni – dynion yn ogystal â menywod – i godi'u plant o'r ysgol, ar gyfer menywod ar gyfnod mamolaeth neu gyda babanod ifanc a.y.b.

Wrth i'r tymor cyntaf ddatblygu serch hynny, daeth hi'n amlwg nad oedd pwysau'r gwaith o fod yn wleidydd etholedig wastad yn cydweddu â bywyd teuluol, yn enwedig pan gynhelid pleidlais hwyr yn y siambr. Yn ogystal, byddai cymorthfeydd, cyfarfodydd a gweithgareddau eraill wedi'u trefnu yn yr etholaeth dros y penwythnosau a gyda'r nosweithiau a byddai'r Aelodau nad oeddynt yn byw yng Nghaerdydd yn treulio amser maith yn teithio nôl a blaen o'u hetholaethau ac yn goddef cyfnodau hir oddi cartref, ymhell o'u cartrefi, eu plant a'u partneriaid. Serch hynny, roedd pob un o'r cyfweleion yn cytuno bod y Cynulliad ar y blaen yn yr ymgais o geisio bod yn deulu-gyfeillgar o'i gymharu â San Steffan a bod y dyhead i greu sefydliad sy'n ystyriol o fywyd teuluol yn parhau.

CHRIS CHAPMAN

'Ddechreuon ni â'r syniad 'ma bod e'n mynd i fod yn Gynulliad teulu-gyfeillgar o ran orie gwaith. O'dd e ddim yn grêt. Dyle'r pwyllgore ddechre am hanner awr wedi wyth, naw o'r gloch dweder, a dyle'r gweithgaredde orffen am hanner awr wedi pump. Ond dwi'n meddwl bod hwn wedi cael ei anghofio nawr. O'dd e'n anodd cadw at y trefniade yna gan fod cymaint wedi'i gynnwys yng ngweithgaredde'r Cynulliad ac ambell waith mae'r cyfarfodydd yn rhedeg yn hwyr, er ddim mor hwyr â San Steffan. Bu trafodaeth am gael *crèche* ac yn y bla'n yn y diwrnodau cynnar ond a fydde hynny wedi gweithio beth bynnag ar gyfer rheiny oedd yn byw yn bell i ffwrdd? Mae e wastad wedi bod yn sialens i greu Cynulliad teulu-gyfeillgar ond drïon ni i gael e i weithio. Pan sefydlwyd y Cynulliad, o'n nhw am ymgorffori'r egwyddorion yma. O'dd fy mhlant i yn eu harddegau, felly'n amlwg doedd dim rhaid i fi fynd â nhw i'r ysgol, o'n i o oedran lle o'n i ddim yn cael fy mhoeni gan bethe ond petawn i â babi bach bydde fe wedi bod yn real sialens.'

LEANNE WOOD

'Ges i'n ferch i ar ddechre 2005, felly o'n i'n Aelod Cynulliad gweddol newydd. Ond yn nherme gartre, 'na lle'r o'dd fy holl gefnogaeth. Do'dd fy mhartner i ddim yn gweithio ac felly ro'dd e'n gallu darparu gofal plant llawn amser yn ogystal â rhedeg y tŷ a'r rhandir a phopeth arall. Felly ro'dd hynny'n fy ngadel i'n rhydd i 'neud fy ngwaith. Mae'n ddigon anodd dwi'n meddwl i fod â phlentyn a gweithio llawn amser – ffwl stop. Ond i drio 'neud hynny gyda'r orie mae bod yn wleidydd yn mynnu a bod bant dros y penwythnose, cynadledde yn bell i ffwrdd o gartre ac aros dros nos yn aml, dwi ddim yn gweld sut fase hynny 'di bod yn bosib petai fy mhartner yn gweithio llawn amser hefyd neu petawn i'n rhiant sengl. Sa i'n gwbod siwt ma' pobl yn jyglo pethe yn y sefyllfa 'na. Dwi hefyd yn byw yn yr un stryd â'n rhieni ac felly ma'n nhw o gwmpas i gynnig gofal plant brys ychwanegol os oes angen. Dwi wastad wedi cael cefnogeth wych gartre a baswn i heb feddwl am gynnig am arweinyddiaeth Plaid Cymru heblaw am hynny.'

VIKKI HOWELLS

'Mae lot yn dibynnu ar eich rhwydwaith cefnogaeth. Dwi'n ffodus fod gen i rwydwaith cefnogaeth deuluol gref a dwi'n ffeindio'r swydd yn eitha' hyblyg hefyd. Pan ges i'n ethol, roedd fy merch wedi synnu 'mod i'n gallu hebrwng hi i'r ysgol ddwywaith yr wythnos a'i chodi hi o'r ysgol ddwywaith yr wythnos. Pan o'n i'n dysgu roedd hi'n amhosib i fi wneud hynny. Felly, fel gwleidydd, mae 'na ffyrdd lle mae'n bosib i chi reoli'ch amser i allu gwneud pethe allweddol fel codi'r plant o'r ysgol, gweithio gartre weithie neu os yw eich swyddfa yn agos at ysgol eich plant, picio allan i'w nôl nhw o'r ysgol. Ac mae'r pethe yna'n gallu gwneud gwahanieth mawr. Pan sefydlwyd y Senedd [sic], ro'n i'n gwybod ei bod hi wedi ei chynllunio i fod yn ystyriol o'r teulu ac os cymharwch chi'r sefydliad â San Steffan does dim amheueth ein bod ni ar y blaen. Ond ar ddydd Mawrth a dydd Mercher, gall hi fod yn anodd os y'ch chi'n pleidleisio'n weddol hwyr a does dim modd cyrraedd adre tan naw o'r gloch y nos, a hefyd os y'ch chi'n moyn aros yn hwyr ar gyfer gweithgaredd gyda'r nos am faterion sy'n bwysig i chi a'ch etholwyr.'

KIRSTY WILLIAMS

'Pan symudais i'r etholaeth am y tro cyntaf, ro'n i'n byw yn Llanelwedd oherwydd bod y dre' yng nghanol yr etholaeth. Ond yn fuan ar ôl yr etholiad sylweddoles i na fydden i'n gallu teithio bod dydd o Lanelwedd. Ac er bod modd i Aelod Cynulliad Brycheiniog a Maesyfed hawlio lwfans ar gyfer cynnal fflat fach yng Nghaerdydd, do'n i ddim eisie aros yng Nghaerdydd; ro'n i eisie mynd adre. Felly symudes i i bentref bach tu fas i Aberhonddu a ro'n i'n teithio nôl a mlaen gymaint â phosib. Enilles i'r etholiad ym mis Mai 1999 ac fe briodes i'r gŵr ym mis Medi 2000 ar ôl addo baswn i'n gweithio oriau teulu-gyfeillgar. Fi oedd yr Aelod cyntaf i gael plentyn ar ôl cael fy ethol, pan anwyd fy merch yn 2001. Wedyn ces i ail ferch yn 2004 a thrydedd yn 2006 – wedi'u cynllunio'n fedrus i gyrraedd rhwng etholiadau! Ydi e wedi bod yn anodd? Gofynnwch i unrhyw fam sy'n gweithio ac yn edrych ar ôl teulu ifanc. Roedd gen i blentyn pedair blwydd oed, un dwyflwydd oed, babi newydd sbon a'r swydd yma. Es i nôl i'r gwaith, dri mis ar ôl [y cyntaf] bedwar mis ar ôl [yr ail] a ges i dipyn bach yn hirach ar ôl [y trydydd] gan ei bod hi wedi'i geni ym mis Ebrill, oedd yn golygu 'mod i wedi gallu manteisio ar yr hoe dros yr haf. Faswn i'n gwneud hynny nawr? Na faswn. Doedd e ddim yn llesol i fi nac iddyn nhw chwaith dwi ddim yn meddwl. Roedd pwysau i ddychwelyd i'r gwaith a doedd neb i ofyn iddyn nhw gan fod neb wedi 'neud hynny o'r blaen. Dwi'n teimlo'n gryf dyle fod mwy o gefnogeth a mwy o gymorth. Dwi'n teimlo'n falch iawn nawr pan fydd Bethan Sayed yn cael ei phlentyn bydd mwy o gefnogeth i Bethan. Achos doedd 'na ddim cefnogeth i fi a dim llawer i Leanne Wood a Lynne Neagle, yr Aelodau Cynulliad gafodd blant ar fy ôl i.'

NERYS EVANS

'Sa i'n credu bod chi yn llawn ystyried y goblygiade a'r pwyse sydd ar rieni nes bod chi'n dod yn rhiant. Efallai bod chi'n gallu gweud bod chi ond, o ran y broses dwi wedi bod trwyddo yn y blynydde diwetha, yn dod yn rhiant, mae 'na bwyse aruthrol, ac yn ychwanegol at hwnna, [mae pwyse ar] Aelode yn y gogledd o ran teithio. Ro'n i wastad yn cael y ddadl yma pan o'n i yn y Cynulliad ynglŷn ag orie cyfeillgar i'r teulu. Roedd hi'n farn amhoblogaidd ro'n i'n ei mynegi ar y pryd, bod yr orie o'dd y Cynulliad yn eistedd, ddim ond yn *family-friendly* os oedd eich teulu yng Nghaerdydd, a chi'n gallu gadael am bump neu chwech o'r gloch er mwyn bod gartre gyda'r teulu. Os oeddech chi'n Aelod gyda'ch teulu yn y gorllewin neu yn y gogledd, byddai'n lot gwell gyda'r rhieni 'na – y menywod a'r tadau – i eistedd am hirach am ddiwrnod neu ddau ganol wythnos er mwyn bod gartre gyda'u teuluoedd. Roedd honna'n ddadl oedd yn mynd ymlaen yn aml. Ond mae traddodiad balch gyda'r Cynulliad o fod yn sefydliad sydd o blaid teuluoedd ac yn cefnogi teuluoedd. Welon ni Leanne Wood yn mynd â'i merch fach i mewn i'r Siambr; roedd yn foment browd i ni i gyd bod hi'n gallu gwneud 'na a [bod y Cynulliad] yn agored i wneud 'na. Dwi'n credu bod chi'n cael penderfyniade fel 'na, chi'n cael ethos fel 'na pan mae 'na fenywod a thadau, rhieni, mewn sefyllfa i wneud penderfyniade ynglŷn â sut mae'r sefydliad yn cael ei weithredu. Dwi'n credu [bod] hwnna o fantais i ni yng Nghymru gan fod cymaint o fenywod, ond hefyd mae'n amlwg mai menywod sy'n 'neud y rhan fwyaf o waith gofal yn y cartref, naill ai [am eu] rhieni neu [eu] plant, felly, mae hwnna'n bwysig o beth. 'Dyn ni wedi gweld mantais hwnna yn y Cynulliad oherwydd bod cymaint o fenywod mewn swyddi o rym i wneud y penderfyniade 'na.'

JOCELYN DAVIES

'Mae'n rhaid i'ch teulu chi fod mor amyneddgar ac ymroddedig â chithe oherwydd os nad y'n nhw, gall hyn greu lot o straen. Chi'n gadael yn gynnar yn y bore, yn gweithio orie hir, yn cyrraedd adre'n hwyr. Mae gan nifer o weithwyr yr un probleme ond wrth edrych ar y Cynulliad nawr, ac fel mae e'n dechrau ymgynnull yn hwyrach a hwyrach, a chithe ddim yn siŵr o pryd fyddwch chi'n gorffen ar ddiwedd y dydd – gyda phlant ifanc mae hynny'n arbennig o anodd. Oherwydd does dim llawer o gefnogeth ymarferol yn yr adeilad os oes gyda chi blant, yn enwedig pan mae niferoedd yn dynn felly mae'n rhaid i aelodau'r llywodraeth fod yna. Yn sicr fel Chwip, ro'n i'n cymryd hyn i ystyrieth petai rhaid i bobl fynd. Dim ond am gyfnod byr mae eich plant yn ifanc. Gallwch chi ddim 'neud yn iawn am hynny nes mlaen. Dyw cael oriau teulu-gyfeillgar ddim yn ddigon. Dwi'n cofio bod yn y cantîn a dim ond un gadair uchel oedd yna, nid bod neb ynddi – ond dyw hynny ddim yn ddigon. Do'ch chi ddim yn gweld plant yr Aelodau yn yr adeilad yn aml. Dyw e ddim yn groesawgar yn hynny o beth. Roedd fy mhartner yn amyneddgar ac yn barod i 'neud, roedd gen i rieni oedd yn byw yn agos ac yn barod i 'neud. Dwi'n dod o'r cymoedd felly roedd teulu o gwmpas yn draddodiadol, gallwch chi 'neud e. Ond dwi'n siŵr bod pobl ddim wedi cael cymaint o blant efallai ag oedden nhw'n meddwl eu cael neu mae eu partneriaid wedi aberthu mwy nag sy'n dderbyniol heddiw. Os y'ch chi'n cael eich ethol yng ngogledd Cymru, ydych swydd chi yng Nghaerdydd? Wel na – dim a dweud y gwir – mae eich gwaith yng ngogledd Cymru. Rydych chi'n cynrychioli pobl gogledd Cymru. Ar ôl cael cyfarfodydd rhithiol yn ystod y pandemig, falle byddwn yn darganfod nad oes rhaid i bobl deithio bob tro. Ro'n i'n ffeindio bod hi'n anodd pan oedd egwyl y Cynulliad yn wahanol i wylie'r ysgolion. Gall hynny fod yn anodd. Dwi'n gwybod bod Aelodau'r Cynulliad yn cael eu talu'n dda ac yn gallu fforddio gofal plant ond mae bod yn rhiant yn waith pwysig hefyd. Mae pobl yn llawer mwy cydymdeimladol nawr gyda phob math o swyddi – mae hi'n iawn i bobl gael cydbwysedd rhwng gwaith a bywyd go iawn, a ry'ch chi'n well yn eich gwaith o'r herwydd.'

BETHAN SAYED

Roedd Bethan Sayed, yn Aelod Cynulliad Rhanbarthol dros Blaid Cymru am dair blynedd ar ddeg. Yn Awst 2020 cyhoeddodd ei phenderfyniad i roi'r gorau i'w swydd yn y Senedd er mwyn treulio mwy o amser gyda'i mab pum mis oed gan nad yw gwleidyddiaeth yn ei thyb hi yn ddigon teulu-gyfeillgar:

'Yn sicr, mae pethe wedi cael eu codi sydd falle ddim wedi eu codi ar lefel San Steffan, oherwydd mae mwy o fenywod. Er enghraifft, yn fy sefyllfa i nawr, ar gyfnod mamoleth, wnes i orfod lobïo ar gyfer cael rhywun i weithio tra bo fi i ffwrdd – dwi'n galw fe yn "locwm AS" – ces i rywun hanner amser i weithio drosto i, tra 'mod i i ffwrdd. Roedd rhaid i fi apelio at y bwrdd taliade ar gyfer hynny; a dim ond nawr ma'n nhw'n meddwl ailgyflwyno *crèche*. Wnaethon nhw gael gwared â'r *crèche* achos diffyg pobl yn ei ddefnyddio fe. Felly er bod ni'n gweud bod ni'n dda, mae 'na dal lot o bethe sydd ddim yn gweithio ar gyfer cyfartaledd [sic cydraddoldeb]. Nawr mae system pleidleisio procsi hefyd yn y Senedd – mae Dai Lloyd yn pleidleisio drosto i, tra bo fi i ffwrdd. Doedd hynna ddim yn bodoli o'r blaen chwaith, hyd nes nawr. Felly dim ond weithie, oherwydd ymgyrchu, 'dych chi'n gweld newid yn hytrach na bod newid sefydliadol i helpu cyfartaledd [sic cydraddoldeb]. Mae pobl yn gweud bod e'n *family-friendly* ond dyw e ddim; 'dych chi'n gorffen yn y Senedd falle am saith, sydd yn well na San Steffan, ond wedyn 'dych chi naill ai yn mynd i ddigwyddiad mae rhywun wedi trefnu, neu chi'n *hostio* rhywbeth, neu 'dych chi'n mynd i'r etholeth i fynd i gyfarfod cyhoeddus neu i ryw ddigwyddiad. Does dim cyfnod lle mae 'na jest mynd am ddeg ac adre am saith neu hanner awr wedi saith.

Mae 'na lot o le i fynd eto, dwi'n credu. Dwi yn poeni o achos dwi eisie bod yn wleidydd ond dwi'n ffeindio fe'n anodd ar hyn o bryd i wybod beth yw'r peth iawn i'w 'neud. Mae fy mywyd wedi bod mewn gwleidyddiaeth ers i fi fod yn bedair ar bymtheg/ugain oed.

Dwi wedi gallu 'neud popeth o fewn yr amser hynny ond ydw i'n mynd i allu balansio fy mywyd gyda eisie bod yn fam dda hefyd? Dwi ddim yn siŵr eto achos mae fy ngŵr yn berchen busnes; mae e'n rhedeg o gwmpas ac yn gweithio lot o'r amser, ac ar hyn o bryd dwi'n gallu bod yma yn rhyw fath o graig i'r teulu, ond os ydw i'n cael 'n ethol eto, ac yn gorfod gweithio saith diwrnod yr wythnos, pa mor realistig yw hynny? Dwi'n poeni'n fawr am hynny ar hyn o bryd. Dyna'r realiti. Dyw e ddim yn ddigon hyblyg ar hyn o bryd, fel dwedodd Siân Gwenllian, Aelod o Senedd Cymru, fe fydde'n dda falle i gael system dau berson i rannu rôl Aelod. Dyw pobl ddim wedi cael cytundeb ar hynny eto, i roi'r syniad hynny ymlaen, ond falle y byddwn i'n teimlo dipyn bach yn well yn mynd nôl taswn i'n gwybod byddai 'na rywun yn ei 'neud e hefyd gyda fi, yn rhan amser. Yn amlwg, rhywun oedd gyda'r un fath o egwyddorion â fi, yr un fath o gredoe â fi, fel bo fi ddim yn gorfod teimlo fel bod yn rhaid i fi 'neud popeth.'

RHIANON PASSMORE

'Dwi'n teimlo dylen ni gael *crèche* yn y Senedd a dwi'n methu deg a deall pam nad oes gyda ni un. Felly ry'n ni'n gweithio i'r perwyl hwnnw ar hyn o bryd. Dwi'n methu dychmygu sut fydde hi – gan fy 'mod i'n rhiant sengl erbyn hyn – sut fydde hi arna i petai gen i blant ifanc, dim cefnogeth gan bersone hŷn a'r argyfwng yma yn nherme'r baich gwaith sydd gen i ar hyn o bryd. Mae systeme yn gorfod cynorthwyo yn yr achosion yma ac mae'n bosib cael cymorth o'r tu allan wedi'i drefnu gan y Cynulliad/y Senedd a dwi wedi cael cefnogaeth ganddyn nhw yn y gorffennol. Ond fel gwleidydd dwi'n edrych ar hwn drwy ddwy lens. Os ydych chi a chriw o blant yn dod atom ni i ymweld – yn amlwg mae nifer o grwpiau ysgol a choleg yn ymweld a dwi'n eu croesawu nhw'n gyson – mae hynny'n wych ac mae cyfleustere yma ar eu cyfer. Ond os nad oes *crèche* a meithrinfa yn yr adeilad, fedra i ddim ateb y cwestiwn [Ydi'r Cynulliad yn deulu-groesawgar?] heb ddweud, "Nag yw." A dwi ddim yn dweud am funed na fase rhywun yn cynnig, "Os oes angen gofal plant arnoch chi 'nawn ni drefnu rhywbeth." Mae 'na amryw ffyrdd o 'neud hynny. Ond ar ddiwedd y dydd, dyw rhieni ddim eisiau gofal plant ad-hoc, rhywun nad ydyn nhw'n adnabod. Ma'n nhw eisie rhywbeth yn y fan a'r lle, gwasanaeth gallan nhw ymddiried ynddo, sydd â staff parhaol a gall yr Aelod feddwl, iawn – mae hwnna draw fan'na a nawr galla' i fynd i ymddangos fel tyst yn y pwyllgor hwn a'r llall.'

JANET RYDER

'Ro'dd o'n golygu lot fawr o waith ac o'n i yng Nghaerdydd lawer fwy nag ro'n i'n dymuno bod. I gychwyn 'dach chi mewn gwesty gwahanol bob wythnos ac ro'dd hi'n andros o anodd setlo yn unrhyw le. Dros yr haf wnaethon ni brynu fflat yn y Bae, er mwyn i ni gael lle sefydlog [i aros] ac roedd hynny'n golygu bod y teulu'n gallu dod lawr ambell waith os oedd angen i fi aros yng Nghaerdydd dros y penwythnosa. Felly ro'dd hi'n anodd. Daeth hyn i'r amlwg ar y diwrnod mawr pan ddaeth y Frenhines i agor y Cynulliad yn swyddogol, oherwydd wnaethon nhw ein gwahanu ni. Ro'n ni'n cael eistedd gyda'n gwŷr [neu'n gwragedd] yn Eglwys Gadeiriol Dewi Sant [sic Llandaf] ar gyfer y gwasanaeth, felly roedd hynny'n iawn. Ond wedyn gawsom ni'n gwahanu. Aethon nhw â ni'r Aeloda i'r Amgueddfa Genedlaethol am bryd mawr [o fwyd] ac aethon nhw â'n partneriaid ni nôl i'r Cynulliad a rhoddon nhw bryd mawr [o fwyd] iddyn nhw yn fan'na. Welsom ni ddim ohonyn nhw wedyn tan jest cyn y gyngerdd fawr gyda'r nos. A menywod oedd y rhan fwyaf o'r partneriaid. D'oedd o ddim yn "deulu-gyfeillgar". Roedd rhaid i chi weithio drwy'r haf a deud y gwir, yn cyfweld ar gyfer staffio, trefnu ac yn y blaen, er mwyn cael eich Grŵp [pleidiol] yn barod ar gyfer mis Medi. Ro'n i'n methu gwneud hynny. Ro'n i'n methu dod adra a g'neud popeth fel glanhau a choginio, dim byd felly, oherwydd ar ôl i mi gyrraedd adra roedd yn rhaid g'neud gwaith yr etholaeth. Mae o'n fywyd gwaith di-baid; pan ydach chi yng Nghaerdydd 'dach chi'n gweithio ar waith pwyllgorol, 'dach chi i ffwrdd o'r teulu yn enwedig os ['dach chi'n byw] yng ngogledd Cymru neu'r canolbarth, 'dach chi i ffwrdd o'r teulu a 'dach chi ddim yn eu gweld nhw. A phan ydach chi'n cyrraedd adra does dim posib cael penwythnos rhydd oherwydd dim ond dydd Iau, Gwener a Sadwrn sydd ar gael i wneud gwaith yr etholaeth hefyd. 'Dach chi'n gweithio oria hir ar y diwrnoda hynny hefyd. Doedd dim ystyriaeth o hanner tymor a deud y gwir ac roedd gwylia hanner tymor y gogledd a'r de ddim yn cyd-fynd bob tro, felly weithia d'oeddwn i ddim yn cael brêc hanner tymor gyda'r teulu. Roeddech chi'n brysur trwy gydol gwylia'r haf.'

ELUNED PARROTT

'Ro'n i'n ffodus gan fod y Cynulliad yn fy rhanbarth i felly roedd hi'n bosib byw gartre a theithio i'r gwaith bob dydd. Roedd hynny'n hawdd i fi ac ro'dd hi'n weddol hawdd cynnal cydbwysedd rhwng gwaith a bywyd bob dydd. Ro'n i'n dod adre bron bob nos ond ro'n i'n gweithio orie hir iawn a ry'ch chi'n teimlo eich bod yn cael eich rhwygo yn eich hanner, gan fod dim posib gwneud digon fel mam. Yn ein cymdeithas ni, 'sdim posib 'neud digon fel mam beth bynnag, a ma' wastad rhywun yn barnu eich penderfyniade. Ond ro'n i'n teimlo 'mod i ddim yn 'neud digon yn y Cynulliad 'chwaith. Felly ro'n i wedi'n rhwygo'n ddau. Es i drwy gyfnode o bwyse ble ro'n i'n teimlo'n hollol anghymwys ac eto ro'n i'n dodi popeth – calon ac enaid – mewn i'r gwaith. Mae bod yn Aelod Cynulliad yn heriol. Byddwn i'n mynd â'n ffôn symudol ar fy ngwylie a dyna mam ar y traeth gyda'i ffôn yn ateb ambell i e-bost brys. Dwi'n cofio cyrraedd Ardal y Llynnoedd [i angladd], ac fel ro'n i'n gadael y car aeth y ffôn ac roedd rhywun yn gofyn i mi wirio datganiad i'r wasg. Mae'n rhaid i chi dderbyn bod hi ddim yn swydd ond yn ffordd o fyw ac os oes dyletswydde gofal gyda chi ma' 'neud hynny a bod yn wleidydd yn anodd tu hwnt. Os oes teulu o'ch cwmpas, ma' cefnogeth 'da chi. Roedd Antoinette Sandbach, oedd yn Aelod Cynulliad yr un pryd â fi, yn fam sengl ac roedd hi'n ffeindio hi'n anodd tu hwnt i drefnu hynny. Fel rhiant sengl yn byw yng ngogledd Cymru mae bron yn amhosib 'neud y swydd. Dwi'n meddwl bod angen 'neud llawer mwy er mwyn galluogi ystod eang o bobl i 'neud y swydd, a does dim ots os y'ch chi'n ddyn neu'n fenyw, os y'ch chi'n rhiant sengl yn byw yn y gogledd ma' disgwyl i chi fod yng Nghaerdydd am bedwar diwrnod yr wythnos. Sut yn union mae hynny'n bosib? Dyw e ddim yn gwneud synnwyr o'u safbwynt nhw. Felly dwi'n meddwl bod e'n bwysig ein bod ni'n meddwl am bob math o amgylchiade teuluol.'

ANTOINETTE SANDBACH

''Nes i wthio'n galed dros gael lwfans ar gyfer yr Aelode Cynulliad sydd â phlant ifanc. Roedd fy merch i'n naw pan gefais i fy ethol, oedd yn oedran ifanc iawn i gael ei danfon i ffwrdd i'r ysgol. Oherwydd nad oedd teulu agos gen i'n byw'n agos o'n cwmpas, roedd hi'n amhosib i fi i gael cefnogaeth gan fy nheulu. A 'nes i ddadla'n gryf iawn ar y pryd, nad oedd polisïa'r Cynulliad yn deulu-gyfeillgar ar gyfer pobl yn fy sefyllfa inna. Roeddan nhw yn deulu-gyfeillgar os oeddach chi'n byw yn agos i Gaerdydd, ond roedd hi'n siwrna car o bedair awr a hannar o ogledd Cymru i'r Cynulliad. Dwi ddim yn credu bod cefnogaeth y Cynulliad yn hannar digon da ar gyfer rheiny â chyfrifoldeba gofal a fyswn i'n deud dim jest am blant ifanc. Rydan ni'n 'genhedlaeth brechdan' gyda nifer ohonom yn delio gyda rhieni â dementia neu anghenion gofal eraill. Os ydach chi eisio cefnogi pobl i wneud y gwaith go iawn, mae'n rhaid talu'n well fel bod pobl o bob cefndir yn gallu fforddio i gael eu hethol. Dylid cael cynllun sy'n cael ei brisio'n iawn. Os oes rhaid trefnu gofal plant, ma' hynny'n gost ddilys.

Dwi'n gwybod taw'r ddadl yw ma' 'na nifer o weithwyr fath â nyrsys a doctoriaid sy'n gorfod chwilio am ofal plant. Does dim ateb syml ond mae hi'n broblem ymarferol iawn sy'n rhwystr i ferched fasa'n dymuno bod yn wleidyddion. Felly'r peryg yw eich bod yn denu merched di-blant neu ferched hŷn sydd â phlant llawer hŷn ac fe allech chi fethu sector o brofiad gan nad ydach chi'n cael 'llais y ferch' yng Nghynulliad Cenedlaethol Cymru. Dwi'n gwybod bod lwfans llety ychwanegol ar gael yn San Steffan ond eto mae hynny'n effeithio sut ma' teuluoedd yn gweithio, oherwydd gallwch chi ddim cael plentyn sy'n mynychu'r ysgol am bedwar diwrnod yr wythnos yng Nghaerdydd ac un diwrnod yr wythnos yn Llangernyw, a rhedeg eich syrjeri ar ddydd Gwener. Felly os oes llety gynnoch chi yng Nghaerdydd, fe allech ddodi eich plentyn mewn ysgol yng Nghaerdydd a mynychu'r Cynulliad, ond mae dal angen rhywun sydd ar gael pan ydach chi'n g'neud eich gwaith syrjeri i ddod â'ch plentyn o Gaerdydd i'r gogledd ar Ddydd Gwener. Aethon nhw ddim i'r afal â'r broblem honno erioed.'

LYNNE NEAGLE

'Roedd [y geiriad] "teulu-gyfeillgar" wedi'i gynnwys yn ein Rheolau Sefydlog i ddechre, felly roedd rheidrwydd arnon ni i orffen y dydd [gwaith] am hanner awr wedi pump a do'n ni ddim yn cael cwrdd yn ystod gwylie'r ysgol ac yn y bla'n ac roedd hynny'n cael ei groesawu ar y cychwyn, er bod yr orie teulu-gyfeillgar wedi cael eu herydu dros y blynyddoedd. Roedd hi'n anodd, anodd iawn i ni drefnu gofal plant gan fod fy ngŵr yn Aelod Cynulliad hefyd. Ma' ystwythder mewn nifer o swyddi. Efallai bod un person yn gallu mynd adre'n gynnar i godi'r plant. Ond do'dd hynny ddim yn bosib i ni. Roedd rhaid i'r ddau ohonon ni fod yna i bleidleisio, felly 'nes i ffeindio hynny'n anodd iawn. Pan anwyd y [plentyn] cyntaf yn 2002, dim ond pedwar mis oedd y cyfnod seibiant mamolaeth cyhoeddus felly dim ond pedwar mis, fel pawb arall, ro'n i'n teimlo gallwn i gymryd a dweud y gwir. 'Nes i ffeindio hynny'n anodd iawn. Roedd yr addasiad i fod yn fam yn enfawr i fi. [Ac wedyn] ro'n i newydd ddechre arfer bod yn fam a bwydo o'r fron pan fu rhaid i fi ddychwelyd i'r gwaith. Felly 'nes i brofi nifer o fisoedd anodd achos 'mod i'n dal i drio bwydo o'r fron a ro'n i'n llusgo pwmp y fron 'da fi i bob man i drio tynnu llaeth ac roedd e'n anodd iawn. Dwi'n cofio eistedd yn y car ym Mhont-y-pŵl a ffonio'r gŵr i ddweud, "Dwi'n methu 'neud hyn ragor. Bydd rhaid i fi ymddiswyddo o'r sedd. Ma' hwn yn ormod i fi!" Achos dy'ch chi ddim yn cysgu ac nid pawb sy'n ystyriol o'r ffaith eich bod chi'n fam newydd. Roedd yr un hen bobl yn mynnu cael cyfarfodydd ar fyr rybudd, yn enwedig rhai yn y Blaid Lafur. Ro'n i jest yn teimlo'r pwyse. Ma' rhai pethe wedi mynd 'sha nôl o ran yr orie ry'n ni'n eistedd yn y Senedd a dwi'n meddwl bod Bethan [Sayed] wedi 'neud ambell i bwynt pwysig ynglŷn â pha mor rhwydd neu anodd yw hi i gael teulu ifanc a chadw swydd fel hyn. Mae angen i ni 'neud pethe'n haws i fenywod i 'neud y dewisiade iawn achos ry'n ni angen menywod sydd â phlant ifanc yn y Senedd. Dwi'n aml wedi ffeindio hi'n anodd a dwi'n aml yn teimlo'n euog gan feddwl, "Wel – dwi ddim yn gwneud job dda iawn o fod yn Aelod Cynulliad. Dwi ddim yn gwneud job dda iawn o fod yn fam." A dwi'n gwybod bod nifer o fenywod yn teimlo fel 'na. Gallwn ni ddim llaesu dwylo yn y Senedd. Mae'n rhaid i ni fwrw mla'n – nid jest o fewn ein pleidie i 'neud yn siŵr bod menywod yn cael eu dewis – ond er mwyn sicrhau nad yw pobl yn gorfod wynebu'r dewisiade caled yna, fel ma' Bethan wedi gorfod 'neud.'

* * *

Pennod Wyth

LLEISIAU GWAHANOL, CYDRADDOLDEB AC AMRYWIAETH

Ar ôl cyrraedd cydraddoldeb rhwng y rhywiau yng Nghynulliad 2003, a gweld y cydraddoldeb hwnnw'n llithro'n ôl rywfaint wedi hynny, roedd gan ein holl gyfweleion farn ar agweddau ehangach amrywiaeth, hynny yw, nid dim ond ar sail rhyw, ond hefyd o ran gwahanol leisiau, profiadau bywyd, cefndiroedd proffesiynol a chymdeithasol; lleiafrifoedd ethnig; anabledd; a chydraddoldeb wedi'i seilio ar gyfeiriadedd rhywiol. Dwedodd y cyfweleion eu bod wedi gweld newid er gwell dros yr ugain mlynedd ddiwethaf, yn enwedig yn y cyfnod diweddaraf, yn digwydd ochr yn ochr â dylanwadau allanol fel Mae Bywydau Du o Bwys a #Fi Hefyd.

Serch hynny ymddangosodd y geiriau, 'Doedd gwleidyddion ddim yn edrych fel fi ...' fwy nag unwaith nid yn unig yng nghyd-destun rhywedd ond hefyd oherwydd bod nifer o'r menywod a gyfwelwyd yn dod o gefndiroedd cyffredin, heb ddim mantais wleidyddol o gwbl, ac wedi cyrraedd y Senedd drwy eu brwdfrydedd a'u hymdrechion eu hunain, yn hytrach na thrwy gynghorau lleol neu undebau llafur, er i nifer ddilyn y llwybr hwnnw hefyd. Roedd pawb yn cytuno, er gwaethaf y camau ymlaen yn y blynyddoedd diwethaf, bod ffordd bell o'u blaenau o hyd a llawer o waith caled i'w wneud i hyrwyddo a chefnogi amrywiaeth yn ei holl ffurfiau yn y Senedd.

ANTOINETTE SANDBACH

'Ro'n i, wrth gwrs, wedi treulio deuddag mlynadd fel bargyfreithwraig yn Llundain, ro'n i'n huawdl ac yn teimlo bod gan ffermwyr Cymru lawer o ffurflenni annealladwy i'w llenwi a môr o fiwrocratiaeth o'u cwmpas nad oedd wedi ei gynllunio ar gyfer pobl gyffredin oedd wedi gadael yr ysgol yn gymharol gynnar efallai neu oedd â chysylltiad hirdymor â'r tir ac wedi gweithio'r tir hwnnw ers llencyndod. Rhyw drigain yw oed ffermwyr ar gyfartaledd, felly ro'dd pethau'n wahanol iawn pan ddechreuon nhw ffermio a fydden nhw ddim yn gorfod wynebu cymaint o ffurflenni neu fiwrocratiaeth ag y maen nhw heddiw. Ro'n i'n teimlo 'mod i eisio siarad drostyn nhw. Dyna, yn y pen draw, a ysgogodd fi i sefyll ar gyfer y Cynulliad a Senedd San Steffan, fy hyfforddiant yn y gyfraith a'r ffaith 'mod i'n gwneud gwaith Cymorth Cyfreithiol, a ro'n i'n aml yn delio gyda phobl ar gyfnod anoddaf eu bywydau. Mae o'n waith diddorol iawn oherwydd ei fod o mor amrywiol. Dyna pam welwch chi gymaint o gyfreithwyr yn ymhél â gwleidyddiaeth, dwi'n meddwl, oherwydd maen nhw wedi arfer ymdrin ag achosion a llwyth achosion, wedi arfer delio ag amrywiaeth o bobl o gefndiroedd gwahanol ac wedi arfer eiriol ar eu rhan. Ac felly, dwi'n credu bod yna sgiliau neilltuol os oes gynnoch chi gefndir cyfreithiol, sy'n ddefnyddiol iawn os ewch chi i mewn i wleidyddiaeth.'

LISA FRANCIS

'Ro'dd fel petai gynnon ni nifer fawr o gyfreithwyr, ffermwyr, gweithwyr cymdeithasol a phobl a fu'n academyddion o gwmpas [yn y Cynulliad] a ro'n i'n dipyn o dderyn prin, yn dod o gefndir busnesau bach. Dwi'n meddwl bod e'n hynod o bwysig bod gyda ni'r amrywiaeth yna. Do'dd gwleidyddiaeth ddim yn y 'ngwaed i ond yn hytrach yn rhywbeth ddes i ar ei draws yn hwyrach mewn bywyd. Ac mae hynny'n rhan o'r broblem. Ro'dd canfyddiad ar y pryd nad oedd pobl o ambell i gefndir yn gallu 'gwneud' gwleidyddiaeth. Ond mae amrywiaeth yn bwysig iawn, ac wrth gwrs cael mwy o aelode benywaidd, ond mae'n mynd ymhellach na hynny. Mae'n ymwneud â chael mwy o aelode o leiafrifoedd ethnig hefyd a phobl o wahanol gefndiroedd. O safbwynt benywaidd, ry'n ni'n fwy na 50% o'r boblogeth. Mae'n aruthrol o annheg nad yw menywod yn cael eu cynrychioli'n iawn yn ein corff deddfwriaethol, felly mae'n rhaid i hynny newid. Ro'n i'n ffodus bod gen i wybodaeth llawr gwlad am dwristiaeth, sy mor bwysig yn yr ardal dwi'n ei chynrychioli sef canolbarth a gorllewin Cymru, oherwydd y gwaith ro'n i wedi bod yn 'i 'neud – ro'n i'n gyfarwyddwraig ddi-dâl i gwmni Twristiaeth y Canolbarth cyn hynny. Felly ro'n i'n teimlo 'mod i'n deall stwff o'dd yn wirioneddol bwysig ac nad o'dd Llywodraeth Cymru yn 'i ystyried o ddifrif ar y pryd, yn fy marn i. Fe gethon ni Etholiad San Steffan yn 2001, sef yn ystod blwyddyn Clwy'r Traed a'r Genau, ac amlygodd hynny bwysigrwydd twristiaeth. Ond o'dd e ar gwt y ciw o ran pwysigrwydd yng ngolwg Llywodraeth Lafur Cymru.'

JOYCE WATSON

'O'dd gen i gefndir o fod yn rhywun o'dd yn gweithio'n galed ac yn onest. Bydde pobl yn dod ata i a gofyn i fi 'neud pethe drostyn nhw yn hytrach na'r ffordd arall rownd. Ond ro'n i eisie 'neud mwy gyda 'mywyd. Felly es i mewn i'r fasnach ddillad a ro'dd hynny mor araf o'i gymharu â'r hyn ro'n i'n gyfarwydd ag e [rhedeg tafarndai a chlwb rygbi]. Ro'n i 'di diflasu felly dyma fi'n dechre darllen cofianne a hunangofianne a ges i'n ysbrydoli i weld y pethe ro'dd pobl 'di cyflawni a 'nes i argyhoeddi'n hunan y gallen i 'neud yr un peth hefyd. Felly dyma fi'n sefyll fy mhrawf gyrru a llwyddo'r tro cynta'. 'Nes i feddwl os galla' i 'neud hynny galla' i 'neud mwy, a dyna halodd fi nôl mewn i addysg. Do'n i ddim yn deall y peth ar y pryd – gan ddod nôl at ddylanwad, do'dd 'na ddim, dim ond beth ro'n i wedi'i ddysgu – cofio dad yn dweud pan o'n i'n trio cael fy newis i sefyll yn yr etholiad, "Ti'n 'neud yn dda iawn," medde fe, "achos dyma'r un peth na all dy fam a fi 'neud yw hyn, allwn ni ddim dy helpu di gyda hyn. 'Sdim dylanwad 'da ni." A do'n i ddim yn 'i ddeall e ar y pryd. Achos do'dd dim dylanwad 'da fi chwaith a do'n i ddim yn perthyn i unrhyw glwb neu sefydliad – dyna beth o'dd e'n 'i olygu. Do'dd dim cysylltiade teuluol 'da fi, do'dd dim byd, dim ond 'mod i mor benderfynol, a dweud y gwir.'

DAWN BOWDEN

'Beth ddangosodd e i fi, oedd bod llywodraeth 'da ni yng Nghymru alle ddylanwadu a newid bywyde pobl er gwell. Ac am y tro cyntaf ddechreues i weld yn union pa wahaniaeth y galle hynny 'i 'neud. A thra bod cydweithwyr yn Lloegr yn gorfod brwydro i gael cymaint â sgwrs gyda gweinidogion y llywodraeth, ro'n i'n gallu codi'r ffôn a siarad â'r Gweinidog Iechyd [er enghraifft]. A ro'n ni'n gallu newid bywyde pobl. A gyda 'nghefndir a 'mhrofiad i, ro'n i nawr yn gallu gweld sut y galle hynny weithio yn y Cynulliad a sut alle hynny helpu i ddylanwadu ar bethe yn y Cynulliad. A ro'n i hefyd yn eitha' ymwybodol wrth edrych o gwmpas Siambr y Cynulliad nad oedd llawer o'r aelode etholedig eraill yn edrych fel fi, yn dod o'r un math o gefndir â fi, yn undebwyr llafur, yn dod o gefndiroedd dosbarth gweithiol cyffredin iawn, heb fod i brifysgol, heb weithio fel cynghorwyr arbennig gwleidyddol na dros AS neu

AC cyn hynny neu unrhyw beth tebyg... Rhywun o'dd â dim byd ond profiadau bywyd go iawn wrth gyrraedd yno. A dyma fi'n meddwl, mae angen lleisie fel 'na yn y Cynulliad.'

VIKKI HOWELLS

'Mae cydraddoldeb ar sail rhyw yn bwysig iawn i fi, ond ochr yn ochr â phob math o gydraddoldebe eraill. Dyna'r ffordd dwi'n 'i gweld hi. Dwi'n ymwneud ag e mewn gwahanol ffyrdd. Ry'n ni'n cael diwrnod mentora pan fydd menywod ifanc yn dod i'r Senedd ac yn treulio'r diwrnod gyda gwahanol ACau [sic]. Dwi wedi cynorthwyo gyda hynny ac wedi ymuno â nhw ar baneli i drafod sut bydde modd iddyn nhw fynd i mewn i wleidyddieth petai gyda nhw ddiddordeb. Ond dwi'n gweld y gwaith yma fel rhan o hyrwyddo pob math o gydraddoldeb. Dwi'n gweithio'n agos gyda grŵp lleol sy'n cefnogi pobl LHDT+ ac i fi mae'r gwaith dwi'n 'i 'neud o gwmpas rhywedd yn cyd-fynd â'r math yna o waith. Ma' gen i nifer o ffrindie sy'n hoyw, a dwi 'di gweld newid enfawr mewn cymdeithas dros yr ugen mlynedd ddiwethaf, yn enwedig fel athrawes mewn ysgol uwchradd. Pan o'n i yn yr ysgol do'n i ddim yn 'nabod unrhyw un oedd yn hoyw. Do'dd neb yn teimlo y gallen nhw "ddod mas" bryd 'ny, ond dros yr un flynedd ar bymtheg y bues i'n dysgu, dwi wedi gweld newidiade anferth er gwell. Y newid cymdeithasol mwyaf weles i yn ystod y cyfnod o'dd bod rhai yn eu harddege yn derbyn bod pobl reit ifanc eisie "ddod mas", a phobl sy o bosib yn drawsrywiol hefyd. Ac ro'dd gweld y newid a'r parodrwydd yma i dderbyn yn hyfryd. Os oes unrhyw beth alla' i barhau i'w 'neud i hyrwyddo hynny a'i ymgorffori mewn cymdeithas, yna grêt. Mater arall sy'n fy mhoeni i yw diffyg cynrychiolwyr o'r gymuned BAME [lleiafrifoedd du ac ethnig]. Os yn ni'n creu Rhestrau Menywod yn Unig ar gyfer seddi yn gyffredinol, yna mae peirianwaith 'da ni ar gyfer menywod BAME ond does dim peirianwaith ar gyfer dynion o'r un gymuned ac mae rhai ohonyn nhw wedi dweud wrtho i eu bod nhw'n teimlo bod "gwahaniaethu dwbwl" yn eu herbyn nhw oherwydd eu rhyw.'

LAURA ANNE JONES

'Y tro cyntaf [i Laura Anne Jones fod yn Aelod Cynulliad], o'dd Lisa [Francis] a fi dipyn bach ar wahân i [weddill] y Grŵp [Ceidwadol], i lawr ar yr ail lawr tra bod y dynion i gyd ar y trydydd llawr. Wn i ddim sut i ddehongli hynny! Dwi'n meddwl bod Lisa a fi'n teimlo i ni gychwyn paratoi'r ffordd i fenywod eraill ymuno â ni. Ro'dd e'n dal yn fyd dynion ar y pryd ond ro'dd y Senedd [sic] ei hun ar y pryd yn 50:50 menywod:dynion, felly ro'dd pethe'n dechre newid ymhob plaid ac ro'dd y Blaid Geidwadol yn dechrau meddwl bod rhaid i ni 'neud yr un peth, felly o'dd hynny'n beth da. Ond ro'dd y ddwy ohonon ni yno ar deilyngdod a ro'n i'n teimlo'n dda am hynny – nad o'n ni yno o achos ein bod ni'n fenywod. Yn sicr mae arnon ni angen mwy o fenywod: ma' angen i ni fod yn gynrychiolwyr o bob cefndir, pob lliw, credo, beth bynnag y bo – nid dim ond rhywedd yw'r peth. Mae'n bwysig ein bod ni'n adlewyrchu'r wlad ry'n ni'n ei chynrychioli a dwi'n credu ein bod ni'n go bell o hynny. Mae'n braf gweld Natasha [Asghar] yno ac Altaf [Hussain] a Vaughan Gething yn paratoi'r ffordd, er bod llawer mwy i'w 'neud o hyd. Mae e'n bwysig iawn gan 'i fod e'n dangos bod pobl [o gefndiroedd] eraill yn gallu llwyddo. Bydd hi [Natasha Asghar] yn enghraifft bwysig nawr i lawer o ferched, ac mae pwyse mawr ar ei hysgwydde yn hynny o beth. Ond ry'n ni i gyd yno i'w chefnogi, ac mae Janet [Finch-Saunders] a finne'n dda iawn am gefnogi'n gilydd fel y menywod yn y Grŵp hefyd, a ry'n ni yma os bydd arni hi ein hangen ni. Mae'n bwysig ein bod ni'n cynnal ein gilydd yn y ffordd yna. Felly mae'n bwysig 'i bod hi yno, fel y mae'r ffaith bod Vaughan Gething yn Weinidog, yn goleuo'r llwybre hynny. Mae hyn i gyd yn chwarae rhan mor bwysig, gan fod angen i ni adlewyrchu'r bobl ry'n ni'n eu cynrychioli.'

MICHELLE BROWN

'Dwi ddim yn meddwl bod o [diffyg amrywiaeth] jest yn y Siambr; mae o tu allan i'r Siambr [hefyd]. Un o'r petha darodd fi pan 'nes i ymuno â'r Cynulliad oedd bod gan Gaerdydd a'r ardaloedd o gwmpas Caerdydd ganran uchel o Fwslimiaid, felly mae yno ganran eitha' uchel o fenywod Mwslimaidd a menywod Mwslimaidd duwiol sy'n gwisgo'r hijab. Yn y pum mlynedd i mi fod yn y Cynulliad, dim ond un fenyw dwi wedi'i gweld yn gwisgo hijab yn y Cynulliad. Pam felly? Mae'r lle yma yn cyhoeddi o hyd ac o hyd ei fod mor gryf o blaid amrywiaeth, gyda llond trol o areithia, datganiada, polisïa yn dod gan Gomisiwn y Cynulliad ac o'r tu mewn i'r Siambr, ac eto dim ond un fenyw mewn hijab wnes i gwrdd â hi. Fedra i ddim cofio gweld menyw ddu ymysg y staff. Mi wn i am un dyn du sy wedi ei gyflogi y tu allan i'r Siambr. Dydy'r geiriau ddim yn troi'n weithredoedd. Maen nhw'n annog pobl y tu allan i'r Cynulliad i gyflogi mwy o bobl o leiafrifoedd ethnig ond beth mae'r Comisiwn yn 'i 'neud? 'Fyswn i'm yn galw hynny'n amrywiol o gwbl.'

LESLEY GRIFFITHS

'Mae [amrywiaeth] yn broblem fawr oherwydd gall pobl edrych ar y Senedd a meddwl "Dwi'm yn cael fy nghynrychioli fan'na." Ar un pwynt, cafwyd cydraddoldeb llwyr rhwng y rhywiau ac os edrychwch chi ar y boblogaeth, nid poblogaeth o ddynion ydy hi, nage? Felly mae o'n gwbl iawn fod gynnon ni gydraddoldeb rhwng y rhywiau. Ond mae o'n broblem a sut fedrwn ni ddatrys hynny? Yn sicr, fedra i siarad dros fy mhlaid fy hun. Mae wedi ceisio dylanwadu ar y gymuned Ddu, Asiaidd a Lleiafrifoedd Ethnig a'i chefnogi. Mae'n mynd yn ôl at yr etholaethau. Os oes gynnoch chi restr o bobl i ddewis rhyngddyn nhw, hwyrach na chewch chi'r cydraddoldeb rhwng y rhywiau na'r amrywiaeth yr hoffech ei weld. Mae'n anodd iawn dan system "un aelod – un bleidlais", er bod "un aelod – un bleidlais" yn hollol gywir. Mae'n rhaid cael pobl i roi eu henwau gerbron [i sefyll mewn etholiad] a pheidio â theimlo na allan nhw 'neud hynny a dyna pam dwi'n dweud wrth bobl, "Os medra i 'neud hyn, mi fedrwch chithau." Ond mae o i gyd yn ymwneud â hunan hyder a hunan gred. Mae gen i ardal yn Wrecsam sy'n cynnwys dwy o'r wardiau mwyaf difreintiedig yng Nghymru – nid 'mod i'n falch o hynny – ond yr hyn sy'n destun balchder yw'r hyn mae trigolion y stad honno yn rhoi i'w gilydd ac yn gwneud dros eraill – mae'n anghredadwy – ac mai merched yw'r arweinwyr. Mae o'n grŵp anhygoel o ferched. Ry'n ni wedi bod â llawer o bobl o Wlad Pwyl yn Wrecsam erioed. Ro'dd ysbyty Pwylaidd ar gyrion Wrecsam pan o'n i'n blentyn. Ro'n i mewn seremoni wobrwyo rithwir yn fy etholaeth neithiwr a Phwyles sy'n gweithio yn y ganolfan cymorth i Bwyliaid yn Wrecsam oedd enillydd gwobr y Gwirfoddolwyr Annibynnol. Felly mae gynnon ni'r amrywiaeth yma. Ro'n i wedi cwrdd â hi o'r blaen ac fe ddeudes i wrthi, "Dylech chi sefyll ar gyfer y Cyngor." A medda hitha, "O na. 'Sgin i mo'r sgiliau." Felly dwi'n meddwl bod o'n bwysig gweithio gyda phobl i'w cael nhw i ddeall bod y sgiliau yn sicr gynnyn nhw.'

SUZY DAVIES

'Dyma oedd y tro cyntaf, os dwi'n cofio'n iawn, bod rhywun o'r Blaid Geidwadwyr [sic Geidwadol] wedi cymryd rhan yn y grŵp hynna [grŵp trawsbleidiol ar fenywod], ac wedi bod yn fodlon siarad gyda grwpiau tu fas i'r Cynulliad, pobl fel *Women's Equality Network*, gweithio gyda Chwarae Teg ac *EAST* ar gyfer menywod du, Asiaidd ac ethnig lleiafrifol. Mae'n bwysig, achos mae'n rhy hawdd i ddweud, os 'dan ni ddim yn cymryd rhan, bod y blaid ddim y pryderu am gydraddoldeb. Os ti'n edrych, hyd yn oed gyda Boris [Johnson] a rhai o'r sylwadau yn y gorffennol, 'dan ni ddim yn creu llun go iawn am sut fath o blaid ydyn ni. Dyna beth hoffwn i'w 'neud yn ystod gweddill y Cynulliad yma, gweld bod ni o ddifrif am gydraddoldeb tu fewn i'r Blaid Geidwadol. Y peth yw gydag Islamoffobia, siŵr bod yr un peth gyda gwrth-Semitiaeth hefyd, mae nifer o bobl sy'n Islamoffobig yn benderfynol, ac mae'n bwysig bod ni'n ffeindio nhw yn ein plaid ni, yng Nghymru, a lle bynnag, a chael gwared ohonyn nhw nawr, dim *second chances, out you go.* Does dim lle i gasineb fel hynny yn ein plaid a dwi ddim eisiau bod yn rhan o blaid lle maen nhw'n gadael i hyn ddigwydd, a jest edrych i ffwrdd. Ond mae 'na Islamoffobia arall hefyd, pobl sy ddim yn deall beth maen nhw'n 'neud, *ignorance* dwi'n sôn am, ond sy'n fodlon i wrando a deall. Iddyn nhw, mae jest rhaid cael rhywun i ddweud wrthyn nhw, esbonio, ac os nad ydyn nhw'n derbyn y neges, wel *bye-bye* iddyn nhw hefyd. Rydym ni fel Grŵp Ceidwadol, hynny yw, grŵp sy'n cynrychioli'r Ceidwadwyr Cymreig, rydym ni wedi derbyn diffiniad Grŵp San Steffan a dderbyniwyd gan y Farwnes Varsi, dros dro, gobeithio, achos 'dan ni'n gallu gwella'r diffiniad hynna, dydy e ddim yn berffaith. Dwi'n edrych arno fe o safbwynt cyfreithiol, dydy e ddim cweit yn gweithio, ond mae 'na ffordd i 'neud e weithio. O safbwynt Cymru, fy neges i yw ein bod ni'n bositif tuag at ein cymunedau Mwslim, lot gwell na Lloegr ar hyn o bryd.'

HANNAH BLYTHYN

'Dylai eich Senedd genedlaethol gynrychioli'r wlad gyfan ac os nad oes cynrychiolwyr o wahanol gefndiroedd – cynrychiolaeth amrywiol – bydd hi'n sefydliad llawer gwannach o'r herwydd. Mae pethau y gall y pleidiau eu g'neud o ran gweithredu'n gadarnhaol ond mae pethau y gallwn ni eu g'neud fel cynrychiolwyr unigol hefyd. Mae heriau o fewn strwythurau pob plaid ynglŷn â sut y gall pobl wahanol ddod drwy'r system a hefyd o ran hybu'r syniad bod gwleidyddiaeth ar gyfer pawb – 'i bod hi ar gyfer pobl o wahanol gefndiroedd a chymunedau amrywiol. Pan gefais i'n ethol am y tro cyntaf yn 2016, a dod yn un o'r tri aelod cyntaf oedd "allan" yn y Senedd [sic], mi wnes i feddwl am foment, "Ydw i eisiau cael fy nghanfod yn y ffordd yna yn unig?" Ond yna wnes i gallio a meddwl ei bod hi'n hynod o bwysig, oherwydd mae gwelededd mewn bywyd cyhoeddus yn bwysig iawn, a pheidied neb ag anghofio hynny. Oherwydd os 'dan ni'n sôn am ganfyddiad, a phobl yn credu bod gwleidyddiaeth yn rhywbeth iddyn nhw, wel, fedrwch chi ddim bod yn rhywbeth na fedrwch ei weld o'ch blaen. Fi yw'r unig aelod benywaidd o'r Senedd sydd "allan" ac yn sicr dwi'n gobeithio nad fi fydd yr ola'. Mae cyfrifoldeb arnon ni i gyd fel unigolion, nid y pleidiau yn unig, i annog mwy o bobl i gamu 'mlaen a g'neud y Senedd yn sefydliad y byddan nhw am ei wasanaethu. Ro'n i "allan" gyda fy ffrindiau a'r teulu am flynyddoedd cyn i fi benderfynu sefyll [mewn] etholiad ond mae o'n benderfyniad mawr i 'neud hynny mewn ffordd mor gyhoeddus. Ond dyna oedd fy mhenderfyniad. Rheswm arall hefyd oedd bod angen i wleidyddiaeth fod yn wahanol ac yn gynrychiadol. Ro'n i eisiau math gwahanol o wleidyddiaeth a gonestrwydd mewn gwleidyddiaeth ac mae o ynglŷn â bod yn onest am bwy ydw i. Ro'dd adegau pan oeddwn i'n nerfus am fy mhenderfyniad ond ro'n i'n gwybod fy 'mod wedi g'neud y peth iawn pan es i ymweld â'm hen ysgol ychydig ar ôl cael fy ethol. Daeth athro nad o'n i'n ei nabod ata i a dweud, "Dwi am i chi wybod eich bod yn fodel rôl i'r plant 'ma." Yna soniodd am ddau blentyn hoyw oedd wedi darllen amdana i yn y cyfryngau cymdeithasol ac ro'dd fy hanes i wedi g'neud gwahaniaeth mawr iddyn nhw. Mae eiliade fel hyn yn tanlinellu pam mae hyn mor bwysig, er y gall fod yn heriol weithiau.'

* * *

DEDDFWRIAETH AC YMGYRCHOEDD

Ers y cychwyn yn 1999 mae pwerau Cynulliad Cenedlaethol Cymru ac yna'r Senedd wedi cynyddu ac ymgryfhau. Mae'r corff wedi gallu gwneud mwy a mwy i newid pethau er lles pobl Cymru. Mae'r sefydliad wedi bod ar flaen y gad mewn nifer o feysydd ac mae ei aelodau unigol wedi brwydro'n galed ac weithiau ar eu pennau eu hunain i newid cyfreithiau ac i gyflwyno deddfwriaeth a syniadaeth flaengar ymhob maes.

CATHERINE THOMAS

'Rhywbeth a o'dd, yn fy marn i, yn ddeddfwriaeth bolisi o bwys mawr o'dd y cynllun presgripsiwn am ddim sy wedi trawsnewid cymaint o fywyde. Fe wn i am ffrindiau yn Lloegr sy'n gorfod gwneud dewisiad pur anodd am y feddyginiaeth y gallan nhw fforddio'i phrynu, gan na allan nhw fforddio prynu popeth y dylen nhw fod yn ei gymryd. Dwi ar feddyginiaeth am sarcoidosis a phan fydda i'n meddwl, "Jiw – 'sen i'n prynu hwn, faint fydda hynny bob mis...?" Ro'n ni'n sôn am swm sylweddol o arian. Felly, i fi, mae'r ddeddfwriaeth yna wedi achub bywydau go iawn, mae'n hynod o bwysig. Un arall yw'r ddeddfwriaeth ar roi organ sy, unwaith eto, yn gwneud gwahaniaeth, ac yn arloesol, felly pan fydda i'n meddwl am Gymru fel cenedl fach a beth mae hi'n ei gyflawni, mae'n bwysig iawn ac mae'n newid bywydau, a dwi'n falch iawn, iawn o hynny.'

Mae iechyd a chreu cyfleoedd hafal wedi bod yn elfen bwysig o waith aelodau'r sefydliad. Mae nifer o'r aelodau wedi dilyn eu diddordebau a'u hymgyrchoedd unigol pwysig gwahanol dros y blynyddoedd:

KAREN SINCLAIR

Dywedodd Karen Sinclair mai ei chyflawniad hirdymor mwyaf yn y Cynulliad oedd gweithredu peiriannau Type Talk ar gyfer pob swyddfa grŵp gwleidyddol er mwyn peidio ag eithrio pobl ag anawsterau clyw rhag cyrraedd eu cynrychiolwyr ac o fywyd gwleidyddol Cymru:

'Ddaru BT roi peiriant i mi ar gyfer pob un o'r pleidiau gwleidyddol a dyma ni'n hyfforddi aelodau o bob un o swyddfeydd y grŵp i fod yn ymwybodol o fyddardod. Ddaru ni hefyd hyfforddi'r bobl ar ein switsfwrdd yn y Cynulliad. Yn wir, ddaru ni wneud cwpl o gyrsiau ymwybyddiaeth byddardod ar eu cyfer, yn gwbl ar wahân i iwsio'r peiriant ar flaen y desgiau yn y Cynulliad pan oedden nhw'n cyfarfod â phobl a oedd yn fyddar. Ac mi ddaru ni ffurfio'r grŵp trawsbleidiol yma a gwahodd y gwahanol elusennau a oedd yn gweithio ar fyddardod, y Trydydd Sector, i ddod i weithio gyda ni a dwi'n credu i ni fod â grŵp eithriadol o dda. Yn sicr, ni oedd y rhan gyntaf o Brydain i gyflwyno cymhorthion clyw digidol, ac mi roedden ni o flaen Lloegr yn cyflwyno'r rheini ar y GIG, a dwi'n falch o hynny, oherwydd mae cymhorthion clyw digidol yn gwneud cymaint o wahaniaeth i bobl... Mae'n rhywbeth roeddwn i'n teimlo'n gryf iawn yn ei gylch mewn gwirionedd, oherwydd doedd llawer iawn o bobl fyddar ddim yn gallu ymwneud â materion gwleidyddol... Ac nid gwleidyddiaeth yn unig, ond hefyd mynediad at ofal iechyd cyfartal, mynediad at awdurdodau lleol, fel hawl yn hytrach na rhywbeth yr oedd yn rhaid iddynt frwydro amdano. Gofynnodd fy nghyd-weinidogion faswn i'n cadeirio grŵp i ddarganfod beth oedd yr angen yng Nghymru o safbwynt pobl ddifrifol o drwm eu clyw, ac mi wnes, ac mi gymrodd chwech i wyth mis i wneud yr ymchwil a dod nôl ag adroddiad am yr hyn roedd angen i ni'i wneud. Bryd hynny, dim ond rhyw chwe dehonglydd BSL cwbl gymwys oedd ganddyn nhw yng Nghymru, a oedd yn rhif isel iawn, a'n huchelgais ni oedd dod â fo i fyny i'r cyfartaledd Ewropeaidd. Dwi'n meddwl i ni sicrhau rhyw bedwar deg saith o ddehonglwyr cwbl gymwys yn y pen draw, a dwi'n ymfalchïo'n fawr yn hynny.'

Mae Aelodau eraill wedi gallu ennyn cefnogaeth drawsbleidiol ar gyfer eu hachosion:

GWENDA THOMAS

''Nes i arwain ar y Ddeddf Gwasanaethau Cymdeithasol a Lles Cymru, 2014. Mae'n ddeddf fawr ac roedd y broses yn hir, ond rhoiodd hwb i 'nghalon i'n bod ni wedi gallu sefydlu consensws bryd 'ny, oherwydd do'n i byth wedi cael deddf o'r maint yna drwy'r Cynulliad, heb adeiladu consensws, a heb wrando ar bawb. Ac nid dim ond o fewn y Cynulliad ond tu allan hefyd – fel dod â'r awdurdodau lleol, y sector wirfoddol, iechyd, a pob un at ei gilydd, i ddatblygu beth oedd yn arwain at y Ddeddf. Alla' i ddim a gweud digon am hynna, ac mor bwysig o'n i'n gweld hynna. 'Nes i fwynhau'r amser yna yn fawr iawn. A wedyn gweld y Ddeddf yn cael y *Royal Assent* fel ma'n nhw'n dweud ondife, ac yn dod yn Ddeddf i Gymru. Oedd e'n beth hollol wych a dweud y gwir.'

*Yn ogystal â deddfwriaeth gymdeithasol a lles mae edrych ar elfennau
diwylliannol wedi bod yn elfen bwysig o waith allanol y Cynulliad:*

NERYS EVANS

'Bues i'n cynrychioli'r Cynulliad fel corff ar Bwyllgor Rhanbarthau
Ewrop, ac yn ystod fy nghyfnod i'n cynrychioli'r Cynulliad, gyda
Christine Chapman o'r Blaid Lafur, 'naeth Llywodraeth Llundain
a Llywodraeth Cymru gydweithio i sicrhau bod y Pwyllgor
Rhanbarthol yn cydnabod yr iaith Gymraeg am y tro cyntaf. Yn
Nachwedd 2008, bues i'n ffodus iawn i fod y person cyntaf i siarad
Cymraeg yn Pwyllgor Rhanbarthe Ewrop. Oedd e'n hyfryd o beth
i wneud 'na a thrafod ar ôl 'ny gyda phobl o ranbarthe dros Ewrop
ynglŷn â'r cefnogeth oedd ei hangen ar ieithoedd lleiafrifol ar
draws Ewrop.'

*Mae ambell i bwnc mor bwysig, mor fyd-eang, mae'n ennyn ymateb o
bell ... hyd yn oed ar draws Môr Iwerydd:*

ANN JONES

'Y gwaddol mawr yw'r ffaith i mi fynd â deddfwriaeth mainc gefn
yr holl ffordd drwodd a chael llywodraeth Cymru i roi'r rheoliada
i mewn hefyd – mi gymrodd o naw mlynadd ond wnawn i ddim
rhoi'r gorau iddi – sef ei gwneud hi'n orfodol gosod systemau
chwistrellu ym mhob cartra newydd. Ac mi gefais gefnogaeth
aruthrol gan Ronnie King, gan sefydliadau'r chwistrellwyr, ac o
America ac Ewrop hefyd. A fi yw'r gyntaf y tu allan i America i fod â
Medal Eiriolaeth Jim Shannon am fy ngwaith ar atal tân. Ac mi ges
i hwnnw ym Mehefin 2017, sef dim ond wythnosau cyn trychineb
[Tŵr] Grenfell, pan gollodd 72 o bobl eu bywydau. Dwi'n teimlo
hyd heddiw y gellid bod wedi osgoi rhai ohonyn nhw. Felly dyna'r
un peth mawr dwi'n coelio 'mod i'n ei adael ar fy ôl.'

Mae ymgyrchoedd eraill efallai'n perthyn i'r filltir sgwâr yn unig ond yr un mor bwysig i bob unigolyn sy'n rhan o'r ymgyrch:

BETHAN SAYED

'Un ymgyrch dwi'n browd iawn ohoni hi, yw'r ymgyrch dros bensiyne Visteon. Ro'dd Ford, y cwmni car, wedi creu cwmni newydd o'r enw Visteon, a symud y staff i gyd draw i Visteon. Wedyn, roedd Visteon wedi mynd yn *bust*, a dod i ben, ac ro'dd pob un o'r bobl hynny'n wynebu colli eu pensiyne. Roedd rhai yn wynebu colli hyd at 50% o'u pensiyne, a 'naethon ni frwydro a brwydro dros y blynyddoedd i sicrhau bod Ford yn rhoi'r pensiyne haeddiannol iddyn nhw. 'Naethon ni bron cymryd achos llys yn erbyn Ford, oherwydd bod y bobl yma ddim yn mynd i gael eu pensiyne. Ond ar y munud ola', cafwyd cytundeb gyda'r pensiynwyr a rhoi'r rhan fwyaf o'r arian iddyn nhw. Cymerodd hyn flynyddoedd o ymgyrchu gyda phobl yn Abertawe, a mynd i Loegr a San Steffan, a lobïo o gwmpas ardal Pen-y-bont, lle'r oedd adeilad Ford. Mae'n ymgyrch dwi'n browd ohoni. Dwi'n gweld fy hun fel rhywun sy'n gallu helpu'r achosion yma i roi'r pŵer i bobl sydd yn rhan o'u grwpie i ymgyrchu drostyn nhw eu hunen. Dyna be' dwi'n hoffi fwyaf am fod yn Aelod. Ma' lot o bobl yn dod ata i [a dweud], "Beth – *I can't do that. Oh ... there's no way, you'll have to do it for me*," a finne'n meddwl, "Reit, erbyn diwedd hwn, 'dych chi'n mynd i fod yn bwerus, 'dych chi yn mynd i fod yn rhedeg y pwyllgorau a'r grwpie yma." Ac mae hynna wedi digwydd.'

Wrth reswm, mae materion sy'n ymwneud â menywod yn uchel ar restr 'pethe i'w gwneud' y menywod oedd yn Aelodau o'r Cynulliad neu sydd nawr yn Aelodau Seneddol p'run ai a ydyn nhw'n brwydro yn erbyn anghyfiawnderau neu'n brwydro dros fywyd gwell i fenywod:

JOYCE WATSON

'Fe ddes i mewn yn gobeithio gwneud newidiade, yn credu, yn naïf, falle, y gallwn i newid mwy nag y gallwn i. Ond dwi'n falch bo fi wedi llwyddo. Y gwaddol i fi o'dd cael cyflwr menywod lan ar yr agenda yna. Wnaf fi ddim ymddiheuro am y ffaith bo' fi'n para i ymgyrchu i roi stop ar drais yn erbyn menywod a phlant, yn enwedig ar ôl darllen adroddiad ddoe sy'n gweud wrtha'i bod 50 o fenywod rhwng mis Mawrth a nawr wedi colli'u bywyde, a tra bod hynny'n digwydd fe fydda i'n dal i ymgyrchu. Wnaf fi ddim ymddiheuro chwaith am dynnu sylw at sefyllfa pobol sy'n cael eu masnachu neu'n diodde caethwasiaeth yn y wlad yma, lle ry'n ni'n hoffi meddwl bo' ni'n croesawu pawb, sy'n wir, ond lle nad ydyn ni'n 'neud dim yn ei gylch. Felly, y lleisie difreintiedig, distaw. Os alla' i helpu mewn unrhyw ffordd i 'neud y newid bach sy'n 'neud gwahaniaeth enfawr – dyna ry'n ni'n 'i 'neud, gobeithio, 'neud newid bach sy'n 'neud gwahaniaeth enfawr i'r bobol 'ny. A dyna fydda i'n para i 'neud.'

SUE ESSEX

'Fe wnaethon ni gymaint o bethau arloesol, y Comisiynydd Plant, y Comisiwn Pobl Hŷn, Llwybr yr Arfordir. Ni oedd y wlad Fasnach Deg gyntaf yn y byd. Ni oedd y wlad gyntaf yn y DG i ailagor llawer o'n rheilffyrdd – rhywbeth na wnaed erioed ers Beeching. Trafnidiaeth oedd y swydd berffaith i mi, ac un peth ro'n i'n falch iawn ohono hefyd oedd y cynllun teithio rhad ac am ddim, fy mabi i o fy adeg ar Gyngor Caerdydd pan wnaethon ni hynny ar gyfer rhai dros 75 oed. A'r peth pwysig am y polisi yma o'dd pa mor hanfodol oedd e i fenywod hŷn ar y pryd. Fe ges i gymaint o lythyron gan wragedd hŷn, nid dim ond gwragedd hŷn, wrth gwrs, ond gwragedd hŷn yn benna' yn dweud bod e wedi trawsnewid eu bywydau. Ro'n nhw'n genhedlaeth o'dd yn aml ddim yn gyrru neu'n methu gyrru o achos salwch, a ro'n nhw â'u tocyn teithio am ddim – dim ots os nad o'dd gyda nhw ddime goch, o'dd gyda nhw'u tocyn, o'n nhw'n gallu dala bws a mynd i lefydd. Ro'dd y llythyron yn anhygoel o deimladwy ar adegau – ro'n nhw wedi dal bws yng nghefn gwlad, ro'dd bysys wedi dechrau rhedeg eto achos bo' nhw'n cael rhywfaint o arian wedi'i warantu, felly ro'dd teithlwybrau bws yn dod nôl, ond yn enwedig i fenywod cefn gwlad nad o'dd yn gyrru neu o'dd yn pryderu am yrru. Felly ro'n ni'n cyflwyno polisïau a all wella ansawdd bywyd pobl gyffredin, gobeithio, rhai y galle pawb ym mhobman fanteisio arnyn nhw; gall y math yma o bolisïau sy'n hollgynhwysol wneud gwahaniaeth anferth. Dyna un o'r polisïau ro'n i mor falch o'i weld yn cael ei gyflwyno.'

Mae gwaith menywod y Cynulliad a'r Senedd dros blant Cymru wedi bod yn anferth, yn ddiflino – ac weithiau'n anodd iawn:

CHRIS CHAPMAN

'Yr un mawr i fi o'dd y "mater smacio" – o'dd hwnna'n wirioneddol erchyll. Ond nawr, serch 'ny, mae'r ddeddfwriaeth yna'n dod mewn o'r diwedd. Cafodd Julie Morgan a finne amser caled iawn yn fy nhymor ola' i yn y Cynulliad. Ond fe wnaeth wahaniaeth go iawn ac mae'r ddeddfwriaeth yn dod i mewn. Ar y mater hynny'n benodol, ro'dd y syniad bo' fi – fel Cadeirydd y Pwyllgor – wedi pleidleisio yn erbyn y Llywodraeth, ro'dd hynny'n ddigynsail, ond oedd, ro'dd hi'n anodd a dweud y gwir. Golles i ddim o'r Chwip am y rheswm syml y bydden ni [y Blaid Lafur] wedi bod mewn lleiafrif 'sen i wedi. Ro'n i'n barod i golli Cadeiryddiaeth y Pwyllgor – ro'n i'n teimlo mor gryf â hynny – o achos o'dd e'n rhywbeth ro'n ni'n teimlo'i fod e wedi'i addo i ni, bod hyn yn mynd i ddigwydd. Ro'dd e'n amser ofnadwy mewn gwirionedd achos nid dim ond rhai pobl yn y llywodraeth o'dd ddim yn hoffi hyn, ond cydweithwyr hefyd am eu bod nhw'n teimlo ein bod ni'n fradwyr. Felly do'dd hi ddim yn awyrgylch braf iawn. Ond dwi ddim yn difaru o gwbl, wir, dwi'n falch iawn, o achos 'sen ni heb wneud safiad, fyddai'r ddeddfwriaeth ddim wedi digwydd.'

JULIE MORGAN

'Un o'r pethau dwi'n ymfalchïo fwyaf ynddo yw cael y mesur i wahardd cosbi plant yn gorfforol drwy'r Cynulliad yn gynharach eleni [2020], mater dwi wedi ymgyrchu arno oddi ar 1997, pan etholwyd fi'n AS. Mae gan blant lai o amddiffyniad nag oedolion o ran cosb gorfforol. Chewch chi ddim taro oedolyn arall ond gyda bodolaeth yr amddiffyniad o gosbi rhesymol, gall oedolyn, rhiant neu ofalwr daro plentyn, a bod ag esgus dros wneud hynny. Ro'n i wedi credu erioed bod hyn yn gwbl anghywir. Felly, cyhyd ag y bues i yn San Steffan bues i'n ymgyrchu dros hynny, yn ceisio cael San Steffan i newid y gyfraith, ac fe gawson ni sawl dadl enfawr. Ro'dd e'n fudiad rhyngwladol, a bues i'n brysur iawn gyda hynny. Mae llawer o wledydd Llychlyn wedi cael gwared o'r amddiffyniad yma ac ymwelais inne â Sgandinafia sawl gwaith i weld beth oedden nhw'n 'i wneud, ond do'dd dim modd mynd â'r maen i'r wal yn San Steffan, a chafodd y gwelliant a gynigiwyd gennym ei wrthod. Felly pan ddes i i'r Cynulliad, gyda phwerau newydd, dyma fi'n meddwl, "Galla' i gario 'mlaen gyda hyn," ac felly fe garies i 'mlaen yn ddi-baid … gan ddweud, "mae gennym ni'r pŵer, mae'n rhaid i ni wneud hyn," ac yna fe wnaethon ni ac es i â'r ddeddfwriaeth drwy'r Cynulliad yn gynharach eleni.'

Yn ogystal â gwarchod hawliau, mae'r aelodau yn falch o'u record o wrando ar syniadau plant yn arbennig, a gweithredu arnynt:

HELEN MARY JONES

'Fe wnes i gadeirio'r Pwyllgor Plant a Phobl Ifanc – swydd a oedd yn gwireddu breuddwyd i mi – a galles i graffu ar y llywodraeth ar draws ystod eang o bethe. Aethon ni mas a gofyn i blant Cymru beth oedden nhw am i ni holi'r llywodraeth amdano. Mae'n eithaf arferol bellach i gynnal ymgynghoriade o'r fath ond ni oedd y cyntaf i wneud hynny. Fe wnes i hyd yn oed wisgo fy nghlerc pwyllgor mewn gwisg draig er mwyn denu plant iau i gymryd rhan yn yr ymgynghoriad ac fe wnaethon ni waith da iawn a arweiniodd at ymgorffori'r "hawl i chwarae" yn y gyfraith. Mae stori gyfan i'w hadrodd wedyn am y mesur Hawliau Plant a Phobl Ifanc, lle'r oedd gennym, o dan arweiniad Rhodri [Morgan], ymrwymiad clir iawn i ddarn clir o ddeddfwriaeth. Bu ymgais i gyflwyno darn o ddeddfwriaeth glastwreiddiedig na fyddai wedi gweithio, ac fe lwyddon ni, trwy gydweithio gyda Phrifysgol Abertawe. Daeth ei hadran gyfreithiol â grŵp o arbenigwyr trydydd sector a chyfreithiol ynghyd i gynghori aelodau ar y meinciau cefn – a dyma ni'n gyrru'r ddeddfwriaeth nôl i ble y dylai fod. Roedd hwnna'n waith trawsbleidiol da iawn.'

SUE ESSEX

'Ro'n ni'n llawer agosach at y bobl nag y byddech chi, dyweder, yn San Steffan, a'r math yna o ddeialog y gallech chi ei chael, yr estyn allan at y gymuned sifil, felly roeddech chi'n cael y syniadau gorau ac os oedd gan rywun syniadau da, gallem fynd â nhw drwodd ... ro'n i'n lwcus yng Nghaerdydd. Gallwn gael ysgolion i mewn [i'r Cynulliad] drwy'r amser, a finne ag etholaeth yng Nghaerdydd. Ro'dd 'na ferch fach o Ysgol Cefn Onn yn Llanisien, pan oedden ni'n trafod "Pe gallech chi wneud un peth, be wnelech chi?" Medde hi, "Plannu coeden ar gyfer pob babi newydd." A dwi'n cofio dweud, "Am syniad gwych ... dwi'n mynd i weld os gallwn ni wneud hynny..." Ac fe wnaethon ni! Mae hi mor rhwydd i blentyn ysgol ar ymweliad deimlo y gall gynnig syniad – a hwnnw'n syniad mor wych – dwi ddim yn credu y byddai hynny byth yn gweithio mewn sefyllfaoedd seneddol traddodiadol [fel San Steffan], na, wir. Mae'n haws gwneud hynny [gyda datganoli], er nad yw'n berffaith, wrth gwrs, ac mae angen i bethe newid wrth i ddatganoli dyfu dros y blynyddoedd. Ond dwi'n credu y bu'n symbolaidd a hefyd yn real yn yr hyn a gyflawnodd o ran newid agwedde a newid polisïe a bywyde go iawn.'

Mae Llywodraeth Cymru yn dal i blannu dwy goeden ar gyfer pob plentyn sy'n cael ei eni neu ei fabwysiadu yng Nghymru – un goeden yng Nghymru ac un arall draw yn Uganda. Ac yn 2007 datblygwyd un o Ddeddfau pwysicaf y Cynulliad:

JANE DAVIDSON

'Yr her fawr i mi yn y cyd-destun hwnnw oedd cyflawni'r ddyletswydd i hyrwyddo datblygu cynaliadwy ym mhopeth ro'n ni [y llywodraeth] yn ei 'neud. Roedd yn ddyletswydd a roddwyd i ni yn Neddf Llywodraeth Gyntaf Cymru 1998 ac roedd y ddyletswydd yn rhoi'r gorchwyl i lywodraeth y dydd i gyflwyno cynllun yn dangos sut roedd hi'n cynnwys datblygu cynaliadwy ym mhob peth a wnâi. Roeddwn wrth fy modd ein bod ni mewn partneriaeth â Phlaid Cymru ar gyfer hyn oherwydd dwi wedi credu erioed bod gweithio trawsbleidiol, lle mae gennych nod cyffredin, yn sicrhau canlyniadau gwell. A'r hyn a greon ni oedd dogfen o'r enw, "Cymru'n Un: Cenedl Un Blaned". Ac roedd popeth roedden ni am ei wneud yn yr amgylchedd, cynllunio, ar newid yn yr hinsawdd, ynni, tai i gyd wedi'u cynnwys yn y ddogfen. Gweledigaeth o sut olwg fyddai ar Gymru gynaliadwy. Felly fy mhrif waith oedd dangos sut y gellid cyflawni egwyddor drefniadol ganolog y llywodraeth. Wrth gwrs roedd hynny'n golygu'r holl elfenne hynny ynghylch caredigrwydd a thosturi, ymgysylltu trawsbleidiol, gofalu am genedlaethau'r dyfodol, dymuno hwyluso cymdeithas yn rhydd o dlodi, amgylchedd heb ei ddifetha gan fwyngloddio, neu blaladdwyr neu gemegolion yn y dyfroedd, cymunedau diogel y gellir ymddiried ynddynt ac sydd â swyddi, hwyluso pobl i gael eu gwerthfawrogi mewn ffyrdd cydradd waeth beth fo'u cefndir, dathlu'r celfyddydau, y dreftadaeth, bywyd, ieithoedd a diwylliant Cymru, a dymuno bod yn gyfrifol yn fyd-eang. Allwch chi ddim bod ag agenda ar wahân o gylch cynaliadwyedd amgylcheddol a thai. Rhaid i gynaliadwyedd fod wrth wraidd popeth fyddwn ni'n ei wneud. Yn 2010, cefais wahoddiad i siarad am yr ymrwymiad hwn i 10fed cynhadledd flynyddol y Comisiwn Datblygu Cynaliadwy a gynhaliwyd ym Mryste. Ac yn y gynhadledd honno clywais fod llywodraeth newydd y DG [clymblaid Geidwadol/Ddemocrataidd Ryddfrydol] dan arweiniad David Cameron newydd ddileu'r Comisiwn Datblygu Cynaliadwy dros nos. Yn llythrennol ar y daith nôl o Fryste i Gaerdydd ysgrifennais elfennau craidd yr hyn a fyddai'n Ddeddf Llesiant a Chenedlaethau'r Dyfodol. Mae pobl yn caru'r weledigaeth hon o Gymru, mae'r dyheadau hynny i gyd yno nawr yn y Ddeddf, ac unwaith eto mae Cymru nôl ar lwyfan y byd, oherwydd dyma'r tro cyntaf yn y byd i unrhyw wlad ddeddfu ar sail diffiniad Brundtland ar gyfer datblygu cynaliadwy – datblygiad sy'n diwallu anghenion y presennol heb amharu ar allu cenedlaethau'r dyfodol i ddiwallu eu hanghenion eu hunain. Mae Deddf Llesiant Cenedlaethau'r Dyfodol yn mynnu bod Cymru yn goleuo'r ffordd. Dwi'n credu i amser gael ei golli ond hwyrach bod Deddf Llesiant Cenedlaethau'r Dyfodol wedi galluogi Cymru i adeiladu'r cydweithredu sydd arnom ei angen nawr er mwyn gallu cael y maen i'r wal yn llawer cyflymach na neb arall.'

* * *

Pennod Deg

DATGANOLI

Cafodd Cymru gyfle i bleidleisio dros ddatganoli am y tro cyntaf yn 1979 ond methiant fu'r ymgyrch bryd hynny. Ar ôl i'r Blaid Lafur ennill buddugoliaeth ysgubol yn Etholiad Cyffredinol San Steffan yn 1997, cafwyd ail gyfle annisgwyl i ennill y frwydr dros ddatganoli.

HELEN MARY JONES

'Fel myfyriwr hanes, o edrych ar hanes yn y '70au, ers i weithwyr gael y bleidlais yng Nghymru yn yr 1870au, doedden ni erioed wedi ethol mwyafrif o blaid llywodraeth Geidwadol, ond am dri chwarter yr amser, fe gawson ni nhw achos mai dyna bleidleisiodd pobol Lloegr drosto. A phan gyrhaeddais i'r brifysgol, dyna wnaeth i fi ddechrau meddwl am wleidyddiaeth plaid a chymryd rhan wedyn yn ymgyrch y refferendwm [refferendwm datganoli 1979]. Doeddwn i erioed wedi meddwl, fel person naïf pedair ar bymtheg oed, y byddai 'na bobl a fyddai'n pleidleisio yn erbyn rhyw fesur o hunanlywodraeth. Felly, yn y flwyddyn ar ôl colli'r refferendwm datganoli yr ymunais i â'r Blaid. Dwi'n credu mai'r gwir amdani yw nad oedd neb ohonon ni bryd hynny yn meddwl y gwelem ni gyfle arall, efallai ddim yn ein hoes ni, am lefel o hunanlywodraeth i Gymru ac wrth gwrs roedd hi'n anhygoel pan wnaeth llanw hanes droi, a dyma ni.'

Ar y cyfan mae Aelodau'r Cynulliad gynt ac Aelodau'r Senedd heddiw o ba liw gwleidyddol bynnag yn gefnogol i ddatganoli a phan ddaeth yr ail refferendwm i'n rhan yn 1997 roedd nifer ohonynt wedi hen arfer ag ymgyrchu:

SUZY DAVIES

'Yn '79, es i mas i ymgyrchu dros gael Cynulliad. Erbyn '97 o'n i'n dal wedi pleidleisio dros gael un – a dyna le o'n i wedi bod yn meddwl galla' i iwsio'n sgiliau a'm gwybodaeth i yn y ffordd ore. Ond os y'ch chi'n mynd i fod yn ymgeisydd, a chi'n ddilys yn ei 'neud e, rhaid cymryd pob siawns i sefyll. Galla' i 'i weld e fel cam i fod yn Aelod Cynulliad – mae rhai pobl, wrth gwrs, yn meddwl bod bod yn Aelod Cynulliad yn gam i fod yn Aelod San Steffan. Dwi ddim yn gweld e fel hyn o gwbl. Maen nhw'n gyfartal ac mae pwrpas yn y ddau le. Dwi ddim wedi cael fy nhemtio i fynd i San Steffan ers bod yn Aelod Cynulliad. Y Cynulliad – dyna le o'n i am fod. Ac wrth gwrs, dwi wedi bod yma yn ystod y cyfnod mwyaf cyffrous, achos mae wedi newid o fod yn – gawn ni fod yn onest – yn dipyn o *talking shop* i fod yn Senedd. Dwi'n siŵr bydd mwy o bwerau'n dod yn y dyfodol a bydd mwy o aelodau hefyd achos mae angen nhw.'

Erbyn dechrau'r '90au, yn enwedig ar ôl colli etholiad cyffredinol arall yn 1992, roedd nifer o aelodau'r Blaid Lafur yn anfodlon â'r sefyllfa wleidyddol yng Nghymru ar ôl blynyddoedd maith o Lywodraeth Dorïaidd yn San Steffan:

JAYNE BRYANT

'Ro'n i'n teimlo'n rhwystredig iawn yn y '90au cynnar i weld llywodraeth Dorïaidd arall. Ro'dd Cymru gyfan yn pleidleisio i Lafur, ac ro'dd hynny'n gwneud i mi deimlo'n eitha' digalon. Fe wna'th hynny i fi deimlo apêl datganoli achos ro'n i jest yn teimlo bod Cymru'n cael ei "chymryd yn ganiataol". Felly fe ymunais â phlaid wleidyddol pan o'n i'n ddwy ar bymtheg a ro'n i jest eisie bod yn weithgar. Fe wnes i rywfaint o brofiad gwaith i Paul Flynn. Fe sgrifennes i at bob AS lleol a Paul oedd yr unig un a fentrodd gyda fi. Wedyn fe sgrifennes i at lot o Aelodau Cynulliad pan ddechreuodd datganoli yn '99 ac atebodd Rosemary Butler, a ro'n i'n lwcus i gael swydd gyda hi yn y Cynulliad cyntaf. Ro'dd e'n amser cyffrous, gwefreiddiol, gwych – jest teimlo mor falch ein bod ni wedi cael datganoli ac y gallwn i weithio mewn Senedd Gymreig.'

Byddai dyfodiad datganoli a'r Cynulliad Cenedlaethol yn rhoi cyfle i lawer mwy o'n gwleidyddion o bob plaid gyfranogi mewn sefydliad gwleidyddol newydd sbon yng Nghymru:

EDWINA HART

'Ro'n i wastad yn gwbod bo' fi eisie bod yn ymgeisydd Cynulliad. Dwi'n credu bod pobl yn tueddu i anghofio pa mor dda o'dd yr ymgyrch drawsbleidiol cyn y refferendwm datganoli a ro'n i'n weithgar iawn yn hwnna. Yn wir, dwi'n cadw mewn cysylltiad â rhai o'r bobl o bleidiau eraill a fu wrthi tan heddiw. Ac fe gethon ni ymgyrch weithgar iawn drwy TUC Cymru, a bues i'n chwarae rhan fawr mewn trefnu cyngerdd roc os cofia' i yn Abertawe a Gerddi'r Castell bryd hynny a gwahanol bethau fel 'na ac ro'dd hynny'n lot o hwyl. A do'dd 'da fi ddim proffil ynddo – dim ond gweithiwr o'n i. Achos dwi'n meddwl bod rhai pobl wedi mwynhau'r proffil uchel er mwyn bod yn ymgeisydd yn hytrach na bwrw ati i wneud peth o'r gwaith. A ro'n i'n weithgar hefyd, sbo, gyda fy ffrindiau, yn sicrhau bo' nhw'n dod mas i bleidleisio. A ro'n ni mor falch wrth gwrs achos pan o'n ni'n eiste yn Abertawe a gweld y canlyniadau'n dod o lefydd eraill ac ro'dd hi'n wirioneddol ofnadwy, ac yna clywed y canlyniad terfynol, ro'n ni mor falch, chi'n gwbod? Ac ro'dd hi'n ymgyrch fendigedig i fod yn rhan ohoni. Ac fe wnaeth rhai o'r cynghreiriau trawsbleidiol gafodd eu ffurfio cyn hynny helpu'n wirioneddol gyda sefydlu'r Cynulliad wedyn, greda' i.'

JENNY RANDERSON

'Ro'n i wedi ymgyrchu yn '97 yn y refferendwm i sefydlu'r Cynulliad. Rwy'n angerddol o blaid datganoli ac i mi roedd bod yn aelod o'r Cynulliad, er bod ganddo bwerau llawer mwy cyfyngedig yn y dyddiau hynny na nawr, roedd yn beth mor gyffrous i allu'i wneud. Sefydliad newydd. Buon ni hefyd yn gwylio datblygiad llawn mor gyffrous diwylliant dinesig yng Nghymru – diwylliant dinesig cenedlaethol. A phan fydda i'n meddwl am sut mae datganoli wedi newid Cymru, un o'r ffyrdd pwysicaf yw ymwybyddiaeth lawer uwch o hunaniaeth genedlaethol a bu gan y Cynulliad rôl bwysig yn hynny.'

ANTOINETTE SANDBACH

Roedd Antoinette Sandbach yn aelod o'r Blaid Geidwadol yn y Cynulliad Cenedlaethol ac yn un o'r Aelodau prin aeth 'y ffordd arall', sef o'r Cynulliad i Senedd San Steffan. Erbyn hyn mae wedi gadael y Blaid Geidwadol ac mae'n ymgeisydd gyda'r Democratiaid Rhyddfrydol ar gyfer Senedd San Steffan:

'Dwi'n credu 'mod i wedi mynd yn dipyn mwy cefnogol i ddatganoli, er bod gen i fy meirniadaeth ohono. Ar y pryd, ro'n i braidd yn amheus ond dwi bellach yn llawer mwy cefnogol i ddatganoli a dod â phenderfyniada yn nes at bob cymuned. Gyda'r fantais o fod wedi bod yn San Steffan ac yn y Cynulliad, dwi'n credu 'mod i'n rhywun a fydda'n gwthio'n gryf iawn o blaid datganoli yng nghyd-destun Lloegr ar lefel fwy lleol hefyd. Dwi'n credu ei fod wedi gweithio'n llwyddiannus iawn. Yr un feirniadaeth fasa gen i am ddatganoli yw nad oes ail [siambr], does dim siambr adolygu, felly mae'r holl waith craffu yn cael ei wneud gan y Cynulliad a dwi ddim yn credu bod yna ddigon o amser y gellir ei roi i hynny, felly basa fy nghefndir cyfreithiol yn dweud nad yw'r ddeddfwriaeth efallai cystal ag y gallai fod, ac nad oes yna'r gwahaniad cyfansoddiadol yna o ail siambr sy'n adolygu. A dwi'n dal i deimlo gan mai un blaid sydd wedi llywodraethu yng Nghymru ers datganoli tybed on'd ydy hynny wedi arwain at fath o stasis a marweidd-dra mewn ffordd. Dydy'r Cynulliad ddim yn ddigon mawr, does yna ddim rôl ail siambr go iawn, ond tybed pe bai yna ddiwygio cyfansoddiadol ehangach, yn effeithio ar Dŷ'r Arglwyddi, er enghraifft, a allai fod rôl yn y dyfodol i Dŷ'r Arglwyddi fel ail siambr i'r Cynulliad.'

JANE HUTT

Mae Jane Hutt wedi bod yn Aelod Llafur yn y Cynulliad Cenedlaethol ac yna yn Senedd Cymru o'r cychwyn cyntaf. Ond a fyddai hi wedi ystyried bod yn Aelod Seneddol yn San Steffan petai heb gael cyfle i fod yn Aelod Cynulliad?

'Ddim o reidrwydd, mae 'na ddigwyddiade eraill mewn bywyd, am wn i. Yn yr 1980au, fe briodais a chael dau o blant ac yn y dyddie hynny yn enwedig roedd marc cwestiwn mawr am eich gallu i fod yn San Steffan ac yng Nghymru, os oedd gennych chi etholaeth Gymreig. Ro'n i wedi ystyried sefyll yn fy etholaeth fy hun, Gorllewin Caerdydd, yn 1987 a dwi'n cofio meddwl – un plentyn oedd gen i [ar y pryd] – na wnawn i geisio cael fy nethol. Ond ro'dd gyda fi ysfa gynnar iawn wastad am gael datganoli, ysfa o'dd yn mynd nôl i 1979. Ro'n i wedi bod yno bob cam o'r ffordd, felly dyma feddwl, "Ma' hyn yn mynd i ddigwydd," ac yna rhaid i chi fod yn rhan o blaid wleidyddol er mwyn gwneud iddo ddigwydd.'

Er bod y Blaid Geidwadol yn Lloegr yn chwyrn yn erbyn y syniad o Ddatganoli, roedd nifer o'r Ceidwadwyr Cymreig o'i blaid yn llwyr:

LISA FRANCIS

'Ar y pryd, taswn i wedi cael fy ethol yn AS byddai hynny wedi bod yn grêt – byddwn wedi gwneud hynny, 'sgen i ddim amheuaeth. Dim ond yn ddiweddarach ar ôl darganfod bod y Cynulliad yn llawer gwell y gwnes i gofleidio datganoli. Fel plaid, dwedwyd wrthon ni pan soniwyd am Gynulliad yn y lle cyntaf y dylem annog pobl i beidio â phleidleisio dros hynny, a dwi'n credu yn y cyfnod cyn etholiadau'r Cynulliad y dylanwadwyd yn fawr arna i gan bobl fel Nick Bourne a David Melding yn etholiadau'r Cynulliad yn 2003, ac fe allwn i weld mai dim ond budd allai ddod i Gymru o ddatganoli – i unrhyw wlad mewn gwirionedd oherwydd ei fod yn golygu llywodraeth yn nes at y bobl, mwy o hyblygrwydd, ac y dylen ni ymgyrchu dros roi mwy o bwerau i'r Cynulliad. Roedd hyn yn groes graen i ddymuniad Torïaid San Steffan – yn sicr, doedden nhw ddim eisiau hynny. Felly roedd yna eisoes arwyddion o ddŵr glas clir, os liciwch chi, gyda'r math o bobl oedd yng ngrŵp y Ceidwadwyr Cymreig yn y Cynulliad a etholwyd yn 1999, ac fe wnaethon nhw ddylanwadu'n fawr arna' i. Ond, wyddoch chi, wrth ymgyrchu mewn ardal fel Meirionnydd, Nant Conwy a'r Canolbarth yn gyffredinol, gallech weld synnwyr y peth. Pam fyddech chi am i San Steffan gyfarwyddo eich gwasanaethau iechyd? Felly roeddwn eisoes yn ddatganolwraig selog erbyn i mi gael fy ethol.'

Roedd dwy farn hollol wahanol am ddatganoli yn datblygu yn y Blaid Lafur hefyd:

TAMSIN DUNWOODY

'Pan ddes i'n weithgar yn wleidyddol yng Nghymru, a bod mor ffodus â chael fy ethol, roedd yna rwyg mawr yn agwedd y gwleidyddion eu hunain, yn enwedig yn y Senedd [sic], a welai San Steffan fel rhywbeth wedi darfod amdano, heb swyddogaeth uniongyrchol, yn ddim i'w wneud â ni mewn gwirionedd, ac mai'r Senedd [sic] oedd y lle pwysicaf. O'dd 'na feddylfryd cyfan arall a oedd yn dal i weld y Senedd [sic], am ei fod yn ei ddyddiau cynnar, fel maes hyfforddi ar gyfer San Steffan ac yn sicr yn y Blaid Dorïaidd roedd hwn yn syniad cyffredin iawn – gweini tymor yno, 'mlaen i San Steffan nesaf. Dwi ddim yn credu mai felly y mae hi – dwi'n gweld y ddwy rôl fel rhai cwbl wahanol a dwi'n credu y dylai polisi Cymreig gael ei lunio yng Nghymru ar gyfer Cymru ond bod yna faterion dwi'n credu ddylai aros ar lefel y DG fel mater sbectrwm llydan. Ma'n nhw'n ddwy rôl wahanol. Yr un peth sy 'run fath yw bod yn gynrychiolydd etholaeth a dwi'n dwli gwneud hynny beth bynnag, felly fyddai dim ots gen i bod hynny ar gyfer San Steffan neu ar gyfer Caerdydd. Byddai'n wahanol o safbwynt polisi a'r hyn y gallech ei gyflawni.'

Ddwy flynedd ar ôl i'r garfan oedd dros Ddatganoli ennill yn y refferendwm cynhaliwyd etholiadau ar gyfer y Cynulliad Cenedlaethol newydd ar draws Cymru:

ELIN JONES

Mae Elin Jones, AS Ceredigion, wedi bod yn Llywydd ers 2016 ond pan enillodd hi ei sedd yn nhymor cyntaf y Cynulliad roedd hi'n fenyw ifanc tri deg tri mlwydd oed. Felly sut brofiad oedd e iddi hi?

'Ro'dd e'n deimlad anhygoel, ac wrth edrych yn ôl arno fe nawr dwi'n dal yn methu credu o'dd 'n fwyafrif i yn yr etholiad cyntaf yna'n 10,000 yng Ngheredigion. Dim ond dau wleidydd arall yng Nghymru oedd â dros ddeg mil o fwyafrif, Rhodri Morgan oedd un ohonyn nhw a Peter Black yn Blaenau Gwent – a fi, Elin Jones, Ceredigion, y gwleidydd bach ifanc newydd yma. Ro'dd y teimlad o gael 10,000 o fwyafrif, ro'dd e'n rhoi rhyw deimlad o *invincibility* i chi ar y cychwyn fel 'ny. Ac wrth gwrs, ro'dd e'n gyfnod mor anhygoel i unrhyw un oedd yn credu mewn hunanreolaeth i Gymru, a gweld y Cynulliad yn cael ei greu. Dwi'n cofio'r teimlad hynny o'r cyfarfod cynta', pan oedd y Frenhines yma yn gwneud yr agoriad swyddogol, ac er dwi'n weriniaethwraig 'n hunan, felly ro'dd y ffaith fod y Frenhines yma ddim yn gwneud gymaint â hynny o wahaniaeth i fi, oni bai am y ffaith o'n i'n teimlo fel 'san ni yn India yn y cyfnod ga'th India ei rhyddhau o'r Ymerodraeth Brydeinig. Ro'n i'n teimlo, reit, nawr ma' Cymru'n cael ei rhyddhau o'r Ymerodraeth Brydeinig. Na'th e ddim cweit troi mas fel o'n i wedi'i feddwl yn y foment ramantaidd yna ond ro'dd yna deimlad o ryw ffordd fod Cymru yn cael ei rhoi'n ôl i'r Cymry i allu penderfynu ar ein ffawd ni'n hunen. Felly roedd e'n deimlad o orfoledd am fisoedd i ddilyn yr etholiad yna, ac wedyn wrth gwrs o'dd e'n gwawrio ar rywun yn ara' bach, pa mor gyfyngedig oedd y pwere oedd wedi cael eu trosglwyddo i Gynulliad Cymru ar y pwynt yna.'

ELEANOR BURNHAM

Cafodd Eleanor Burnham ei hethol fel aelod ar restr gogledd Cymru. Beth oedd ei theimladau hi am y sefydliad newydd?

'Rhaid i mi ddeud roedd *elephant in the room* o'r cychwyn. O'n i'n sylweddoli'n syth wrth edrych ar y ffigurau bod y cyfansoddiad yn wael a hefyd bod yr arian yn hollol anaddas o'i gymharu er enghraifft â'r Alban a Gogledd Iwerddon, oherwydd pan ddes i i'r Cynulliad yn gyntaf, o'n i yn mynd am ddiwrnod neu ddau, i Belfast yn hwyrach, a hefyd i Edinburgh. Wrth gwrs, o'n i'n gallu gweld beth oedd yn cael ei yrru 'mlaen fanno, siarad am y ffigurau, sut oedd pethau'n datblygu. Ond dwi'n teimlo o'r cychwyn bod y diffyg arian 'ma, i gymharu efo be ddylem ni gael efo'r tlodi ofnadwy sy'n dal yn bodoli, yn hollol annigonol, a fase fe ddim yn gweithio. Felly, dyna un peth o'n i'n gweld, a ro'n i'n crybwyll hyn o hyd yn y Grŵp [Democratiaid Rhyddfrydol], a doedd neb yn cyd-fynd. Do'n i ddim yn cyd-fynd llawer efo'r Grŵp ynglŷn â lot o bethau, achos ro'n i'n gweld pethau'n hollol wahanol iddyn nhw, oherwydd y profiadau eang a hollol wahanol ro'n i wedi cael y tu hwnt i wleidyddiaeth gul, yn enwedig gwleidyddiaeth gul de Cymru, ac, yn fwy penodol, Caerdydd.'

Er y diffyg pwerau a'r diffyg arian roedd eraill yn gweld y manteision a beth fyddai Cymru'n gallu ei gyflawni a gwneud yn wahanol o fewn grymoedd y Cynulliad:

JULIE JAMES
'Dwi'n gryf o blaid datganoli a gwastad wedi ymddiddori'n fawr mewn gwleidyddiaeth llawr-gwlad ac yn frwd o blaid y syniad o sybsidiaredd. Felly dwi'n credu y dylid penderfynu mor agos at y bobl ag sy'n bosib. Mae popeth sy o ddiddordeb i fi o dan reolaeth y Senedd yma yng Nghymru bellach. Fues i erioed ag awydd arbennig i ymdrin â mewnfudo neu les, arna i ofn – dwi wastad wedi ymddiddori'n llawer mwy mewn addysg a thai a gwasanaethau cymdeithasol a stwff felly, ac wrth gwrs mae'r holl bethau hyn o dan reolaeth y Senedd yng Nghymru ac os y'ch chi'n AS, bach iawn o fewnbwn sy 'da chi yng Nghymru i'r mathau hyn o bethau bob dydd. Felly penderfyniad positif iawn i fi oedd gwneud hynny [sefyll etholiad i'r Cynulliad] – cheisies

i ddim cael fy nethol yn AS. Roedd gen i ddiddordeb go iawn mewn cynrychioli'r ardal o ble dwi'n dod, lle cefais fy ngeni. Mae 'nheulu i gyd yn byw yma, ond hefyd y ffaith 'mod i mor frwd o blaid datganoli ac â diddordeb mawr yn y pynciau mae'r Senedd yn ymdrin â nhw ar ein rhan.'

Mae nifer o raddau gwahanol o ddatganoli ac roedd y math cyntaf, a gafodd Cymru yn annigonol iawn yn nhyb rhai, a ddim at ddant pawb o bell ffordd:

LEANNE WOOD

'Ro'dd 'da fi deimlade cymysg, a bod yn onest. Ar un llaw ro'dd shwd optimistiaeth wrth i ni ymgyrchu dros refferendwm ein bod ni'n gallu bod yn darian yn erbyn eithafion gwaetha' pŵer y Torïaid, yn gallu adeiladu economi ar sail gwerthoedd gwahanol i'r rhai o'dd yn achosi i gynifer o bobl fyw mewn tlodi, a ro'n ni wir yn credu y gallen ni greu rhywbeth o'dd yn wahanol i San Steffan. Ac felly, wrth i fi 'i wylio fe o'r tu fas yn y tymor cynta' rhwng 1999 a 2003, dwi'n cofio, er enghraifft, gwaredu pan droiodd y Frenhines lan gynta', a jest meddwl dim 'na beth o'dd hyn i gyd amboutu, dim 'na beth o'n ni'n trio'i adeiladu, ac felly ro'n nhw'n deimlade cymysg – ro'n i ar un llaw yn hynod o falch bod 'da ni o'r diwedd sefydliad democrataidd cenedlaethol i gynrychioli pobol ond wedyn, ar y llaw arall, ro'dd e'n edrych yn rhy debyg i beth o'n ni wedi arfer â fe. Do'dd 'da fe ddim o'r dannedd a'r pwere o'dd 'da Senedd yr Alban a do'dd e ddim fel 'se fe'n ddigon penderfynol i sicrhau'r pwere hynny. Dwi'n credu bod y cytundeb datganoli gwreiddiol gethon ni bron fel ôl-ystyrieth. Ro'dd Llafur [Llywodraeth San Steffan] yn gwbod bod rhaid iddyn nhw roi Senedd gref i'r Alban a ro'n nhw'n gwbod na allen nhw roi rhywbeth i'r Alban heb roi rhywbeth i Gymru. So, fe roion nhw'r peth lleia' posib i ni. A, chi'n gwbod, dwi'n cofio siarad â phobol ro'n i'n nabod yn y Blaid Lafur ar y pryd o'dd yn trio cal sefydliad cryfach a ro'n nhw'n rhwystredig iawn 'da'r grymoedd tu fewn i'r Blaid Lafur, sy'n dal yn gyffredin o hyd, hynny yw, ma' tensiyne o hyd rhwng ASau ac Aelodau Cynulliad o ran ble ddyle pwere fod yn y setliad datganoli. Dwi'n cofio bod yn San Steffan yn cynnal trafodaethe yn 2014 ar ôl Refferendwm yr Alban wedi i'r Alban gâl cynnig pwere ychwanegol, a ro'n ni ar sail drawsbleidiol yn ceisio trafod pa bwere o'dd arnon ni'u hangen yma yng Nghymru ac ro'dd y rhwystr, ar wahân i'r Torïaid y byddech chi'n disgwyl iddyn nhw rwystro pethe, yn dod yn bennaf oddi wrth ASau Llafur.'

EDWINA HART

'Fe fydden i'n gobeithio bod y cydbwysedd grym yma [ym Mae Caerdydd] ond mae 'da ni setliadau datganoli anghyflawn. Ro'n i wastad yn rhwystredig iawn yn ystod 'n amser [yn y Cynulliad] achos bod lot mwy o bethe allen ni fod wedi'u gwneud. Fe ddes i â'r gwasanaeth tân nôl i Gymru; ro'n i eisie'r heddlu [hefyd]. Ro'dd y gwrthwynebiad wrth gwrs yn dod o Lundain ac oddi wrth ASau Llafur, a fydde'n dylanwadu ar ACau Llafur yma, ac ro'dd hi fel 'sen nhw'n trio cadw gafel ar reolaeth. Wel, nonsens o'dd cal pethe'n gweithio fel 'na a dwi'n credu i ni golli sawl cyfle pan o'dd y llywodraeth Lafur mewn, i ymladd yn well o blaid cal pwerau datganoledig a fydde, am wn i, wedi gwneud i hwn [gan bwyntio at y Cynulliad o'i chwmpas] edrych lot yn well yn llygad y cyhoedd, ac fe ddylen ni fod wedi taclo holl fater Llywodraeth Leol ac fel y dyle hwnna debyg iawn fod wedi cal ei ailstrwythuro.'

PAULINE JARMAN

'Wrth reswm, fel datganolwraig, dwi'n falch iawn bod llywodraeth wedi'i datganoli. Ond ydy hyn wedi mynd yn ddigon pell? A dwi'n meddwl – nag yw, dyw e ddim. Fe hoffen i weld cyfraith a threfn yn nwylo cyfrifol y Senedd. Felly mae'r rheini'n faterion ymgyrchu y byddaf yn 'u cefnogi, er mwyn gwella cyfrifoldeb y Senedd. Ar y cyfan, dwi'n credu iddi sicrhau rhai canlyniade positif iawn a dwi'n credu bod digwyddiade diweddar wedi profi ein bod, yn genedl fach o ryw 3 miliwn o bobl, yn uned ymarferol iawn i'w llywodraethu, a dwi'n siŵr bod digwyddiade [y pandemig Covid-19 a'i effeithiau] a thrawma'r ychydig fisoedd diwethaf wedi profi bod y Senedd wedi mwy na chyflawni ei chyfrifoldebe i bobl Cymru.'

ELEANOR BURNHAM

'I fod yn onest, dyddie 'ma dwi'n meddwl dylien ni fod yn annibynnol. Ro'n i yn tueddu at hynny adeg honno. Oherwydd yn fy marn bersonol i'r peth sy 'di gwaethygu Prydain dros y blynyddoedd ydi'r ffaith yna – canoli popeth yn Llundain. Pan ddoth Thatcher i bŵer, wnaeth hi waethygu popeth, oherwydd roedd hi'n gweld bod rhai llefydd yng ngogledd Lloegr yn cael eu rheoli gan Lafur. Felly ddaru hi gymryd y grym a chanoli popeth. Edrychwch chi ar y canoli sydd wedi digwydd ers hynny. A dwi'n teimlo rŵan dylid cael Devomax neu fod yn hollol annibynnol. Y drafferth i Gymru dwi'n meddwl yw hyn: 'Dan ni'n hollol ddibynnol ar hyn o bryd ar Loegr i gael ei harian. 'Dan ni'n gorfod brwydro am bob ceiniog. Ac wrth gwrs rŵan mae'n waeth oherwydd Brexit. Byddwn ni'n colli'r grymoedd 'dan ni 'di gael. Dwi'n gallu gweld rŵan bydd Boris [Johnson] yn cymryd y grymoedd oedd yn Ewrop yn ôl i San Steffan, ac wedyn byddwn ni'n colli grymoedd ychwanegol yn y Senedd. Ac, yn y pen draw, dwi'n meddwl mai un o'r pethau diffygiol ydi'r ffaith fod popeth wedi ei ganoli yn Llundain a dwi ddim yn gweld er enghraifft pam ddylien ni roi ein hadnoddau naturiol, fel dŵr. Pam allwn ni ddim cael ein dŵr ein hunen a gwneud ein harian ein hunen allan o'r dŵr, a hefyd bod yn hollol gynaliadwy efo gwynt ac yn y blaen, a phethe fel y *lagoons* yn Abertawe. Does neb yn mynd i roi'r pethau hyn i ni, nag oes, os na 'nawn ni frwydro i gael y grymoedd ein hunain i reoli popeth. 'Dan ni'n mynd i fod yn wan, dwi'n meddwl, os na wnawn ni rywbeth hollol radical.'

HELEN MARY JONES

'I fi, hanes gobaith a fradychwyd yw stori Datganoli i radde, chi'n gwbod, yn y blynyddoedd cynnar 'naethon ni gymaint, pethe bach fel sefydlu Comisiynydd Plant Cymru nad o'dd yn beth bach os o'ch chi'n blentyn ag angen gallu defnyddio'ch hawlie; 'naethon ni drawsnewid addysg blynyddoedd cynnar a dechrau torri i lawr ar y preifateiddio oedd yn cripad mewn i'r GIG; ac nid sylw plaid wleidyddol mo hynny oherwydd o'dd hyn i gyd yn cael ei arwain gan weinidogion Llafur ond yn aml â chefnogaeth pwyllgore trawsbleidiol o'dd am i'r pethe hynny ddigwydd. 'Naethon ni bethe arloesol ar yr amgylchedd, chi'n gwbod – y dreth ar fagiau plastig – mae'n symbolaidd ond fe wna'th wahaniaeth mawr: ry'n ni'n dal i ailgylchu'n well nag unrhyw genedl arall yn y DG a dechreuodd y gwaith i wneud i hynny ddigwydd rhwng '99 a 2003. Dwi'n credu mai be' sy' wedi digwydd yw'n bod ni wedi colli 'ny, a ma' peth o hynny, a bod yn deg, yn effaith llymder, achos o'dd hi ddim fel 'se 'da'r llywodraethe cynnar yr arian i'w losgi, ond o'dd 'da nhw arian i'w wario, ond yn y weinyddiaeth ddiwetha', pan nad o'n i yma, rhwng 2011 a 2016, ac yna'r weinyddiaeth yma, ma'n nhw wedi colli uchelgais, ma'n nhw'n llywodraethu dros ddirywiad. Dewis yw hynny. Ma'r ffaith bod traean o blant Cymru yn byw mewn tlodi yn ddewis. 'Sdim rhaid i bethe fod fel hyn. Un o'r pethe dwi'n rhyw fath o obeithio yw nawr ein bod ni mewn sefyllfa mor anodd gyda Brexit yn digwydd, a'r ymgais i gipio pŵer sydd i ddod o'r canol yn erbyn pwerau datganoledig – ry'n ni'n dechre gweld hyn yn barod – falle all rhai ohonon ni gal yr 'wmff' 'na nôl a dweud, "Drychwch – falle nad yw hyn yn syfrdanol, falle nad dyma'r sefydliad â'r holl bwere, ond ni bia fe, a ma' angen i ni ddefnyddio pa bŵer bynnag mae'n ei roi i ni.'"

* * *

Pennod Un ar Ddeg

O GYNULLIAD CENEDLAETHOL CYMRU I SENEDD CYMRU

Yr Adeilad

Cynhaliwyd tymor cyntaf Cynulliad Cenedlaethol Cymru yn Nhŷ Hywel, sydd wedi ei leoli y tu ôl i'r Senedd bresennol. Erbyn heddiw mae'r adeilad yn cynnwys swyddfeydd y Senedd a Llywodraeth Cymru, ond ar y cychwyn defnyddiwyd ystafell ddarlithio yn yr adeilad oedd â lle ar gyfer yr holl aelodau, yn siambr drafod neu ddadlau'r Cynulliad. Roedd yn weddol amlwg nad oedd adeilad Tŷ Hywel yn addas ar gyfer anghenion hir dymor y sefydliad newydd. Ar ôl ystyried a gwrthod nifer o opsiynau oedd ar gael ar y pryd, dechreuwyd trafodaeth am godi adeilad cymwys newydd sbon ar gyfer y Cynulliad.

JANICE GREGORY

'Buodd sôn am adeilad newydd i'r Cynulliad, a dwi'n gwbod bod hynny'n amhoblogaidd, yn enwedig gydag aelodau'r Gogledd, o'dd ddim yn teimlo dylid gwario miliyne ar filiyne o bunne ar adeilad ym Mae Caerdydd. Ro'dd e'n destun dadle mawr, y ffaith ei fod e'n adeilad o'dd yn amhoblogaidd gyda rhai carfanne, yr arian o'dd yn cael ei wario arno fe, chi'n gwbod, ro'dd e wedi'i ddechre gan un gweinidog a'i gario mlaen gan un arall. Ond fel popeth, fel pob prosiect adeiladu mawr, erbyn bod e lan, ro'dd pobol am ei hawlio. Ond o'dd, ro'dd hi'n adeg eitha' anodd, wir, gwario llwyth o arian ar rywbeth ro'dd pobol yn 'i weld fel prosiect porthi balchder yn lle rhywbeth ymarferol.'

ELIN JONES

'Ro'n i'n hollol, hollol rwystredig fod Rhodri Morgan ar y pryd yn simsanu drwy'r amser ar gomisiynu adeilad newydd ac yn edrych i weld a oedd hi'n bosib creu rhyw estyniad yn y maes parcio neu rywbeth tebyg i hynny. Mae e wedi profi ei werth fel penderfyniad a dwi'n meddwl fe wnaethon ni hefyd sicrhau bod e'n cael ei wneud mewn ffordd oedd yn weddol ariannol ddarbodus. Ac felly cytunwyd ar gyllideb ar y cychwyn oedd tua £60 miliwn ac roeddem yn benderfynol fod yr adeilad yn cadw o fewn y gyllideb honno. Dwi'n cofio, ro'n i ar y pwyllgor trawsbleidiol oedd yn cadw golwg ar yr adeilad a siwt o'dd y cynllun adeiladu yn mynd yn ei flaen, a gwariant ac yn y blaen. Ro'dd Dafydd Êl [Dafydd Elis-Thomas] yn ei gadeirio fe, Sue Essex, Mike German, a fi, dwi'n meddwl. Roedd y Torïaid wedi gwrthod eistedd arno fe achos bo' nhw'n gwrthwynebu'r adeilad a dwi'n cofio – fe o'dd hwn wrth gwrs yn dilyn 9/11 – fe newidiodd y sbec o ran diogelwch a'r adeilad yn sylweddol a gorfod codi rhywfaint ar y gyllideb. A dwi ddim yn difaru o gwbwl a dwi ddim yn nabod neb sy'n difaru'r gwariant yna, achos mae'n Senedd nid ar gyfer fi, aelod o Geredigion, i fod yn eistedd yno ar gyfer y cyfnod yma, ond ar gyfer canrif a mwy o aelodau etholedig Cymru i fod yn eistedd yno, achos mae'r adeilad yna yn mynd i bara am yn hir iawn i ni.'

Cynhaliodd y Cynulliad Cenedlaethol gystadleuaeth ryngwladol i ddewis y pensaer fyddai'n cynllunio'r adeilad newydd. Roedd y meini prawf cynllunio yn gofyn am gynaliadwyedd, gan gynnwys bywyd cynllunio o gan mlynedd, bod yr adeilad yn defnyddio deunyddiau Cymreig, technolegau adnewyddadwy, bod gwastraff a'r defnydd o ynni cyn ised â phosibl ac i'r adeilad fod yn esiampl o ran cynaliadwyedd. Enillwyd y gystadleuaeth gan Bartneriaeth Richard Rogers:

EDWINA HART

Ym mis Ionawr 2001 cymeradwywyd y cynllun gan Edwina Hart, Gweinidog Cyllid y Cynulliad ar y pryd:

'Dwi'n dwli ar yr adeilad. 'Na'r peth pwysica', pan gethon ni'r holl nonsens 'ma. Dwi wastad yn cofio ni'n siarad am yr adeilad a beth o'n ni'n 'neud, ro'n ni gyd yn mynd rownd Cymru, a ble o'dd e'n mynd i fod, wnaf i byth anghofio – am nonsens llwyr. Dwi o'r Gorllewin – ond y gwir amdani o'dd fod y Gwasanaeth Sifil a'r llywodraeth yma, felly ro'dd rhaid i chi'i gal e yng Nghaerdydd, ac os y'ch mynd i gal e yma, ymhle? Wel – fe siaradon nhw lot am fynd lan i Cathays – adeilad hyfryd – ond ro'dd hwn yn adeilad modern, ro'dd e'n adlewyrchu democratiaeth fodern – a ro'n i wastad o blaid yr adeilad, ac fe frwydrodd yr Arglwydd Elis-Thomas a finne yn galed i wneud yn siŵr bod yr adeilad 'ma'n mynd lan, achos ro'dd 'da ni grŵp trawsbleidiol ond wrth gwrs do'dd rhai pobl ddim eisie cyfranogi o reidrwydd, ond fe o'n ni, ac fe welon ni'r adeilad drwodd i'r pen – dwi'n teimlo'n angerddol am yr adeilad achos dwi'n credu'i fod e'n adlewyrchu Cymru fodern a ma' fe'n edrych mas ar y byd, ond yn edrych ar ein hanes hefyd – dwi'n dwlu'i fod e'n agos at adeilad y porthladd ac mae rhywbeth hudolus amdano fe – ei fod e mor agored a phopeth.'

ELEANOR BURNHAM

'Oedd o'n wych! Dwi'n meddwl bod o'n bwysig i ddatblygu hygrededd a phwysigrwydd beth oedd datganoli. Eson ni fyny i Edinburgh yn edrych ar hwnnw [Holyrood, Senedd yr Alban] – do'n i ddim yn leicio hwnnw o gwbl. Roedd e'n edrych fel [cynllun gan] Gaudí a do'dd e ddim yn siwtio, do'n i ddim yn meddwl. Roedd e'n edrych fath â bod rhywun wedi ploncio rhywbeth o Mars arno fo. Ond oedd beth oedd gynnon ni yn dda iawn. Roedd sefydliadau'r pwyllgora'n od – ro'n i'n teimlo fel twrch daear yn y pwyllgore newydd oherwydd ma'n nhw dan ddaear a do'n i ddim yn teimlo bod 'na lawer o aer neu awyr iach neu gole naturiol. Ond ro'n i'n meddwl bod 'na rywbeth, fel datblygiad datganoli'n gyffredinol – oedd yn bwysig. A hefyd roedd gynnon ni'r llefydd ychwanegol 'ma i wneud pethe fel cyfweliade, gwahanol bobl a gwahanol achlysuron, pobl yn cymdeithasu ac yn cwrdd ac yn y blaen.'

Yn ôl Partneriaeth Richard Rogers, 'Ni fyddai'r adeilad yn un ynysig, caeedig. Yn hytrach byddai'n amlen dryloyw, yn edrych allan ar Fae Caerdydd a thu hwnt, yn gwneud gwaith mewnol y Cynulliad yn weladwy ac yn annog cyfranogiad gan y cyhoedd yn y broses ddemocrataidd.' Agorwyd yr adeilad newydd blaengar ar gyfer Cynulliad Cenedlaethol Cymru mewn seremoni genedlaethol ar Fawrth 1af, 2006:

SUE ESSEX

'Cafodd ei gynllunio i gyflwyno cydraddoldeb – ac roedd Dafydd Elis-Thomas yn dda iawn ynglŷn â hyn, yn eithriadol o dda. Felly, cynlluniwyd y siambr yn dda – gellid gweld pawb a doedd yr iaith byth yn ymosodol, yn sicr ddim pan o'n i [yno]. Roedd parch at bobl a phan welwch beth sy'n digwydd yn San Steffan mae'n arswydus, oherwydd doedd 'na byth unrhyw beth personol neu rywbeth [wedi'i ddweud] yn y dyddie hynny, fel y dwedes i, yn ymosodol ac yn annheg, ac eithrio o fewn ffiniau gwleidyddiaeth normal. Dwi'n credu i fenywod chwarae rhan bwysig yn hynny o achos mewn ffordd ry'ch chi ond yn gwastraffu [amser]. Mae amser menywod yn werthfawr, on'd ydy?, pan fo 'da chi deulu a chithe'n gwybod nad ych chi eisie dim o hyn – jest gwastraffu amser pan oedd 'da ni bethau pwysig i'w trafod. Dwi'n meddwl i'r Cynulliad yn ei hanfod, yn yr hen adeilad ond yn sicr yn yr un newydd, gael ei ddylunio ar y sail honno, ac o edrych o amgylch y siambr – menywod yw'r norm, wyddoch chi – fe welwch chi hynny bob tro y gwelwch chi'r lluniau. Mae hyn wedi para hyd yn oed os yw niferoedd wedi codi a gostwng rywfaint o fewn pleidiau, mae arddull y Cynulliad wedi bod yn dda o ran adlewyrchu dylanwad menywod yno.'

JANICE GREGORY

''Sdim cymhariaeth o gwbl rhwng yr hen adeilad [Tŷ Hywel] a'r adeilad newydd. Mae'r adeilad newydd yn ddatganiad ar gyfer pobl Cymru a ro'n i bob amser yn arfer dweud, yn enwedig wrth blant ysgol wrth fynd â nhw rownd, "Dim fy adeilad i yw hwn, cofiwch. Braint fawr i fi yw cal dod yma ac eistedd yn yr adeilad 'ma fel Aelod o'r Cynulliad, ond dyw'r adeilad ddim ar fy nghyfer i. Eich adeilad chi yw e, chi'n gwbod, dyma'r adeilad ar gyfer pobl Cymru." Fe ddylen ni fod yn ofnadwy o falch o'n gwlad a'n treftadaeth, a ma' hwn yn adeilad sy'n symbol o hynny. Dyw hi ddim mor anodd perswadio plant, mae'n dipyn mwy anodd perswadio pobl hŷn sy â barn bendant iawn am y lle. Sa' i'n credu y bydde neb am fynd nôl i Dŷ Hywel nawr, na, no we. Mae e'n adeilad hyfryd, mae e'n wych, ro'n i'n arfer dwli mynd â phobol [o gwmpas yr adeilad] – bydden nhw'n eistedd yn yr oriel a finne'n dweud, "Chi'n gwbod taw ym Mhen-y-bont gafodd y seti hyn eu gwneud? A'r holl ddesgiau gan yr un cwmni o dderw Cymreig, a'r enw ar y gwaith celf yn y canol yw 'Calon Cymru'.

Alexander Beleschenko o'dd yr artist o Abertawe – 'na chi enw Cymrâg da." Ac fe allech chi adrodd y pethe hyn i gyd ac ro'dd pobl yn rhyfeddu, y pren tu fas, wedyn, a'r "fadarchen". Ma' gan Rosemary Butler syniad hyfryd amdani [y "fadarchen"] o'dd hi'n arfer ei adrodd wrth ei phlant ysgol. Ro'dd hi'n ei chymharu â choeden yn Affrica, lle bydde'r hen bobl i gyd yn crynhoi wrth fôn y goeden ac yna bydde'r goeden yn estyn lan a'r canghenne'n estyn mas ac yn lledaenu'r doethineb. Wel, am gymhariaeth hyfryd, o'n i'n meddwl, ac wedyn fe allen nhw ddeall, a'r siambr oedd bôn y goeden.'

EDWINA HART

Roedd Edwina Hart yn meddwl bod angen cadw pellter rhwng cartref y Cynulliad Cenedlaethol a'r Swyddfa Gymreig yn Cathays, o safbwynt deddfwriaethol a gweithredol:

'Ydw – dwi'n meddwl bod hynny'n bwysig i'r Cynulliad ond o'n i hefyd yn credu'n gryf na ddyle'r llywodraeth fod yn yr adeilad 'ma [cyfeirio at y Senedd] chwaith. Ro'n i'n arfer gweithio mas o Cathays yn amal, a bod yma pan oedd y Cynulliad mewn sesiwn ond do'n i ddim yn credu dyle fod swyddfeydd llywodraeth yma, achos dwi'n credu dyle fod rhaniad. Ro'dd 'da fi swyddfa yn Nhrefforest pan o'n i'n ysgrifennydd datblygu economaidd. Dwi'n meddwl bod hynny'n bwysig – ma 'na ddeddfwrfa a chabinet a dwi'n credu y dylid eu cadw ar wahân – ma'n rhaid i chi siarad â phobl a gwneud pethe ond dwi'n meddwl taw 'na'ch gwaith busnes chi, on'd ife? Hwn yw'ch parth gwleidyddol.'

Erbyn hyn mae grisiau'r Senedd wedi tyfu'n fan ymgynnull poblogaidd iawn ar gyfer pob achlysur:

ELIN JONES

'Fi'n cofio meddwl i'n hunan fydd y Cynulliad yma, na'r Senedd yma, byth cweit yn profi ei werth tan fod Cymdeithas yr Iaith, ffermwyr, a rhai eraill yn dod â phrotestio tu allan. Mae'n rhaid cael protest fel rhan o fywyd cyhoeddus yng Nghymru. Mae'n rhaid i'r Cymry gael yr hyder i brotestio yn erbyn ni'n hunen hefyd, yn hytrach na dim ond protestio yn erbyn beth sy'n digwydd yn San Steffan. Ni angen protestio yn erbyn ni'n hunen. 'Sdim eisie gormod o brotest ond mae grisiau'r Senedd yma nawr yn lle protest, cyfarfod cyhoeddus. Dwi'n cofio un o'r protestiade mwya' sydd wedi bod yna yw'r brotest ynglŷn â dyfodol Ysbyty Bronglais, a gynhaliwyd gan bobol o Aberystwyth, o ardal Bronglais a'r Ysbyty – wedi iddyn nhw ddod lawr ar fysys wedi eu trefnu o ardal Aberystwyth. A ma' pob math o brotestiade eraill, ond hefyd digwyddiade cenedlaethol pwysig. 'Yn ni wedi cynnal sawl noswyl yna, oherwydd bod 'na bethach wedi taro'r byd ble ni eisie nodi ein cydweithio – ein *solidarity* ni – gyda ble bynnag mae 'na drasiedi wedi digwydd. Ac mae rhai o'r digwyddiade mawr cenedlaethol, 'n chwaraeon ni, wedi cael eu nodi fan hyn – ennill y *Grand Slam* ar fwy nag un achlysur erbyn hyn, ac i fi'n bersonol, croesawu Geraint Thomas yn ystod Eisteddfod Genedlaethol oedd hefyd yn y Bae, lle'r oedd gweld y miloedd yna – yn Gymry Cymraeg yn bennaf – fan hynny wrth gwrs, a Geraint Thomas yna'n derbyn y croeso hynny a hynny'n digwydd tu allan i'n Senedd ni. Mae wedi ennill ei dir, dwi'n meddwl. Mae'n anffodus wastad fod Caerdydd, ein prifddinas ni, ym mhen pellaf i'r de o'n gwlad ni. 'Sdim lot gallwn ni wneud amboutu 'na erbyn hyn, ond ceisio annog a gwneud yr adeilad yma yn adeilad cenedlaethol, nid dim ond yn adeilad sy'n perthyn i'r ardal o gwmpas fan hyn, ond yn adeilad cenedlaethol.'

Newid Enw

Gelwid yr adeilad newydd yn Senedd o'r cychwyn cyntaf. Ond ar 6 Mai 2020, newidiwyd enw sefydliad Cynulliad Cenedlaethol Cymru i Senedd Cymru ar ôl pasio deddf gyfreithiol i newid yr enw.

NERYS EVANS

'[Dwi] mor falch i weld bod y Cynulliad wedi datblygu ac esblygu i fod yn Senedd. Er taw jest newid enw [ydyw], mae e'n adlewyrchu pwere deddfwriaethol, pwere trethu. Yn amlwg, dwi eisie gweld mwy o bwere wedi eu datganoli. Dwi eisie gweld ni ar lwybr tuag at annibyniaeth a mwy o rymoedd fan hyn yng Nghymru. Felly, da o beth bod ni ar y daith yna, un cam ar y tro, a dwi'n falch iawn bo fi 'di cael cyfle am un tymor i whare rôl fach iawn yn hanes y Cynulliad, nawr Senedd, Cymru.'

ELUNED MORGAN

'Dwi'n meddwl bod e'n dangos bod y sefydliad wedi tyfu lan. Dwi'n meddwl bod e'n dangos bod y pwere gyda nhw nawr nad oedd yna ar y dechre. Ac felly dwi'n meddwl bod hwnna yn bwysig ac efallai yn bwysig i'r boblogaeth yn fwy na dim byd arall fel eu bod nhw'n deall bod y sefydliad yna yn mynd i effeithio ar eu bywydau nhw. Dyw *Assembly* – dyw e ddim cweit yr un statws â Senedd.'

LYNNE NEAGLE

'A bod yn onest, 'sen i wedi bod yn berffaith hapus i'w gadw e fel ag yr o'dd e. Sa i'n credu bod etholwyr am i ni ganolbwyntio gormod arnon ni'n hunen. Yn y diwedd, gethon ni'r holl ddadl a ddyle fe fod yn Senedd neu'n Senedd Cymru. Ma' llawer o'n etholwyr i bellach yn ei alw'n Senedd, a fi'n iawn 'da hynny. Ond ar derfyn dydd, dim beth rydyn ni'n cal 'n galw sy'n mynd i wneud gwahaniaeth ond beth rydyn ni'n gyflawni ar gyfer pobol, a dwi'n meddwl bod rhaid i ni ganolbwyntio ar hynny wastad, yn enwedig â phethe'n mynd i fod yn wirioneddol galed i bobl nawr. Rydyn ni yng nghanol y pandemig 'ma, mae'r dinistr economaidd yn debygol o fod yn ddigynsail, a rhaid i ni ganolbwyntio ar hynny bob amser – beth sy'n digwydd ym mywyde pobl.'

DELYTH JEWELL

'Ro'n i'n teimlo'n rhwystredig jest cyn i'r Cynulliad droi'n Senedd, achos ro'n i eisie i'r Cynulliad jest gael yr enw Senedd. Do'n i ddim eisie iddo fe fod yn Senedd Cymru, do'n i ddim eisie iddo fe fod yn Welsh Parliament, ro'n i jest eisie'r Senedd. Ond rwy'n dal yn falch iawn. Fi'n teimlo ma'r Senedd wedi bod yn Senedd ers blynyddoedd. Mae enwau, mae labeli, yn bwysig a fi'n gobeithio y bydd hwnna'n gallu helpu pobl Cymru i deimlo mwy o falchder yn y Senedd. Dyw hynna ddim yn hawdd. Mae honna'n drafodaeth lot ehangach, ond fi'n gobeithio y bydd pobl nawr yn ein gweld ni yn gyfartal â Senedd yr Alban.'

JOYCE WATSON

'Ro'n i'n ei gefnogi e, fe bleidleisiais i drosto [newid yr enw]. Bydde wedi bod yn well 'da fi gal 'ngalw'n Aelod o Senedd Cymru [*Member of the Welsh Parliament*], dwi ddim yn cuddio hynny, ond y dewis oedd "Senedd", yn union r'un fath ag y mae 'na amrywiadau eraill mewn gwledydd eraill. Mae pobl yn ei ddefnyddio, dwi'n sylwi, maen nhw yn ei ddefnyddio, ond maen nhw'n deall y gair *Parliament* yn well, ond dyw hynny ddim yn golygu na allwn ni gal nhw i ddeall y gair Senedd hefyd. Ac mae 'da ni gryn dipyn o waith fanna, a fi'n siarad nawr fel Comisiynydd hefyd. Ond dwi'n credu bod y ffaith ein bod ni'n Senedd yn newid meddylie pobl, a falle bydd hynny'n help pan ddaw hi'n fater o ofyn am fwy o aelode [fel yn adroddiad McAllister]. Ma' hynny'n bosib. Wn i ddim go iawn, pan maen nhw'n eich gweld chi fel ychydig yn fwy nag awdurdod lleol, a dwi ddim yn bychanu awdurdode lleol – maen nhw'n gwneud gwaith gwych iawn ac maen nhw'n gwbl angenrheidiol ac o'n inne'n arfer bod yn aelod awdurdod lleol fy hun. Ond ma' angen gweld gwahaniaeth, ac ar hyn o bryd sa i'n siŵr bod pobl yn gweld y gwahaniaeth yna.'

Dyfodol y Senedd

Comisiynwyd pwyllgor, a gadeiriwyd gan yr Athro Laura McAllister, i edrych ar Ddiwygio Etholiadol y Senedd. Cyhoeddwyd adroddiad yn 2020 oedd yn datgan bod, 'Tystiolaeth glir ac amlwg fod y Senedd yn rhy fach,' ac yn 'argymell gwneud diwygiadau pellgyrhaeddol i strwythur y sefydliad', gan gynnwys cynyddu nifer yr Aelodau, cael system etholiadol newydd a chyflwyno mesurau i wella amrywiaeth.

LISA FRANCIS

'Siŵr iawn, mae angen diwygio etholiadol yn sicr. Byddwn yn llwyr gymeradwyo holl argymhellion Adroddiad McAllister, am wn i, ac eithrio un. Dwi ddim yn hoff iawn o'r syniad o rannu swyddi. Dwi ddim yn meddwl bod hynny'n gweithio'n arbennig o dda. Ond dylai popeth arall yn yr adroddiad yna ddigwydd. Yn sicr mae angen cofnodi mewn statud y byddwn â chynrychiolaeth 50:50 [rhyw], [a] chynyddu elfen gyfrannol pleidleisio dros bobol. Dwi'n meddwl bod y maint o'i gymharu â San Steffan – ma' San Steffan yn llawer rhy fawr – felly cael 60 o aelodau ond yn cynyddu i 80 – falle mwy. Mae'r maint hynny'n golygu bod chi'n dod i nabod aelodau eraill yn gyflym iawn, sy'n help.'

ELIN JONES

'Dwi'n gredwr eitha' cryf yn yr argymhellion mae Adroddiad Laura McAllister wedi cyfeirio atyn nhw, sef i gynyddu nifer yr aelode sydd yn y Cynulliad yma, i wneud hynny trwy system o bleidleisio trwy STV [pleidlais sengl drosglwyddadwy] – cynrychioleth gyfrannol – ac i ystyried o fewn hynny wedyn, gwneud cwotas menywod:dynion o ran ymgeiswyr, yn hanfodol, drwy ddeddfwriaeth, ac felly fod ni'n diogelu'r *baselines* wedyn ar gyfer y dyfodol. A dyw e ddim yn anodd gwneud hynny, i gael cwotas trwy ddeddfu, pan ar y cyfan mae'n gyfartal ar hyn o bryd. Diogelu i'r dyfodol, er eich bod yn cyflawni hynny'n weddol ar hyn o bryd. Mae'n anoddach i senedde sy'n edrych i gyflwyno cwotas o gyfartaledd pan 'dyn nhw ddim hyd yn oed yn agos i gyfartaledd.'

JULIE JAMES

'Yn ddiamau yn fy marn i, does dim digon o ASau i ymdopi â'r llwyth gwaith. Pe bai ond i graffu'n iawn ar y ddeddfwriaeth sy'n mynd drwodd – system o dri cham yn unig sy 'da ni a dylai fod yn bedwar os 'ych chi'n mynd i wneud cyfreithiau da. 'Sdim digon o bobl ar gael i wneud y gwaith. Mae'r Llywodraeth ei hun yn rhy fach, i raddau chwerthinllyd. Fy mhortffolio i yw tai, llywodraeth leol, cynllunio, tlodi plant, y lluoedd arfog, gwastraff, canol trefi, adfywio. Byddai'r portffolio yma'n waith i ugain neu fwy o weinidogion yn llywodraeth San Steffan. Er mai dim ond poblogaeth fach sy gyda ni, ry'n ni'n dal i ymdrin ag ystod eang o bynciau. Dwi'n credu bod Gwasanaeth Sifil Cymru yn rhy fach hefyd. Chewch chi ddim creadigrwydd gan bobl sy ond eisie symud stwff oddi ar eu desgiau am eu bod nhw wedi'u boddi â gwaith. I fod yn greadigol, rhaid cael lle i allu meddwl, a dwi'n credu i ni ildio i bwysau cyhoeddus ar ba faint y dylai'r Gwasanaeth Sifil fod, a dyw e ddim yn ddigonol. Barn bersonol iawn yw hon ac nid pawb yn y llywodraeth sy'n cytuno. Fodd bynnag, mater cwbwl wahanol yw gwerthu hyn i'r cyhoedd. Does gan y mwyafrif o bobl ddim syniad o'r hyn mae gwleidyddion yn ei 'neud drwy'r dydd – dwi'n amau eu bod nhw'n meddwl ein bod ni ddim ond yn agor ffeiriau a siarad ar y radio.'

Mae'n dasg anodd cyfiawnhau gwario arian ar gyflogau mwy o wleidyddion mewn cyfnod ariannol dyrys, ond yn ôl adroddiad McAllister mae nifer o resymau da a dilys dros godi'r nifer o aelodau yn y Senedd:

ELUNED MORGAN

'Dwi'n meddwl bod y pwysau ar Aelodau'r Cynulliad ar hyn o bryd yn aruthrol. Yn gyffredinol dyw pobl ddim yn hoffi gwleidyddion ac yn sicr 'dyn nhw ddim eisie talu am wleidyddion. Felly mae gofyn am fwy ohonyn nhw yn anodd iawn. Ond os ma' pobl eisie i bobl wneud y gwaith mewn ffordd drylwyr, sy'n gallu arbed arian ar gyfer y trethdalwyr, dwi'n meddwl bod e'n bwysig bod ni'n ehangu'r niferoedd yn y Senedd. Mae lot fwy o gyfrifoldeb gan y Senedd nawr, cyfrifoldeb dros drethi, cyfrifoldeb dros ddeddfwriaeth, mewn ffordd nad oedd yna ar y dechre, felly mae angen newid.'

LAURA ANNE JONES

'Na, dwi ddim yn credu y dylen ni gynyddu nifer yr ASau yn y Senedd. Mae 'da ni ddigon o wleidyddion yn ein cynrychioli ni eisoes. Mae gennym ni'r ASau sy'n chwarae rhan bwysig yng Nghymru hefyd. 'Sdim angen mwy o wleidyddion arnon ni, jest angen i ni fwrw mlaen â'r gwaith a defnyddio'r holl offer sy ar gael inni yn y ffordd iawn yn gyntaf cyn dechrau gwneud hynny. Mae cymaint o botensial yn y Senedd os defnyddiwn ni'r pwerau sydd ganddi hyd eithaf ein gallu, ac yn anffodus dyw'r blaid lywodraethol ddim yn gwneud hynny, a ma' hynny wedi bod yn niweidiol i'r sefydliad, yn fy marn i.'

LYNNE NEAGLE

'Ma' hi'n anodd iawn gwneud job iawn o archwilio gyda'r niferoedd sy 'da ni. Ry'n ni wedi'n hymestyn yn anhygoel, a dwi'n lwcus achos bo fi wedi bod yn gweithio ar iechyd gyhyd fel bo' fi'n gallu rhyw fath o ymdopi. Felly dwi'n credu bod achos cryf dros fwy o aelodau o'r Senedd i wneud yn siŵr ein bod yn archwilio'n briodol ac yn dwyn y llywodraeth i gyfrif. Ond dwi ddim yn credu y bydd y cyhoedd eisie hynny, felly dwi mewn tipyn o gyfyng-gyngor. Dwi'n credu bod angen i ni fod yn garcus iawn – ar adeg sy'n mynd i fod yn arbennig o anodd ar ôl y Nadolig pan fyddwn ni'n dechre teimlo effaith economaidd Covid-19 – o ran dweud wrth bobl, "Ry'n ni am i chi dalu am fwy o wleidyddion." Dwi'n meddwl y bydde honna'n sgwrs anodd iawn i'w chael gyda'r etholwyr. Ond, yn wrthrychol, mae 'na achos da o blaid cael rhagor o Aelodau o'r Senedd i wneud y gwaith yn iawn.'

Ar 8 Mehefin 2022, pleidleisiodd y Senedd (mwyafrif o 40 i 14) dros godi niferoedd Aelodau'r Senedd o 60 i 96.

* * *

Pennod Deuddeg

PWYLLGORAU, GWEINIDOGION AC ARWEINYDDIAETH

Pwyllgorau

Er bod trafodaethau'n digwydd yn siambr ddadlau'r Senedd, mae'r mwyafrif llethol o'r gwaith pwysicaf a mwyaf diddorol yn digwydd mewn pwyllgorau. Mae cydweithio ar bwyllgorau yn gyfle hefyd i'r Aelodau sydd yn y gwrthbleidiau fod yn ddylanwadol.

ANGELA BURNS

'Dwi'n credu mai'r peth pwysig i'w ddweud am bwyllgore yw os 'ych chi ar bwyllgor da a bod 'da chi Gadeirydd da, yna ma' 'da chi'r gallu i newid pethe, hyd yn oed fel aelod o'r wrthblaid. Achos, mewn egwyddor, beth ddyle ddigwydd yw i chi, i raddau, adael eich lliwiau plaid ar y trothwy a gweithio ar y mater gerbron. Dwi wedi eistedd ar bwyllgore lle cynhyrchon ni adroddiade ac argymhellion da iawn, gan wrando ar ddadansoddi a thystiolaeth eithriadol, a bydd hyn wedi ei fframio o safbwynt pwyllgor, nid o safbwynt Ceidwadol neu Lafur neu Blaid [Cymru] neu Ryddfrydol neu bwy bynnag, ac mae'r pwyllgorau hynny wastad yn wirioneddol bwerus a'r adroddiadau hynny'n wirioneddol bwerus. Ac os oes gan unrhyw lywodraeth ddoethineb, a rhaid dweud na fu'r doethineb hwnnw ganddyn nhw bob amser, dylen nhw wrando ar yr adroddiadau hynny gan eu bod yn gwybod bod eu tîm eu hunain yn ogystal â thîm pawb arall wedi ymchwilio i rywbeth yn drwyadl a dod i gasgliadau sy'n wirioneddol werth eu hystyried. Felly fe gewch chi ymdeimlad gwirioneddol o gyflawniad ar bwyllgor a theimlo y gallwch chi wneud gwahaniaeth enfawr.'

Oherwydd y nifer bach o aelodau Cynulliad/o'r Senedd, mae mwyafrif yr aelodau'n gwasanaethu ar fwy nag un pwyllgor neu'n symud yn gyflym iawn o un pwyllgor i'r llall:

NERYS EVANS

'Roedd gwaith pwyllgore'n ddiddorol. O'n i ar y Pwyllgor Diwylliant i ddechre off ac wedyn wedi ffurfio, gyda tri arall, Is-bwyllgor Darlledu – y tro cyntaf erioed i'r Cynulliad gael pwyllgor ar fater oedd heb gael ei ddatganoli. Felly, torri tir newydd fan'na, oherwydd roedd Ofcom yn gwneud adolygiad ar ddarlledu cyhoeddus ac ro'dd lot ohonom ni aelodau'r meincie cefen [ym Mhlaid Cymru] yn credu'n gryf dyle Cynulliad Cymru gael llais a mewnbwn i'r broses 'na. Ac wedyn na'th hwnna osod cynsail i sefydlu is-bwyllgor darlledu arall i edrych ar y wasg yng Nghymru, y wasg brint yn benodol, a bues i'n cadeirio hwnna am gwpwl o fisoedd. Ond wnes i ddim gweld y gwaith trwyddo i gyd oherwydd cefais ddyrchafiad i Lefarydd Addysg. Yn sicr o'dd honna'n broses werthfawr iawn i edrych ar bynciau yn fwy manwl. Treulies i weddill y tymor ar Bwyllgor Ewrop a Materion Allanol y Cynulliad, a hefyd ar Bwyllgor yr Economi. Gareth Jones [AC dros Gonwy 1999–2003; ac Aberconwy 2007–2011] oedd yn cadeirio hwnnw i'r blaid [Plaid Cymru] ac o'n i'n ffodus iawn i stepo mewn i gadeirio sawl tro pan oedd e i ffwrdd o'r Cynulliad.'

JANET RYDER

'Roeddwn i'n rhan o'r grŵp trawsbleidiol ar awtistiaeth ac am y pedair blynedd ola' fi oedd yn cadeirio ac mi roeddwn yn falch iawn o wneud hynny. Ac unwaith eto, wyddoch chi, pob clod i Edwina [Hart] a Jane Hutt ill dwy[1] – daeth y ddwy i'r grwpiau trawsbleidiol hyn a siarad hefo nhw, ac mi fuon nhw'n siarad gyda'r rhieni ac yn gwrando arnyn nhw. A dyna be mae pobl am iddyn nhw'i wneud. Maen nhw am iddyn nhw wrando ac roedd y ddwy'n fodlon iawn i ddod a siarad a gwrando, felly roedd hynny'n dda iawn. Mi es i mewn i Addysg fel Llefarydd yr Wrthblaid a phan ymddiswyddais o'r portffolio Addysg, o fewn ychydig ddyddiau daeth Ieuan [Wyn Jones] a dweud "'Dan ni am i chi gadeirio'r Pwyllgor Deddfwriaeth." Roedd hynny'n cyd-daro â'r refferendwm nesa' a'r Bil Cymru nesa', a chafodd ei ailenwi'n Bwyllgor Materion Cyfansoddiadol oherwydd bod ar y Cynulliad angen pwyllgor a fasai'n edrych ar bethau felly. Ar ôl i Rhodri Morgan roi'r gorau i fod yn Brif Weinidog, daeth yn aelod o'r pwyllgor ac roedd hi'n ddiddorol cael rhywun fel Rhodri Morgan ar eich pwyllgor. Ac yn wir, dywedodd ar y diwrnod ola' i ni gynnal y pwyllgor hwnnw gyda'n gilydd – dywedodd, "Dwi wir yn credu y dylai pawb wasanaethu ar y pwyllgor yma, yn enwedig yr holl weinidogion, oherwydd wyddoch chi mo'i hanner hi pan 'ych chi'n Weinidog.'"

---

1   Roedd y cyn-Weinidogion dros Iechyd a Gwasanaethau Cymdeithasol, Jane Hutt ac Edwina Hart, yn ddau aelod y mae Janet yn eu cofio fel rhai oedd yn barod iawn i ymgysylltu ar draws y pleidiau.

Gweinidogion

Mae'r Blaid Lafur wedi bod mewn grym ym Mae Caerdydd er 1999 heblaw am gyfnodau mewn clymblaid gyda'r Democratiaid Rhyddfrydol ac yna Plaid Cymru. Oherwydd hynny, mae llawer mwy o fenywod o'r Blaid Lafur wedi cael profiad fel gweinidogion nag unrhyw blaid arall.

EDWINA HART

Edwina Hart oedd Gweinidog Cyllid cynta'r Cynulliad Cenedlaethol:
'Dwi'n credu bod safbwynt menyw wedi bod yn bwysig yn y swyddi i gyd. O ran Cyllid, ro'dd yn rhaid i chi wastad edrych ar sut ro'ch chi'n delio â materion o'dd yn ymwneud â chydraddoldeb yn eich proses gyllidebu. Ac ro'dd hi'n bwysig iawn gyda Chyfiawnder Cymdeithasol gan bod fi'n delio â llwyth o bethe gwahanol o'dd yn effeithio ar fenywod. Gyda Iechyd, 'ych chi hefyd yn gallu gweld yr effaith wrth wneud y polisïau iawn. Ro'ch chi wastad â'r persbectif hynny'r holl ffordd drwyddo, sef tegwch yn y pen draw o ran beth ro'ch chi am ei wneud, a datblygu economaidd oedd yr her fwyaf, achos yr anghydraddoldeb sy'n bodoli ynddo fe.'

JANE HUTT

'Dwi wedi bod yn Weinidog am ugain o'r un mlynedd ar hugain [yn y Cynulliad / Senedd]. Ces i fy mhenodi gan Alun Michael yn Ysgrifennydd Iechyd a Gwasanaethau Cymdeithasol, yna fe ailbenododd Rhodri Morgan fi, yna fe wnaeth Carwyn Jones fy mhenodi. Ac yna fe adawais y llywodraeth am flwyddyn o fis Tachwedd 2017 i 2018. Newidiodd rôl y gweinidog. Am yr wythnose a'r misoedd cynta' hyd at fis Gorffennaf 1999, doedd dim pwerau gweithredol gyda ni mewn gwirionedd – ro'dd hynny'n dal i fod gyda Gweinidogion y Swyddfa Gymreig, felly fe gawsom ni rai wythnosau i ddysgu'r rhaffau i fod yn Weinidogion. Yna daethon ni'n Weinidogion y Goron. Ond daeth y newid gwirioneddol pan ddaeth deddfwriaeth Llywodraeth Cymru drwodd yn 2006, pan wahanwyd ni yn ddeddfwrfa ac yn gorff gweithredol ac wedi hynny fe gawsom ni fwy o bwerau gweithredol. Cyn hynny roedden ni'n aelodau o Bwyllgore ac roedd gyda chi berthynas wahanol. Yn raddol, fe gawsom ni fwy o bwerau. Yn 2011 [cafwyd] y refferendwm a ddaeth â phwerau deddfu sylfaenol i ni, llawer mwy o gyfrifoldeb i ni, llawer mwy o bŵer i ddeddfu. Dros y blynyddoedd, dwi wedi gwneud Iechyd, Gwasanaethau Cymdeithasol, Addysg, Cyllid, a dwi wedi bod yn Arweinydd y Tŷ. Cydraddoldeb sy gen i ar foment, Trosedd a Chyfiawnder nawr, felly mae'r rhain yn fath newydd o feysydd polisi i'r Cynulliad a datganoli. Ond mae wedi bod yn fater erioed o fod â'r awdurdod, a'r hygrededd fel Gweinidog, i weithio fel tîm ar sail eich maniffesto a'ch rhaglen, i fod yn atebol, ac i alluogi pobl Cymru i deimlo eich bod chi'n gweithio ar eu rhan nhw. Dydy hynny'n ddim byd gwahanol i fy holl athroniaeth wleidyddol ynglŷn â sut i weithio gyda phobl a bod yn atebol i bobl am eich penderfyniade.'

JENNY RANDERSON

Yn un o'r Democratiaid Rhyddfrydol, Jenny Randerson oedd y fenyw gyntaf y tu allan i'r Blaid Lafur i gael swydd fel gweinidog yn Llywodraeth Cymru:

'Fy swydd o'dd Gweinidog dros Ddiwylliant, Chwaraeon a'r Gymraeg. Dwi'n cofio mynd i mewn i swyddfa Rhodri [Morgan] ac yntau'n cynnig y swydd i mi, a finne'n dweud, "Alla' i ddim gwneud y Gymraeg – dim ond dysgwraig wael dros ben ydw i. Ches i mo 'ngeni yng Nghymru hyd yn oed." "Ble gawsoch chi'ch geni?" holodd. "Paddington," meddwn inne. "Pen y rheilffordd iawn 'te!" meddai. Rhodri â'i ffraethineb parod. Felly fe berswadiodd e fi y byddai dysgwraig fel Gweinidog y Gymraeg yn beth da iawn, am na fyddai'n rhywun fyddai'n cymryd yr iaith yn ganiataol. Ac yn wir mi es yn angerddol o frwd dros ddatblygu'r iaith a chael cyngor a chefnogaeth dda iawn gan lawer o bobl gan gynnwys Bwrdd yr Iaith Gymraeg. A chawsom amserau cyffrous gan nad oedd Cymru erioed wedi cael Gweinidog Diwylliant nac ychwaith Weinidog Chwaraeon na Gweinidog y Gymraeg. Bu'n rhaid i ni hyd yn oed ffurfio adran newydd o'r Gwasanaeth Sifil i'm cefnogi i. Y cyfan ro'n nhw wedi'i wneud o'r blaen oedd gweinyddu grantiau – do'n nhw ddim wedi datblygu polisi. Felly fe gynhyrchon ni adroddiadau lled bwysig ar ddatblygiad diwylliannol, ac ar yr iaith, Iaith Pawb, y byddai pobl yn cyfeirio ato ar y pryd ac am flynyddoedd wedyn. Felly roedd yn werth ei wneud, a dwi'n credu i ni wneud tipyn o waith cyffrous a diddorol.'

JOCELYN DAVIES

Bu Jocelyn Davies yn aelod o nifer o bwyllgorau. Meddai "Dwi'n meddwl 'mod i wedi bod arnyn nhw i gyd. Dwi wedi bod yn aelod o'r holl bwyllgorau do'dd neb arall moyn mynd arnyn nhw." Bu'n gadeirydd y Pwyllgor Cyllid dylanwadol am gyfnod. Ond yn ystod clymblaid Cymru'n Un yn 2007, gwnaethpwyd hi'n Weinidog am y tro cyntaf:

'Mae'n bosib mai fi o'dd y Gweinidog mwya' anfodlon erioed. Do'n i ddim eisie gwneud y swydd. Ro'dd rhaid i Ieuan [Wyn Jones] weithio i 'mherswadio i. Dwi'n meddwl mai un o'r rhesymau ro'dd e am i fi 'neud e o'dd, fel dwedodd e, "Chi negydodd y ddogfen [dogfen llywodraeth glymblaid Cymru'n Un] a chi sy'n fwya' cyfarwydd â hi, a chi all gadw pethe gyda'i gilydd." Ac ro'dd e eisie i weinidogion Plaid Cymru gynrychioli amrywiaeth o bobl ac am wn i, ro'dd y ffaith bo' fi'n rhywun di-Gymraeg o'r Cymoedd yn bwysig iddo fe, ac os oes 'da chi rywun sy'n gallu gwneud, pam lai? Dyna pam es i'n Ddirprwy Weinidog yn hytrach na'n Weinidog, achos bo' fi mor anfodlon. S'da fi ddim o'r hyder sy gan bobol eraill felly wnes i ddim camu i mewn yn rhwydd iawn er bo' fi'n credu i fi fod yn Weinidog da yn y pen draw. Do'n i ddim yn gwbod llawer am dai ond fe ddysges i'n glou. Yn sicr, ro'dd 'na bethe ro'n i'n gwbod y bydde'r rhan fwyaf o fenywod yn cytuno â nhw, y gallen ni ymuno gyda'n gilydd arnyn nhw. Pan es i'n Weinidog, ro'dd Sue Essex wedi gadael y Cynulliad ac ro'dd angen rhywun arnon ni i wneud adolygiad o dai fforddiadwy ac fe feddylies i ar unwaith taw Sue Essex fydde'r person perffaith achos do'dd hi ddim yn mynd i ddal nôl na mynd allan i chwarae i gynulleidfa. Ma'r math 'na o deimlad ynghylch menywod eraill 'ych chi'n gweithio gyda nhw sy'n golygu bo' chi'n ymddiried ynddyn nhw bach yn gyflymach achos bo' chi'n gwbod beth yw 'u cymhellion nhw. Gyda dynion – i fi, ta beth – ma'n rhaid iddyn nhw brofi'u hunain i fi yn gynta', bod nhw'n mynd i haeddu'r ymddiriedaeth honno tra bo' fi falle, gyda menywod, yn tueddu i gymryd hynny'n ganiataol.'

SUE ESSEX

Ar ôl cyfnod fel Cadeirydd y Pwyllgor Amgylchedd dyrchafwyd Sue Essex yn Weinidog yr Amgylchedd, Cynllunio a Thrafnidiaeth ac yna'n Weinidog Cyllid. Dwedodd Rhodri Morgan amdani, 'Gwnaeth gyfraniad enfawr yn y Cynulliad, yn enwedig ym meysydd cynllunio a chyllid.'

'Fi oedd cadeirydd Pwyllgor yr Amgylchedd pan oedd Peter Law yn Weinidog ac roedden nhw'n ddyddiau anodd yn y Cynulliad, anodd i'r grŵp Llafur ond roedd Peter a minnau'n cydweithio'n dda iawn. Pan es i'n Weinidog, ro'dd Richard Edwards [Cadeirydd y Pwyllgor Llywodraeth Leol a'r Amgylchedd, Pwyllgor yr Amgylchedd, Cynllunio a Thrafnidiaeth wedi hynny] ddim ond yno am un tymor ond ro'dd e'n anhygoel a galluog a ro'n ni'n gweithio'n dda, a dyna pryd ro'n ni'n cael pwerau gyda rheilffyrdd yng Nghymru am y tro cynta'. Am ein bod ni'n newydd sbon, dwi'n credu mai dyna pam o'n nhw'n flynyddoedd mor gynhyrchiol, achos ro'ch chi am wneud popeth, ac wrth reswm pan oedd Rhodri'n Brif Weinidog dyna roedd e'n ei annog. Roedd yr Amgylchedd a Thrafnidiaeth yn swydd ddelfrydol i fi. Dyna oedd fy mywyd i cyn i mi ddod i mewn i'r Cynulliad ac roedd dal y ddau bortffolio yn wych. Roedd Rhodri'n grêt. Fe ddwedodd e, "Gwnewch chi be fynnoch chi, yn y bôn – jest rhowch wybod i fi, fel cam olaf..." Felly dyma dorri tir newydd, a chynllunio ymrwymiad i ddatblygu cynaliadwy a aeth i bedwar ban y byd, a throi i mewn i Lesiant a Chenedlaethau'r Dyfodol, ac mae'n dal yma yn y CU [Cenhedloedd Unedig], felly o'dd hwnna'n beth enfawr i fi, ac ro'dd y syniad bod yr amgylchedd o bwys ac yn bwysig ym mywydau pobl, ro'dd e o bwys yn ein polisïau.'

ELIN JONES

Yn 2007, dyrchafwyd Elin Jones yn Weinidog Amaeth yn llywodraeth Cymru'n Un – y glymblaid rhwng Llafur a Phlaid Cymru:
'Ro'dd e'n anrhydedd i fi, fel merch fferm o'r gorllewin, i fod yn Weinidog â chyfrifoldeb am amaeth a chefn gwlad. Ro'dd e'n siwtio 'nghefndir i i'r dim, a ro'n i'n awyddus o'r cychwyn cyntaf i wneud rhywbeth o'r swydd, ddim jest mwynhau'r swydd o fod yn Weinidog. Ond fe ges i fedydd tân oherwydd ges i'n apwyntio gan Rhodri Morgan yr wythnos cyn y *Royal Welsh*. Dim ond ar y dydd Llun ro'n i'n gallu mynd i'r *Royal Welsh* gan 'mod i'n hedfan i Seland Newydd am gyfnod o wylie am dair wythnos ro'n i wedi ei drefnu ymhell o flaen llaw. Fe hales i ddiwrnod yn y *Royal Welsh*, lle 'nes i un deg tri o areithie yn fy niwrnod cynta' yn y swydd i bob pwrpas. A gorfes i gymryd un penderfyniad hefyd oedd yn benderfyniad dadleuol iawn. Polisi Llywodreth Cymru oedd i ddifa gwartheg oherwydd *TB*. Fe o'dd yna un eidion o'r enw Shambo wedi cael *TB* ac roedd angen ei gymryd, ond roedd y perchnogion yn Skanda Vale yn gwrthod caniatáu hynny ac roedd yr achos wedi mynd i'r Llys Apêl yn Llunden. Fe ges i'r alwad ffôn yn y *Royal Welsh* yn dweud fod yr achos wedi cael ei ennill gan y Llywodreth a bod rhaid difa Shambo fel rhan o'r polisi *TB*. Ac felly dyna'r penderfyniad cynta' gorfes i gymryd fel Gweinidog oedd yn un dadleuol a chyhoeddus iawn.'

Aeth Elin Jones yn syth o'r Sioe i Seland Newydd ar ei gwyliau, ond ar ôl cyrraedd o fewn dau ddiwrnod cafodd alwad i ddychwelyd gan fod Clwy'r Traed a'r Genau wedi torri allan yn Surrey:

'Yn syth ar ôl dod nôl gorfod imi ymuno â chyfarfodydd Cobra, oedd yn cael eu cadeirio gan Gordon Brown, i ddelio gyda'r Clwy Traed a'r Gene, ym mis Awst 2007. Dwi'n cofio, ar faes y 'Steddfod, ro'n i angen llonydd i gymryd rhan mewn sgwrs ffôn mewn cyfarfod gyda chyd-weinidogion o'r Alban a Lloegr a'r unig le ro'n i'n gallu ffeindio llonydd oedd yng Nghylch yr Orsedd. Mae'n bosib mai dyma'r unig gyfarfod ffôn o weinidogion amaeth y Deyrnas Gyfunol sydd wedi digwydd yng Nghylch yr Orsedd!'

Yn fwy diweddar mae portffolio'r Amgylchfyd, Ynni a Materion Gwledig sy'n cynnwys amaeth, pysgodfeydd, iechyd a lles anifeiliaid a bwyd a diod yn nwylo'r Gweinidog Lesley Griffiths

LESLEY GRIFFITHS

'Mae pum mlynedd [ddiwethaf] y portffolio yma [2016–2021] wedi bod dan gysgod Brexit yn llwyr. Mae pob rhan o'm portffolio wedi'i drochi yn neddfwriaeth yr UE, cyllido'r UE, felly dwi wedi bod â ffocws anferth ar Brexit a gadael yr Undeb Ewropeaidd, a rŵan yr anawsterau 'dan ni'n eu hwynebu drwy adael yr UE, a'r cyfleoedd prin iawn, ond rhaid manteisio ar y cyfleoedd hynny hefyd. Pan ddes i i mewn i'r portffolio ar ddechrau'r tymor, roeddwn i'n ansicr braidd. Dwi o gefndir heb ddim i'w wneud â ffermio, mae gan yr etholaeth [Wrecsam] hanner dwsin o ffermydd, does gynnon ni ddim arfordir, felly ychydig iawn a wyddwn i am bysgodfeydd, sy'n faes hynod gymhleth. Ond dwi wrth fy modd; oherwydd i mi gael pum mlynedd yn y swydd, dwi wedi ymdrin â'r cwbl. Dwi'n cofio fy nghynhadledd ffermio gynta'; dwi'n meddwl 'mod i wedi bod yn y swydd ers rhyw fis, ac mi es i annerch cynhadledd un o'r undebau amaeth ym Mhrifysgol Aberystwyth. Mi es i'r llwyfan i siarad a'r unig wragedd yn y gynulleidfa oedd fy ysgrifennydd preifat, y prif swyddog milfeddygol a dwy arall; roedd y gweddill yn ddynion, o ryw nawdeg, efallai cant o bobl? Doeddwn i ddim yn gyfarwydd â'r fath [sefyllfa] mewn portffolios blaenorol, ac meddai rhywun, "Wel, gwell i ti ddod i arfer â hynny!" Ond rhaid i mi ddweud – amaethyddiaeth – mae 'na rai merched anhygoel ym myd amaeth sydd wir yn dod i'r amlwg rŵan. Yn reit aml, wyddoch chi, mi ewch i ymweld â fferm a dyna'r bobl fwyaf croesawgar i mi gyfarfod â nhw erioed; bydd bwrdd y gegin yn gwegian â bwyd – waeth faint o'r gloch yr ewch chi yno – a bydd disgwyl i chi fwyta bara brith a chacen gri a sgons a brechdana, yn ddieithriad wedi'u paratoi gan y wraig sy' hefyd wedi godro, sicrhau bod y defaid yn iawn, hebrwng y plant i'r ysgol ac yna mynd i'w swydd ddysgu. Ma'n nhw jest yn anhygoel. Un o'm diddordebau yw ffermwyr ifanc hefyd ac mae'n wych mynd i fferm a gweld y merched fuodd draw i Seland Newydd i gneifio, ma'n nhw wedi bod i Harper Adams a chael eu gradd, ma'n nhw'n gwneud Ysgoloriaeth Nuffield, ma'n nhw'n dweud wrth eu tad, "Na, dad, dyma'r ffordd i wneud hyn rŵan," a'r tad wirioneddol isio dysgu gynnyn nhw. Mae'n ffantastig.'

EDWINA HART

Wedi cyfnod yn Weinidog Cyllid cynta'r Cynulliad Cenedlaethol ac yna'n Weinidog Cyfiawnder Cymdeithasol ac Adfywio cafodd Edwina Hart ei phenodi'n Weinidog Iechyd a Gwasanaethau Cymdeithasol:

'O ran y portffolio Iechyd, dwi'n credu bod pobol wedi cael iechyd yn anodd iawn fel gweinidogion. Ro'dd e'n galed er bod nhw'n mwynhau gwneud pethe ond ro'dd angen diwygio'r Gwasanaeth Iechyd a chael gafel ynddo fe. Felly, pan benodon nhw fi'n Weinidog Iechyd, dyma fi'n meddwl "Co ni off..." Ma'n rhaid i chi gael pobol dda rownd i chi a ro'n i'n lwcus iawn i gal prif weithredwr da iawn y rhan fwya' o'r amser – Syr Paul Williams – a ro'n ni'n gwbod beth o'n ni eisie 'i wneud o ran yr agenda iechyd.

Ond Iechyd o'dd y swydd o'dd yn effeithio fwya arnoch chi fel Aelod o'r Cynulliad, achos ro'dd pawb ledled Cymru yn meddwl allen nhw ddod i'ch gweld chi yn eich syrjeris yng Ngŵyr, achos bo' 'da nhw broblem iechyd! Felly bydde'r bobol 'ma'n dod a bydden i'n gorfod dweud, "Ma'n flin iawn 'da fi – alla' i ddim delio â hyn. E-bostiwch fi yn y swyddfa weinidogol a fe ddeliwn ni ag e." A beth ffeindies i mewn iechyd o'dd bo' fi wastad wedi darllen yr holl ohebiaeth fel gweinidog. Nawr fel Gweinidog Cyllid, do'dd dim lot; ro'dd Llywodraeth Leol bach yn fwy; ro'dd Cyfiawnder Cymdeithasol ag eitha' lot; a phan ddes i at Iechyd, ro'n i arfer darllen popeth ac ro'dd rhai swyddogion iechyd ddim eisie hynny. Ro'dd yn well 'da nhw iddo fe gal 'i farco a rhai'n cal eu rhoi mewn pentwr mawr i weision sifil yr uned ohebu eu hateb, heb i chi 'u gweld nhw, heblaw am nifer fach. Wel wrth gwrs, roies i stop ar 'ny, a'u gweld nhw i gyd. O'u gweld nhw i gyd, 'sech chi'n dechre gweld patrwm yn ffurfio o ble o'dd probleme, yn' byddech chi? Ac wrth gwrs wedyn bydden i'n mynnu gweld fy atebion, a bydden nhw'n dweud, "O, bydd llawer gormod o atebion i chi, Weinidog, llawer gormod i chi fynd drwyddyn nhw," a bydden i'n meddwl i'n hunan, "Os bydda i lan tan ddou o'r gloch y bore, fe af fi drw' hyn a phrofi bo' chi'n anghywir." Felly ro'n i'n arfer gwneud 'ny i gyd, a ro'ch chi yn cal syniad da. Yn y cyfnod 'ma, fe ges i berthynas wych 'da'r Coleg Nyrsio Brenhinol ac wrth gwrs fe ddechreues i wneud arolygiade "ar hap" – do'n nhw ddim yn gwbod bo' fi'n dod i ysbyty. Ac fe welech chi'r bobl 'ma'n siapo lawr y stâr, dynion fel arfer wrthi'n gwisgo'u siacedi ac yn rhuthro at y drws achos bo' chi wedi dod 'na o rwle ac eisie edrych rownd. Dwi wastad yn cofio'r Prif Swyddog Nyrsio a finne'n mynd am drip mas i Lanelli a ro'n nhw mewn panic llwyr, bod y Prif Swyddog Nyrsio a finne jest wedi ymddangos. Ac wrth gwrs, lle bydden i'n mynd, bydden i'n hala'r gyrrwr mewn i weld pa mor lân o'dd tai bach y dynion, a bydden i'n mynd i'r Ledis! Wel, wrth gwrs, âth sôn am hyn rownd yn glou.

Felly'r holl deip o beth ro'dd aelode'r cyhoedd wedi'i sgrifennu, yn dweud, "Dyw hyn ddim yn iawn, pam ma' hyn yn digwydd?" Allech chi ddelio ag e os o'ch chi'n ei 'neud e ar y pryd.'

Arweinyddiaeth

Mae dros ugain mlynedd wedi mynd heibio ers i'r Cynulliad Cenedlaethol gwrdd ym Mae Caerdydd am y tro cyntaf. Yn 2003, ar ôl holl waith gefeillio'r Blaid Lafur a phen y rhestr Plaid Cymru, cafwyd cynulliad hafal o ran y rhywiau – yr un faint o Aelodau benywaidd ag oedd o Aelodau gwrywaidd. Ond mae menywod yn arwain eu pleidiau yn dal yn beth prin.

KIRSTY WILLIAMS

Cafodd Kirsty Williams ei hethol yn arweinydd Democratiaid Rhyddfrydol Cymru yn 2008:
'Fe wawriodd arna i'n naturiol, am wn i, bod ar y blaid angen newid, sut oedd y newid yna'n mynd i ddigwydd. Ac fe dreuliais i beth amser yn pendroni heb wybod beth i'w wneud, heb wybod a ddylen i fynd amdani. Dwi'n credu taw rhan o hynny o'dd diffyg hyder fel, "Pwy 'ych chi'n feddwl 'ych chi? Pam 'ych chi'n meddwl gallwch chi 'neud yn well?" neu, "Pam 'ych chi'n meddwl gallwch chi wneud hyn o gwbl?" Ro'dd pwysau cynyddol yn y blaid am newid a llawer o gefnogaeth, wyddoch chi, "Mi fedri di wneud hyn." Mewn rhai ffyrdd ro'n i'n gyndyn iawn. Doedd y gŵr yn bendant ddim am i mi wneud. Roedd e wedi bod yn hynod gefnogol, byth yn cwyno am nosweithiau hwyr, ond ro'dd e'n anhapus iawn 'mod i'n gwneud hyn, yn teimlo y byddai'n ormod i'r teulu. Ac yna fe es i – alla' i ddim cofio'n iawn ble – a chlywed rhywun yn sôn am rôl menywod mewn gwleidyddiaeth a rôl menywod mewn bywyd cyhoeddus, a dwedodd y person yna – a do'dd e ddim wedi'i gyfeirio ata i – "Rhyw ddydd ma' rhai menywod yn mynd i orfod camu i'r adwy a gwneud hyn, a pham fasech chi'n meddwl ei bod hi'n iawn

trosglwyddo'r cyfrifoldeb yma i fenyw arall?" Fe darodd hynny dant gyda fi ac fe feddyliais i, iawn, dwi'n mynd i wneud hyn.'

LEANNE WOOD

Ceisiodd Leanne Wood am arweinyddiaeth ei Phlaid yn 2012 er mwyn gwneud Plaid Cymru'n fwy deniadol i bobl cymoedd de Cymru:

'Do'n i ddim wir eisie arwain y blaid. Do'dd e ddim yn rhywbeth ro'n i wedi bwriadu 'i wneud. A bod yn onest, ro'n i braidd wedi ystyried y peth nes i Ieuan Wyn Jones roi'r gore iddi a bod y swydd yn wag. Fe gymerodd dipyn o berswâd gan gydweithwyr a ffrindiau i fi sefyll. Unwaith eto, dwi'n meddwl taw jest yr amheuaeth 'na o'dd e – "Wel, beth s'da fi i'w gyfrannu at hyn?" Ond ro'n i'n argyhoeddedig bod 'na brosiect gwleidyddol ro'dd hi'n werth trïo'i adeiladu. Felly fe gyniges i'n hunan ar y sail bo' fi eisie i Blaid Cymru fod yn blaid a fyddai'n fwy hygyrch i ystod ehangach o bobl, 'mod i am i Blaid Cymru fod yn blaid fydde'n cymryd yr heriau ecolegol sy'n 'n hwynebu yn fwy difrifol ac yn meddwl yn ddyfnach am yr agenda werdd a hefyd, fel sosialydd, ro'n i am weithio mewn ffordd fydde'n sicrhau bod y nodau sosialaidd ry'n ni i gyd wedi ymrwymo iddyn nhw fel plaid yn cal 'u hadlewyrchu'n gryfach yn ein maniffesto. O 'styried bod hwn yn brosiect gwleidyddol clir, a bod y syniad o wneud Plaid Cymru yn blaid fwy deniadol i bobl mewn llefydd fel y Cymoedd, llefydd lle falle na fuodd 'da ni gynrychiolaeth mor gryf o'r blaen, yn gwneud synnwyr a dyma fi'n sefyll ar y sail 'ny. Ro'dd hi'n sioc fawr [pan enillais] os dwi'n onest. Do'n i wir ddim yn disgwyl ennill, a barn gyffredinol y sylwebwyr o'dd nad o'dd 'da fi obaith mul. Ond, mae'n ymddangos i ambell ddychymyg gael ei gipio fel rhan o'r ymgyrch. Ro'n i'n gallu cynnig set o bolisïau o'dd yn cyd-fynd â gwreiddiau'r blaid. Ro'n i wedi edrych nôl ar beth o'dd gan feddylwyr a chyfranwyr blaenorol i'r Blaid i'w ddweud yn y gorffennol, a trïo elwa ar beth ro'n nhw wedi sgrifennu a gwneud hynny'n berthnasol i'r sefyllfa bresennol, sef ar ôl y gyflafan fancio. Felly, ar beth o'r gorffennol allen ni elwa a alle roi rhai atebion i ni ar gyfer y dyfodol? Fe lwyddes i i gyfleu i bobl fod 'da ni lawer y gallen ni elwa arno fe, go iawn. Ac er bod pethe'n edrych yn ddifrifol ar sail fyd-eang, ariannol ac economaidd, ro'dd rhai darne o obaith y gallen ni'u cydosod i gynnig rhywbeth gwahanol ac ro'dd hynny ar sail cynnig yr hyn a alwn i yn 'annibyniaeth real' – fe ddwges i hwnna gan Raymond Williams – ond ro'dd e i fod i gyfleu rhywbeth mwy na dim ond annibyniaeth gyfansoddiadol; ma' fe i 'neud â chyflwr meddwl ac os gallwn ni feddwl yn annibynnol, bod yn annibynnol yn 'n bywyde'n hunen ac yn 'n cymunedau'n hunen, cymuned o gymunede yw Cymru, mae'r cyfan yna yn arwain at annibyniaeth gyflawn. Felly, mae jest yn fater o fod yn barod i wneud mwy droson ni'n hunen, bod yn barod i sefyll ar 'n dwy droed 'n hunen a bod yn annibynnol mewn ffordd real iawn, a fydde wedyn, gobeithio, yn cyfrannu at fod yn annibynnol mewn ystyr gyfansoddiadol hefyd. Ro'dd pobol fel 'sen nhw'n leicio'r syniad.'

Er bod gan Lafur fwy o fenywod sydd â phrofiad o fod yn weinidogion nag unrhyw blaid arall yn y Senedd, fel plaid yn y DG, chawson nhw erioed fenyw yn arweinydd:

EDWINA HART

'Bues i'n 'styried yn hir o'n i eisie sefyll neu beidio, a chael fy 'mherswadio gan gydweithwyr, yn groes i 'nheimlad greddfol, am wn i, achos do'n i ddim yn siŵr bo' fi eriôd wedi bod mor daer eisie bod yn Brif Weinidog â ma' pobl eraill fel 'sen nhw eisie bod yn Brif Weinidog. Ond dwedodd cydweithwyr, ac yn enwedig rhai cydweithwyr yn y mudiad undebau llafur, "Wel, ma' gwir angen llais sy'n taro tant gyda'r cyhoedd." Ac felly ar ôl meddwl yn hir ac yn ddwys, dyma fi'n mynd amdani. Ro'n i wastad yn gwbod yn fy nghalon na fydden i byth yn ennill, achos pan edrycha i ar beth ddigwyddodd yn 'mhroses ddethol i, ac edrych ar beth ma' pobol yn ei feddwl, dim fi yw beth fyddech chi'n ddisgwyl o gwbl. Menyw dew, ganol oed, dim gradd ganddi, chi'n gwybod, yn siarad damed-bach "fel hyn", a wel wrth gwrs, y gweddill, eu lleisie nhw, y ffordd o'n nhw'n siarad, y ffordd o'n nhw wedi bod, ac ati. Dyna o'dd barn aelodau o'r blaid, dwi'n credu, dyna sut ro'n nhw'n meddwl y dyle arweinydd edrych. Dwi'n credu bod elfen o hynny drwy'r amser. Ta beth, mewn â fi, a ges i lot o gefnogaeth gan yr undebe llafur ond ro'n i'n gwbod yn iawn na fydden i, ar derfyn dydd, cweit yn 'i 'neud hi. Ond wnes i erioed gwmpo mas gyda Carwyn [Jones] na Huw [Lewis] yn ystod yr ymgyrch. Serch hynny, ro'dd 'na ymgyrch gas iawn yn 'n erbyn i gan rai elfenne o ochr Carwyn, ond ma'n rhaid i fi ddweud bod Carwyn, pan golles i – ac fe golles i'n raslon iawn, a gwneud araith neis heb bentwr o nodiadau – wedi bod yn dda iawn wrtho i. Ro'n ni'n dod mlân yn iawn. Ro'dd e'n parchu'r ffaith bo' fi'n fwy teyrngar iddo fe yn y Cabinet yna na falle rhai pobol o'dd wedi'i gefnogi e. Ro'dd pobol yn dweud, "Dylech chi symud hi mas, cal hi mas o'r cabinet, fe fydd hi'n drwbwl," ac ati, ond fe lynodd e wrth yr egwyddor gyda fi bo' fi wedi colli, bo' fi wedi ymladd yn deg, 'i fod e a fi wastad wedi cyd-dynnu o'r blân ac fe garies i mlân [yn y cabinet]. Ges i eiliad o siom [am golli] ac wrth edrych nôl nawr, dwi'n dymuno mewn sawl ffordd 'sen i wedi bod yn Brif Weinidog, achos dwi ddim yn credu y bydde rhai o'r pethe ddigwyddodd wedi digwydd, gan y bydden i wedi delio â phethe'n wahanol.'

SUZY DAVIES

Yn 2018, daeth cyfle annisgwyl i Suzy Davies sefyll am arweinyddiaeth y Blaid Geidwadol:

'Ymddiswyddodd Andrew RT Davies a'r peth cynta' ro'n i'n meddwl o'dd fod rhaid cael cystadleuaeth tu fewn i'r blaid, achos ma' hynny'n rhan o fod gennym ni Arweinydd Cymreig yn lle jest bod yn rhan o'r blaid fwy. Hefyd ro'n i am wneud e yn y Cynulliad nesa'. Ond daeth Paul Davies ymlaen ac mae gennym ni lot o dir cyffredin mewn ffordd – yn dod o'r un lle yn y blaid o ran bod yn gymedrol ac o blaid Cymru. Hefyd ro'n i eisiau ymddangos yn fenyw Geidwadol *in charge* sydd ddim yn edrych fel Margaret Thatcher jest i ddangos i fenywod a dynion hefyd, bod e'n bosib bod yn arweinydd sydd ddim yn edrych fel ry'ch chi'n disgwyl, ddim yn swnio fel chi'n disgwyl a falle sydd ddim yn arweinydd yn y ffordd draddodiadol i'r Ceidwadwyr. Dwi'n *team player*, a dwi'n gwrando a dwi'n chwilio am gyfleoedd i bobl ddod drwodd a chael eu llais, yn lle edrych ar y pum dyn yn y gornel sydd yn trefnu popeth yn ein plaid ar hyn o bryd. A hefyd i ddangos 'sdim rhaid bod fel Churchill yn ysgwyd ei ddwrn a siarad. Ro'n i eisiau dod â'r blaid i le lot fwy cyfoes a nodi bod hi'n bosibl gwneud camgymeriadau ac ymddiheuro; 'sdim rhaid bod yn berffaith.'

ELUNED MORGAN

Yn yr un flwyddyn, ceisiodd Eluned Morgan am y brif swydd – arweinydd y Blaid Lafur yn y Cynulliad a Phrif Weinidog Cymru:
'Mewn ffordd roedd e'n rhy gynnar i fi, oherwydd dim ond ers dwy flynedd o'n i wedi bod yn y Senedd [sic], a dim ond am flwyddyn o'n i wedi bod yn Weinidog, a'r ffaith nad oedd lot o brofiad gweinidogol gen i. Ond beth do'n i ddim eisiau oedd colli cyfle. Mewn ffordd beth sy'n *motivation* i fi yw, nid moyn y swydd fawr, ond beth dwi ddim eisiau yw edrych nôl ar fy mywyd i a meddwl, "Beth os...?" A ma' hynna'n fwy o *motivation* na dim. Peidio difaru eich bod chi heb wneud rhywbeth. Ro'n i hefyd yn meddwl bod e'n bwysig i gael menyw ar y rhestr. Mae hi wedi bod yn anodd i fenywod drwy gydol hanes i gael y profiad hynna o roi eich hunan ymlaen, ac mae'n wir tu fewn i'r Blaid Lafur hyd yn oed heddiw. Os nad ydyn ni'n rhoi system mewn lle, dyw menywod jest ddim yn mynd drwy'r system. Mae'n dal yn wir heddiw. Ond

wedi gweud hynny, fi'n meddwl fod e'n bwysig iawn bod fi'n deall bod gwendidau gen i; falle ei fod e'n rhy gynnar i fi; falle bod dim profiad gen i; a dwi'n meddwl bod rhaid i chi sicrhau bo' chi'n deall nad rhywbeth yn erbyn bod yn fenyw yw hwn ond efallai nad yw pobl yn eich hoffi chi'n bersonol, ac mae'n rhaid i chi dderbyn hynny hefyd. Mae'n rhaid i chi fod yn ofalus i beidio â rhoi label – "Mae achos dwi'n fenyw." Efallai bod e achos ma' nhw ddim yn leicio 'ngwleidyddiaeth i, neu ddim yn leicio pwy ydw i, neu bo' nhw jest yn meddwl bo' fi 'di mynd yn rhy gynnar. Ac wrth edrych ar beth mae Prif Weinidog Cymru [Mark Drakeford] wedi mynd drwyddo 'leni, gyda Covid, mae'n rhaid i fi weud dwi'n meddwl bydden i wedi ffeindio fe'n anodd ofnadwy. A dwi'n meddwl bod yr arweinydd cywir wedi cael ei ethol.'

* * *

Pennod Tair ar Ddeg

CONSENSWS A CHLYMBLAID

Pan sefydlwyd Cynulliad Cenedlaethol Cymru roedd gan y to cyntaf o Aelodau obeithion a delfrydau ynghylch sut y byddai'r sefydliad newydd yn gweithredu. Roedd yr Aelodau benywaidd yn arbennig yn frwd dros feithrin trafodaeth gydsyniol resymegol yn siambr a phwyllgorau'r Cynulliad yn hytrach na'r math o wleidyddiaeth wrthwynebus ddrwg-dymer sy'n rhan o gyfundrefn wleidyddol feunyddiol San Steffan.

JULIE JAMES

'Y tu ôl i'r llenni yn y Senedd, ac eithrio'r pleidiau lleiafrifol a gafodd eu hethol yn yr etholiad diwethaf, mae bron popeth ry'n ni'n ei wneud yn gydsyniol – hyd yn oed gyda'r Ceidwadwyr. Oherwydd mae'n ffaith fod gwleidyddiaeth yng Nghymru dipyn mwy i'r chwith o'r canol nag yn Lloegr. A gallwn weithio'n eithaf cydsyniol ar bopeth bron. Mae yna fanylion y byddwn yn dadlau yn eu cylch – ond mae trwch y newidiadau y buom yn eu gwneud i'r cwricwlwm, y Bil Etholiadau a Llywodraeth Leol dwi wedi ei roi drwodd, y Ddeddf Tai ar Rent ac yn y blaen – maen nhw 80–90%

yn gydsyniol ac mae hynny oherwydd bod gennym ddylanwad meddal ar ddisgwrs gwleidyddol y wlad. Dwi'n credu bod hynny o'r golwg ac mae angen ei bwysleisio oherwydd byddai'n caniatáu i fwy o bobl ddeall pam ei bod hi'n fraint gwneud y swyddi yma, oherwydd, wyddoch chi, ry'ch chi yn cael cyfle i wneud hynny a cheisio cael menywod ifanc i weld os oes ganddyn nhw rywbeth maen nhw'n angerddol yn ei gylch, y gallan nhw roi amlygrwydd i'r peth hwnnw.'

Ond nid pawb oedd yn cytuno â'r farn uchod:

ANGELA BURNS

'I fi, y sioc fwyaf i'r system oedd sut roedd y Cynulliad yn gweithio oherwydd fel rhywun nad oedd yn amlwg wleidyddol, rhywun sy'n weddol yn y canol, wyddoch chi, dwi'n bendant yn ganol-dde. Fel rhywun o'm math i o gefndir ro'n i'n cymryd yn ganiataol ac yn credu erioed, cyn gynted ag y byddai'r etholiadau drosodd, ar ôl brwydro dros safbwynt gwleidyddol, pan fyddai 'na broblem go iawn, y byddech efallai'n cydweithio i raddau mwy, a dyna oedd yr hyn roedd rhaid i fi ei "ddad-ddysgu" yn glou iawn. Roedd yn safbwynt delfrydgar. Beth ddangosodd hyn yn glir i fi oedd pan gyflwynodd David Melding LCM [Memorandwm Cydsyniad Deddfwriaethol] yn ymwneud â phobl ifanc a oedd o fudd gwirioneddol o ran iechyd meddwl a phobl ifanc, ac fe'i gwrthodwyd am mai Ceidwadwr oedd e. Dwi'n cofio meddwl, "Arglwydd mawr!" Wedi'r bleidlais, oherwydd o'm safbwynt i, beth welwn i oedd syniad gwirioneddol dda a fyddai wedi datblygu'n bolisi â gwir botensial, a allai fod wedi gwneud gwahaniaeth enfawr i fywydau pobl. Ro'n i'n wyllt gacwn ac yn teimlo bod pobl Cymru'n colli allan. Ro'n i'n credu ei fod yn anhygoel o gibddall, ac wrth fwrw ymlaen â'm bywyd gwleidyddol, dwi wedi ceisio, ble bynnag y bod modd, pan deimlaf ei bod hi'n briodol, i roi fy nghefnogaeth i bleidiau eraill, a pholisïau eraill. Os bydd rhywun yn cynnig polisi da iawn, er nad fy syniad i yw e, os dwi'n credu 'i fod e'n wirioneddol dda ac â'r gallu i wneud gwahaniaeth mawr ... mi fydda i bob amser yn ymladd [drosto] o fewn ein plaid. Dwi'n trio'n galed iawn i beidio byth â dweud, "Wel, gan Lafur daeth hwnna ..." neu "o'r Blaid daeth hwnna ... ," neu "gan Annibynnwr daeth hwnna. Fe ddylen ni ei ddiystyru'n syth." Oherwydd dyw hynny ddim yn helpu pobl Cymru.'

DELYTH JEWELL

Bu Delyth Jewell yn ymchwilydd i Elfyn Llwyd, yr Aelod Seneddol ac Arweinydd grŵp Plaid Cymru yn San Steffan, cyn cymryd ei sedd yn y Cynulliad:

'Ma fe'n ddiddorol. Un o'r pethau sydd wedi synnu fi fwyaf gyda'r gwaith yn y Senedd yw, o'n i'n cymryd bydde fe'n haws i weithio'n drawsbleidiol yn y Senedd [nag yn San Steffan]. Fi'n meddwl fod pobl eisiau gweithio'n drawsbleidiol, ond oherwydd ma' cyn lleied o aelode, ac oherwydd bod pawb mor brysur drwy'r amser, a does dim llefydd corfforol yn y Senedd lle mae pobl yn ymgasglu yn yr un ffordd [fel] sydd yn San Steffan, mae e jest yn golygu bod y cyfleoedd rywsut ddim yn codi yn yr un ffordd ac mae hwnna'n rhywbeth, dwi'n meddwl, mae angen i ni newid. Dylsen ni gael mwy o aelode, a fi'n meddwl wedyn bydde mwy o le i wneud pethe sydd tu hwnt i'r sianeli arferol, sydd ddim yn gorfod digwydd yn swyddogol i ddechre. Dyna sut roedden ni 'di llwyddo i gael y newid yn y gyfraith [yn San Steffan] ond rywsut dyw'r cyfleoedd ddim yna yn yr un ffordd yn y Senedd, ac mae hynna'n rhywbeth croes i beth o'n i wedi disgwyl.'

JOYCE WATSON

Yn ôl Joyce Watson, mae natur gydsyniol a naws y Cynulliad Cenedlaethol wedi dirywio dros y blynyddoedd diwethaf:

'Fe o'dd e [yn gydsyniol]. Ddim nawr – mae'r tymor yma wedi bod yn hyll, o ran UKIP[2] yn enwedig, yn dod i mewn ac yna'n newid i Brexit. Nid dyma'r lle dymunol y cerddais i mewn iddo yn 2007. Does dim dwywaith am hynny. Ro'dd e'n llawer mwy gwaraidd yn 2007. Nawr, mae angen her mewn gwleidyddiaeth, wrth gwrs, ac fe heria i unrhyw un fy hun, ond 'sdim rhaid bod yn gas wrth wneud. 'Sdim rhaid bod yn bersonol – wir, ddylech chi byth fod yn bersonol – yn ei gylch. A ry'n ni wedi colli hwnna rywsut. Dyw hi ddim yn hawdd, fe ges i ymosodiad personol arna i gan UKIP, nad o'dd yn bleserus o gwbwl. Do'dd e'n ddim help pan gwynais i fod hwn yn ymosodiad rhywiaethol a phersonol, a'i fod yn torri'r holl reolau, i'r Comisiynydd Safonau ar y pryd ddweud ei fod yn iawn. Do'dd hynny byth yn mynd i fod yn iawn 'da fi. A dyma fi'n meddwl, "Dy'ch chi ddim yn mynd i ddweud hyn." Sut alla' i ofyn i fenywod ifanc, fel dwi wedi gwneud ar hyd fy oes, i ddod mewn i wleidyddiaeth, a derbyn bod hyn yn iawn? All hyn byth fod yn iawn.'[3]

JENNY RANDERSON

'Ychydig dros flwyddyn ar ôl i'r Cynulliad gychwyn, ymunodd y Democratiaid Rhyddfrydol mewn clymblaid gyda'r Blaid Lafur dan arweiniad Rhodri Morgan. Wrth gwrs ro'dd 'na bobol yn y Lib Dems oedd yn poeni am y glymblaid, ac ro'dd rhaid cynnal cynhadledd i gytuno i hyn ac yn y blaen ond cafodd ei chymeradwyo'n gryf iawn gan y gynhadledd honno. Ro'n i o blaid. Mae'n rhaid i chi ofyn i chi'ch hun pam y'ch chi mewn gwleidyddiaeth. Weithie mae pobl mewn gwleidyddiaeth am eu bod nhw'n angerddol am

---

2   Roedd grŵp trawsbleidiol menywod mewn Democratiaeth yn y Cynulliad – grŵp caeedig – yn lle i'r aelode drafod y realiti o fod yn y Cynulliad, yr herie a'r probleme, y tensiyne ym mhob un Blaid.

3   Yn 2018 crëwyd a rhannwyd fideo diraddiol o Joyce Watson gan Gareth Bennett AC, arweinydd UKIP yn y Cynulliad Cenedlaethol, ar YouTube. Fe'i eithriwyd o'r Cynulliad a chollodd ei gyflog am wythnos.

un peth, a chyn belled ag y gallan nhw ddilyn yr agenda honno, 'dyn nhw ddim o reidrwydd am fod mewn llywodraeth. Ond ro'dd 'niddordeb i bob amser yn llawer ehangach, ro'n i'n ymddiddori yn hyn yn fwy fel ffordd o fyw, ffordd o drin pobol, ac felly ro'n i'n sicr yn gefnogol i'r syniad o glymblaid. Ro'n i hefyd yn y glymblaid [llywodraeth gyda'r Ceidwadwyr 2010–2015] yn San Steffan yn llawer mwy diweddar, ac fe ddwedwn i ei bod hi'n glymblaid haws yng Nghymru. Ro'dd amcanion y ddwy blaid yn haws eu cysylltu â'i gilydd, eu cydgysylltu, a hefyd ro'dd hi'n haws achos ein bod ni'n nes at ein gilydd. Ro'n i'n arfer dibynnu'n fawr ar Edwina Hart am gyllid, wyddoch chi, ar gyfer prosiecte diwylliannol ro'n i am eu cychwyn, ac ati. Ro'dd hi yn y swyddfa [drws] nesa. Mae'n llawer haws datblygu cynlluniau ar y cyd os y'ch chi'n nabod eich gilydd.'

JANE HUTT

'Dwi wedi cael dau gyfnod fel Gweinidog mewn clymblaid gyda'r Democratiaid Rhyddfrydol a Phlaid Cymru, ac mae'r rhain hefyd wedi bod yn amserau pwysig a diddorol iawn, yn enwedig gyda'r glymblaid gyda Phlaid Cymru yn gweithio gyda Jocelyn Davies fel y Gweinidog Plaid Cymru ar y pryd i lunio Cytundeb Cymru'n Un. Felly roedd y rheini'n amserau reit unigryw i fod yn Weinidog ac roedd hi'n reit bwysig, roedden ni'n credu, mai dwy fenyw oedden ni wrthi'n creu'r cytundeb newydd yma rhwng dwy blaid wleidyddol. Ond yn amlwg dwi wedi bod yn Weinidog trwy gyfnodau lleiafrifol – dwi'n credu mai'r pwysicaf, fel gweinidog, oedd pan o'n i'n Weinidog Cyllid; roedden ni'n llywodraeth leiafrifol ac roedd rhaid i fi ffurfio cytundebau gyda phleidiau eraill er mwyn cael ein cyllideb drwodd, ac fe wnes i hynny chwe gwaith gyda Phlaid Cymru, y Democratiaid Rhyddfrydol, a gyda'r ddwy ohonyn nhw ar un adeg. Ac mae hynny golygu creu pontydd i wneud yn siŵr eich bod chi ar yr un ochr o ran cael polisïau a phenderfyniadau cyllido drwodd.'

Roedd y cyfnod rhwng Etholiad 2007 a llunio cytundeb rhwng y pleidiau yn un tymhestlog. Nid oedd y ffordd ymlaen yn amlwg nac yn rhwydd a Phlaid Cymru fel yr ail blaid fwyaf yn gorfod gwneud penderfyniad rhwng cefnogi Cytundeb Cymru Gyfan – clymblaid Enfys y Ceidwadwyr, y Rhyddfrydwyr Democrataidd a Phlaid Cymru – neu gefnogi Cymru'n Un, cytundeb clymbleidiol gyda'r Blaid Lafur:

JOCELYN DAVIES

'Ro'dd hi'n ddiddorol y diwrnod gafodd y fargen ei tharo achos ro'dd y ddogfen gyda ni. Jane [Hutt] a finne wedi negydu'r ddogfen, a'r unig bryd buodd Rhodri Morgan ac Ieuan Wyn Jones yn rhan o'r drafodaeth o'dd [ar] bethe allen ni ddim cytuno yn eu cylch. Felly, unrhyw beth ro'n ni'n gytûn arno fe, ro'dd 'da fi grŵp cyfeirio bach 'sen i'n mynd nôl i siarad ag e, a hithe hefyd. Galle popeth na allen ni gytuno [arnyn nhw] fynd at Rhodri ac Ieuan i'w trafod. Ta beth, ro'dd y ddogfen bron â bod wedi'i chwblhau. Ro'dd Rhodri ac Ieuan yn cyfarfod yn breifat, felly do'dd neb arall yno. Felly, medde Jane Hutt wrtho i, "Roiwn ni ugain munud iddyn nhw ac yna mynd mewn...", i mewn i swyddfa'r Prif Weinidog, hynny yw. Aeth ugain munud heibio a dyma hi [Jane Hutt] jest yn mynd i mewn – agor y drws a mewn â hi, a finne'n dilyn. Ro'dd Rhodri Morgan ar y soffa 'ma, 'sgidie bant a medde fe, "O helo Jane, helo Jocelyn..." Ma' Ieuan yn eistedd draw fanna ... mae e'n edrych yn ddiflas tost – o, dyw hyn ddim wedi mynd yn dda iawn – ond ma' Rhodri'n berffaith gyfforddus, "Ro'n i jest yn siarad â Ieuan, jest yn siarad am yr opsiyne gerbron – opsiwn Seland Newydd – chi'n cofio hwnna? Y syniad 'ma o – bydde 'da chi'r opsiwn Seland Newydd 'ma lle byddech chi [Plaid Cymru] ddim ond yn cytuno i bleidleisio drostyn nhw ar bleidlais o hyder – neu fe allen ni wneud hyn neu..." Medde fi, "Rhodri, ma' 'da fi glymblaid [clymblaid yr Enfys] yn aros amdana i mewn man arall. Felly, mae'n glymblaid [gyda Llafur] neu'n ddim byd. 'Sdim ots 'da fi pwy sy'n gofyn neu pwy sy'n cytuno. Mae e'n hwnna neu'n ddim byd." A medde Jane Hutt, "Dyna ni. Clymblaid, 'te," ac medden nhw, "Ie, iawn." Ro'dd e fel golygfa allan o *sitcom*, achos ro'dd y ddau ddyn eisie i'r llall i ofyn. Eisie i'r naill ddweud, "Gawn ni glymblaid?" Felly ro'n nhw wedi bod yn siarad o gwmpas y peth. Ro'n nhw eisie gallu dweud wedyn, "*Fe* ofynnodd i fi...'"

EDWINA HART

'Ro'n i mewn clymblaid 'da'r Rhyddfrydwyr o'dd yn iawn ar y dechre. Ro'n i'n dod mlaen yn iawn 'da Jenny Randerson. Peter Black o'dd fy Nirprwy Weinidog i â chyfrifoldeb am dai ac ro'dd e'n wych, a ro'n i wastad yn gwbod beth o'dd e'n 'neud. Wastad yn gwneud y busnes ac yn gwneud y gwaith. Ro'dd hynny i gyd yn eitha' rhwydd. Do'dd hi ddim yn glymblaid rwydd o safbwynt yr holl brobleme gyda Mike German ond heblaw am hynny... A'r glymblaid gyda'r Blaid [Cymru], ro'n i'n eitha' leicio hwnna. Allen ni ddim ffurfio llywodraeth, chi'n gweld, ac fe aethon mewn i glymblaid ac ro'dd hi'n glymblaid dda o'r safbwynt bod 'da ni agenda mor fanwl gyda'r glymblaid, gan i fi negydu peth o'r stwff iechyd, fel cynllun iechyd gwledig a gwahanol bethe fel 'na. Ac wedi 'ny – o'dd 'da ni ein gwahaniaethe, wrth gwrs – ond fe wnaethon ni i gyd i'r peth weithio, er lles y mwyafrif, yn fy marn i. Ond ro'dd rhai yn y Blaid [Lafur] o'dd ddim eisie hynny ac wrth gwrs ro'dd rhaid i ni gal cynhadledd i ddweud bod popeth yn iawn ac es i ddim – ro'n i wrthi'n cynnal cymhorthfa yn yr etholaeth. Wel, ro'dd y byd gwleidyddol yn newid. Ro'dd rhaid i ni warantu dyfodol datganoli a gwarantu agenda ro'n ni ei heisie, nid agenda y bydde gan y Toriaid unrhyw ran ynddi. 'Na beth y'ch chi'n ei 'neud, dyna beth y'ch chi'n ei ddysgu. Dy'ch chi ddim yn cal popeth o negydu ar ran undeb llafur. Chewch chi ddim bopeth y'ch chi'i eisie. Chi'n gwneud y ddêl ore allwch chi a gobeithio y bydd hynny'n ddigon. A ma' hynny'n eitha' pwysig a dwi'n meddwl weithie 'sdim llawer o brofiad o hynny. Ma menywod yn llawer gwell am weithio fel 'na a dwi'n credu bod y glymblaid wedi gweithio o'r safbwynt 'ny, achos ro'dd Jocelyn [Davies] yn cymryd tipyn o arweiniad ar stwff y Blaid yn hyn o beth, ac ro'dd 'na'n beth da i'w wneud. Ac fe gethon ni dipyn o hwyl mewn llywodraeth gyda nhw, chi'n gwbod, a ro'n ni i gyd yn eitha' agored gyda'n gilydd, ond pan ddaw'r etholiad wrth gwrs ma' pethe'n newid. Dwi'n meddwl, gan fod 'na ddealltwriaeth dda o beth o'dd yr agenda iechyd, fe drafodon ni beth o'dd angen i ni 'i 'neud yn y cabinet, gan hysbysu cydweithwyr yn y cabinet ac ro'dd hynny'n help aruthrol i fi i gal newidiade ro'n i eisie ym maes iechyd. O'r gore – ro'dd 'na linelle nad o'dd pobol am 'u croesi ond ro'n i'n teimlo bod trafodaeth aeddfed dda yn digwydd – ac yr o'dd hi'n drafodaeth aeddfed, dda.'

HELEN MARY JONES

'Pan gawson ni etholiad 2007, canlyniad pur dda i'r Blaid [Cymru] – sef y trafodaethau clymblaid – cefais fy hun yn cysgodi Edwina [Hart] ar Iechyd. Daeth hi â fi i mewn i'r holl gyfarfodydd pwysig. Bydden ni'n penderfynu ac yna'n mynd i ddweud wrth Rhodri ac Ieuan beth o'n ni'n mynd i'w wneud – y mwyaf o'r rhain oedd tynnu'r farchnad allan o iechyd. Buon ni'n cydweithio'n agos iawn, fe atalion ni fentrau cyllid preifat yn y gwasanaeth iechyd yng Nghymru ac fe wyddon ni pa mor drychinebus o wael mae'r rheini wedi bod yn Lloegr, ac ro'dd e'n gyfnod eitha' cynhyrchiol, dwi'n credu – y llywodraeth glymblaid. Wrth gwrs, y trafodaethau ynglŷn â'r glymblaid – mae sut aeth hynny i gyd wedi'i ddogfennu'n fanwl. Dwi'n credu byddai wedi bod yn well gan Ieuan, fel arweinydd, fod yn Brif Weinidog mewn clymblaid gyda'r Ceidwadwyr a'r Lib Dems. Doedd y menywod ddim eisie hynny – dim yr holl fenywod, fe gadwodd Elin a Jocelyn allan o'r drafodaeth – ond ro'n i, Leanne, Bethan a Nerys jest yn "na" ac yn y diwedd sylweddolodd Ieuan, na allai ddelifro ei fwyafrif tase'r pedair ohonon ni'n eistedd fel cenedlaetholwyr ffeministaidd, sef yr hyn ro'n i'n mynd i'w wneud. Byddai Edwina wedi bod eisiau gweithio gyda fi am ddau reswm. Un o'dd os o'n ni'n mynd i fynd ymhellach ar Iechyd a Gofal na'r hyn o'dd yn nogfen Cymru'n Un, byddai arni angen i fi ddod â'r grŵp gyda fi am fod angen eu pleidleisiau nhw i gael y peth drwodd. Nawr, gan ein bod, i bob diben, yn symud y llywodraeth glymblaid yn nes at bolisïau'r Blaid ac yn bellach oddi wrth rai Llafur, ro'dd hynny'n iawn gen i. Ond y peth arall wrth gwrs o'dd y galle hi ein defnyddio ni i gyfiawnhau i'r Blaid Lafur yn ganolog pam ro'dd hi'n gwneud pethau do'n nhw ddim eisie iddi wneud. Felly, wrth atal y mentrau cyllid preifat, y gallai hi, â'i chefndir cyllidol, weld y bydden nhw'n drychinebus ddeng mlynedd lawr y ffordd, ac nad oedd hi, yn wleidyddol, yn eu hoffi beth bynnag, gallai fynd at Gordon Brown a dweud, "Dwi mor sori, Gordon – yr hen Bleidwyr 'na sy mewn clymblaid â ni sy'n gwneud i fi wneud hyn."'

Ond roedd nifer yn y ddwy blaid yn anhapus â threfniant y glymblaid ac yn teimlo bod y gagendor yn ormod er bod eraill yn fwy pragmatig:

KAREN SINCLAIR

'Mi roeddwn i'n un o chwech yn y Grŵp Llafur oedd yn gwbl bendant yn erbyn clymbleidio â Phlaid Cymru. Dwi ddim o blaid cenedlaetholdeb o gwbl. Datganoli ydy dod â'r broses benderfynu yn nes at y bobl, nid gwahanu Cymru oddi wrth weddill y DG ac mi roeddwn i'n teimlo ein bod ni bron â rhoi hygrededd iddo trwy fynd i mewn i glymblaid. Felly ro'n i'n un o'r chwech a siaradodd yn ei erbyn yn y gynhadledd yn chwyrn iawn, iawn, a hyd heddiw dwi'n dal i deimlo 'mod i'n iawn.'

JANET RYDER

'Dwi'n meddwl ei bod [y glymblaid] yn ddiddorol iawn. Mi roddodd Blaid Cymru mewn grym ond bu dadlau ffyrnig o fewn y grŵp ac o fewn y blaid a dwy farn, "Bydd hyn yn ein suddo ... [a] bydd hyn yn rhoi mantais fawr i ni..." Doeddwn i ddim yn rhy hapus, ac ar y pryd fi oedd llefarydd Addysg yr wrthblaid ac roedd Jane Davidson yn bwrw ymlaen â mesur newydd ar golegau ac addysg bellach ac roedd o'n llwyr anwybyddu anghenion arbennig ... fedrwn i mo'i stumogi a fedrwn i ddim pleidleisio drosto. Chawn i ddim pleidleisio yn ei erbyn felly gadewais y pwyllgor a rhoi'r gorau i'r portffolio. Fedrwn i ddim g'neud hynny. Well gen i lynu at yr hyn dwi'n coelio sy'n iawn na gwneud rhywbeth na fyddai'n beth da. Felly dyma roi'r gora i'm portffolio, oedd yn iawn – roeddwn i'n ddigon hapus am hynny. Dydy o'm yn beth hawdd i'w wneud ond mi wyddoch fod yna adegau pan fo'n rhaid g'neud y peth iawn – be 'dach chi'n gredu sy'n iawn. Ac mi oeddwn i wedi treulio'r amser – wedi mynd o amgylch nifer o golegau ac roedd rhai colegau'n dda iawn a rhai ddim cystal ag roedd angen lefelu. Roedd angen i'r mesur ddweud, "Dyma be 'dan ni'n disgwyl i chi ei ddarparu ac ydy, mae o'n ddrud iawn, ond dylai'r plant yma – mi ddylen nhw gael y cyfle i fynd [i'r coleg]." Ac roedd rhai o'r colegau yn wych, roedd rhai o'r colegau'n gwneud yn dda iawn ond eraill ddim cystal. Ac fel arfer, hon oedd y gyllideb a fyddai'n cael ei tharo pe bai coleg yn canfod problemau ariannol, a dylid bod wedi achub ar y cyfle i atal hynny.'

JOYCE WATSON

'Ro'n i'n gwybod bydde'n rhaid cael clymblaid pan oedd 'da ni 25 [Aelod Cynulliad], ac yn amau mai gyda'r Blaid [Cymru] fydde hynny. Dwi'n realydd, a ro'n i, dwi'n meddwl, yn hanner cant a dwy [oed] pan ddes i mewn, felly doedd dim ots 'da fi. Beth fydde wedi fy mhoeni i'n fwy fydde cerdded i ffwrdd o'r bwrdd a bod heb ddylanwad. Dwi ddim yn credu bod cael clymblaid yn beth drwg o reidrwydd; dwi erioed wedi meddwl hynny, cyhyd â'i bod hi'n glymblaid rydych chi'n gyffyrddus â hi, a ro'n i'n ddigon cyffyrddus â'r glymblaid honno.'

Yn 2011, enillodd Llafur 30 o seddau a daeth clymblaid Cymru'n Un gyda Phlaid Cymru i ben. Parhaodd Llafur fel llywodraeth leiafrifol:

ELIN JONES

'Ie, roedd yn siom, nid o ran fi fel person yn colli'r swydd fel gweinidog, ond Plaid Cymru yn colli'r cyfle i barhau gyda rhai o'r elfennau o'r gwaith roedden nhw wedi cychwyn mewn llywodraeth. O'dd yna dipyn o feio ar y Llywodraeth, ac ar arweinyddiaeth Ieuan [Wyn Jones], fod gormod o sylw'r blaid wedi mynd ar fod mewn llywodraeth, yn hytrach na shwd o'dd tyfu'r Blaid a creu ein hunain yn fwy o beiriant etholiadol, a cymryd mwy o glod am yr hyn oedden ni wedi ei gyflawni, fel y blaid leia' yn y Llywodreth, a bod ni wedi cael ein cosbi rywfaint wedyn yn yr etholiad a ddilynodd yn 2011. Ac ers hynny, wrth gwrs, mae ambell i lais ym Mhlaid Cymru, bob hyn a hyn, yn dweud, wel, dyw bod mewn Llywodreth falle, ddim werth e, yn enwedig os yw rhywun yn bartner llai yn y llywodraeth hynny, ei fod yn bris rhy fawr i'w dalu oherwydd bod e ddim yn cael ei adlewyrchu mewn canlyniade etholiadol. Bydden ni wastad yn anghytuno gyda 'na, oherwydd mae 'na bethau sy'n cael eu cyflawni mewn llywodraeth, sy'n bolisïau pwysig i Blaid Cymru, ac sy'n werthoedd pwysig hefyd i Blaid Cymru. Ac, wrth gwrs, y peth oedd yn hynod bwysig, ac ry'n ni'n elwa ohono fe heddiw hefyd, yn gyfansoddiadol i Blaid Cymru, os na fyddai Plaid Cymru wedi bod mewn llywodreth yn y cyfnod yna, mae'n bosib byddai'r Senedd yma heb bwere deddfu hyd yn oed erbyn hyn. Oherwydd un o'r amode o gydweithio gyda Llafur oedd bod yna refferendwm yn cael ei gynnal yn 2011, a fydde wedyn, o'i ennill, fel y gwnaeth e, yn rhoi pwere deddfu llawn i'r Senedd yma yn y meysydd sydd wedi eu datganoli. Felly roedd hwnna'n waddol pwysig iawn i Blaid Cymru fod wedi ei gyflawni yn y bedair blynedd yna.'

HELEN MARY JONES

'Dwi'n meddwl i rai polisïau da iawn gael eu cyflwyno [yn ystod clymblaid Cymru'n Un] – y gwaith tawel wnaeth Jocelyn Davies ar dai cyhoeddus yng Nghymru – ond allen ni byth a'i chael hi i fynd ar y radio a'r teledu i siarad amdano, ond cychwynnodd hynny drawsnewidiad yng Nghymru trwy symud yn ôl tuag at adeiladu tai cyngor, wrth roi llawer mwy o adnoddau i'r cymdeithasau tai. Gwnaeth Elin rai pethau da iawn ym mhortffolio'r Amgylchedd. Wrth gwrs, fe gawson ni Ddeddf Iaith newydd dan arweiniad [Alun] Ffred. Fe gawson ni'r chwalfa gyllidol ac yna'r cynlluniau ProAct a ReAct, ar y cyd rhwng cyllid a datblygiad economaidd, a dylen ni [y Blaid] fod wedi gwneud mwy o hynny, wyddoch chi, dylid bod wedi cyhoeddi'n gliriach mai polisi Plaid Cymru oedd hwn, a pharhaodd Edwina Hart a minne i redeg Iechyd a Gwasanaethau Cymdeithasol fel tipyn o *job share*.'

KIRSTY WILLIAMS

Ar ôl Etholiad 2016, Kirsty Williams oedd yr unig Ddemocrat Rhyddfrydol i gadw ei sedd yn y Cynulliad ac, er ei bod yn sefyllfa ryfedd ac yn broses gymhleth, penderfynodd dderbyn rôl y Gweinidog Addysg yng Nghabinet Carwyn Jones:

'Ro'dd hi'n foment chwerwfelys. Roedd ennill ym Mrycheiniog a Maesyfed yn fendigedig. Fe enillon ni â mwyafrif o dros wyth mil, y canlyniad gore i ni yma erioed, ond do'dd dim amser i ddathlu achos beth o'dd wedi digwydd gyda phawb arall. Roedd rhan ohono i o'dd wedi dymuno'n daer y bydden i'n mynd lawr gyda gweddill y tîm. Teimlad ofnadwy o'dd bod nôl pan o'dd pawb arall wedi colli. Ro'n i'n teimlo'n euog iawn. Ro'n i wedi penderfynu yn barod na fydden i'n Arweinydd Democratiaid Rhyddfrydol Cymru [eto]. Ro'dd e wedi mynd yn faich ac ro'dd hi'n eglur i fi bod angen rhywun newydd yn y swydd. Cyfnod wedyn o drafod a negydu ar ba delerau y bydden i'n gwneud hynny [derbyn rôl y Gweinidog Addysg], p'run ai fydden i'n gwneud, beth o'n i am 'i wneud 'sen i'n cymryd y swydd, beth fydde'r goblygiadau polisi, pa ran o faniffesto Democratiaid Rhyddfrydol Cymru fydden i eisie'i weithredu, beth fydden i eisie'i wneud yn y maes Addysg. Cafodd y cwbwl ei drafod, ei benderfynu a'i sortio ond wedyn mae 'na broses ma'n rhaid i Ddemocratiaid Rhyddfrydol Cymru fynd drwyddi, yn cynnwys pleidlais gan yr holl aelodau i ganiatáu i fi wneud y swydd. Ro'dd rhaid cael cynhadledd arbennig a chynnal pleidlais o bob aelod o'r blaid [yn y DG] oedd am fynychu i bleidleisio a phenderfynu a allen i gymryd y swydd yma yn y cabinet neu beidio. Yn y diwedd pleidleisiodd y Blaid i ganiatáu i fi dderbyn y swydd. Yn y bôn, dwi'n Ddemocrat Rhyddfrydol a dwi'n gorfod cadw at reolau'r Blaid. 'Sen nhw wedi dweud "na", bydden i wedi parchu'r penderfyniad. Dwi'n falch iawn iddyn nhw ddweud "ie". Mae wedi bod yn fraint wirioneddol i allu gwasanaethu fel Gweinidog mewn llywodraeth Gymreig er bod hynny o dan amgylchiade rhyfedd braidd.'

* * *

PLEIDLEISIO YN UN AR BYMTHEG OED

Mae gostwng yr oedran pleidleisio i un ar bymtheg oed wedi bod yn bwnc llosg i nifer o wleidyddion Cynulliad Cenedlaethol Cymru ac yna'r Senedd, dros y blynyddoedd.

ELUNED MORGAN

'Dwi wedi gwneud lot o waith ar hwn hyd yn oed [pan oeddwn i] yn Nhŷ'r Arglwyddi, pan o'n i'n gwneud yr achos, yn ystod refferendwm Brexit. Dyle pobl un ar bymtheg a dwy ar bymtheg oed fod wedi cael cyfle i bleidleisio yn fan'na, a galle fod wedi gwneud gwahaniaeth i'r bleidlais. Ond beth ry'n ni wedi gweld, a beth mae'r dystiolaeth yn dangos i ni, yw os ma' pobl yn dechre ymwneud â gwleidyddiaeth ac yn dechre pleidleisio o oedran ifanc, ma'n nhw'n fwy tebygol o gario ymlaen i bleidleisio. Ac yn arbennig hefyd pan ma'n nhw'n un ar bymtheg a dwy ar bymtheg oed, ma' lot ohonyn nhw'n dal adre', lle wedi deunaw, ma'n nhw wedi symud i ffwrdd o'u cymunede nhw, 'dyn nhw ddim yn teimlo yn gymaint o ran o'u cymunede nhw, 'dyn nhw ddim yn teimlo cymaint o *stake* am ychydig o flynyddoedd tan eu bod yn setlo lawr eto. Felly mae cael pobl [iau] mewn i'r *habit* o bleidleisio yn bwysig iawn. Ry'n ni'n dysgu nhw yn yr ysgol nawr ynglŷn â gwleidyddiaeth ac felly mae hyn i gyd mewn lle. A hefyd, un o'r pethe ma' pobl yn dweud yw, "Wel, 'sdim digon o brofiad gyda nhw, 'sdim digon o wybodaeth gyda nhw." Mae gwybodaeth gan bawb nawr. Chi'n gallu mynd ar Google. Ma'n nhw â mwy o wybodaeth o bosibl na lot o bobl hŷn sydd heb y mynediad yna.'

ELIN JONES

Roedd Elin Jones yn allweddol yn y frwydr i ostwng oedran pleidleisio yn Senedd Cymru:

'Fe o'n i'n awyddus iawn, pan ddes i'n Llywydd, i gyflawni newidiade, yn ogystal â jest bod yn Llywydd a llywio a chadeirio cyfarfodydd y Senedd. Ro'n i eisie gwneud rhywbeth o'r rôl hynny. Felly yn gynnar iawn, fe 'nes i sefydlu comisiwn oedd yn edrych ar ein system bleidleisio ni o ran y nifer o aelode i'w hethol, pa system bleidleisio y dylid defnyddio, a hefyd beth ddyle'r oedran pleidleisio fod. Laura McAllister arweiniodd ar y gwaith 'ny. Fe wnaeth hi wneud ei hargymhellion fel comisiwn oedd yn argymell fwy o aelode, newid system etholiad i STV [pleidlais sengl drosglwyddadwy] ac yna gostwng yr oedran pleidleisio. Doedd dim consensws gwleidyddol am y ddau bwynt cynta' yn y Senedd ddiwetha'. Doedd dim digon o bobol i gefnogi newid y system etholiadol a chynyddu'r nifer, felly gorfu i fi ganolbwyntio ar y lle ble ro'dd yna gonsensws sef i ostwng yr oedran pleidleisio. Felly, fi gyflwynodd y ddeddfwriaeth aeth trwy'r Senedd i ostwng yr oedran pleidleisio i un ar bymtheg a dwy ar bymtheg, a ro'n i'n falch iawn o wneud hynny. A dwi'n gweld, wrth edrych yn ôl ar 'nghyfnod i fel Llywydd, fel cyfnod falle wnaeth fywiogi ymwneud pobol ifanc mewn gwleidyddiaeth yng Nghymru. Ddim pawb wrth gwrs, mae lot fawr o waith i'w wneud eto ar hynny.'

Ym mis Ionawr 2020, pasiwyd deddfwriaeth gydag uwchfwyafrif i ostwng yr oedran pleidleisio i 16 ar gyfer etholiadau lleol ac etholiadau Senedd Cymru. Ym mis Mai 2021, cafodd pobl ifanc dros un ar bymtheg oed gyfle i bleidleisio dros eu hymgeiswyr Seneddol am y tro cyntaf:

JULIE MORGAN

'Dwi'n meddwl ei fod [pleidleisio i rai un ar bymtheg a dwy ar bymtheg oed] yn bwysig iawn. Dyw'r niferoedd ddim yn enfawr ond mae mor bwysig, yn fy marn i, i ddangos eich hyder mewn pobl ifanc a dangos eich bod yn parchu pobl ifanc ac yn parchu eu barn. Fe ges i wrthwynebiad anferth pan gyflwynais i'r bil yn San Steffan. Ro'dd pobl yn meddwl bod colled arna 'i. "Rhai un ar bymtheg a dwy ar bymtheg oed yn pleidleisio?!" Ond mae'n ymddangos i fi bod gan rywun un ar bymtheg oed yn aml syniade cystal â rhywun trigain oed. Dwi'n teimlo bod pobl ifanc yn haeddu'r sylw yna ac felly dwi'n credu ei fod yn wych. Dwi'n meddwl y gallwch chi wneud pethe sy'n cael eu gweld fel rhai mwy radical mewn corff bach fel y Cynulliad, a ry'n ni wedi gallu gwneud pethau yma sy'n fwy anodd eu gwneud yn San Steffan.'

JOYCE WATSON

'Dwi wastad wedi cefnogi [pleidleisio yn un ar bymtheg]. Dwi'n credu taw dyna un o'r cwestiyne cynta' ofynnwyd i fi cyn i fi ddod mewn, chi'n gwbod, pan fyddwch chi'n gwneud eich hysting. A medde fi, "Ydw, yn bendant." Ro'n i'n briod yn un ar bymtheg oed, a ddim yn gallu pleidleisio. Ro'n i'n cael pobol yn dod i'r drws yn gofyn am y gŵr, achos ro'dd e'n gallu pleidleisio, a bydden i'n gwrando ar 'u lap dwl nhw. A ro'n i'n meddwl, "Ma' hyn mor annheg, achos fydden i byth yn pleidleisio i chi, ond alla' i wneud dim ynglŷn â hynny." Dwi'n credu'i fod e'n bwysig dros ben, a bod angen mynd i'r afael â'u hagendâu. Dwi'n falch iawn. Dwi'n gwybod y byddan nhw'n becso am yr amgylchedd, a bydd hynny'n achosi newid, a gan fod e'n rhywbeth dwi'n poeni'n angerddol amdano fe, ma' 'na'n siwto fi'n iawn. Gwych. Byddan nhw'n poeni am dosturi hefyd, am dipyn bach o garedigrwydd at ei gilydd, ac iechyd meddwl. Ry'n ni i gyd wedi gweld bod gwir eisie sylw a ffocws ar hynny, ac mae'n digwydd nawr, ers degawd. Peth da, achos dwi'n ofni nawr fwy nag erioed, a dwi 'di gwneud lot 'da phrentisiaethe. Ma' 'da'r Cynulliad record dda ar hyn. Ma' diweithdra mawr yn mynd i fod gyda pobol ifanc, ac mae e'n dod lawr y trac yn glou iawn. Rhaid iddyn nhw beidio â bod yn genhedlaeth goll, a dwi'n credu bod y Cynulliad yn cydnabod hynny. A dwi'n credu, chi'n gwbod, y byddan nhw'n gwneud y dewisiade hynny. Dwi'n meddwl taw'r peth pwysica' un yw 'u bod nhw'n cael lefel dda o addysg a dealltwriaeth o wleidyddiaeth nawr. A dyna'r peth arall. Ma' diffyg yn y DG o ran addysgu pobl yn iawn i mewn i wleidyddiaeth, gwleidyddiaeth gyda G fach neu fawr. Bydden i'n fodlon mentro nad yw'r rhan fwyaf o bobol yn fy nhre i'n gwbod pwy yw eu cynghorwyr tre, na eu cynghorwyr sir, debyg iawn, na'n gwybod pwy yw eu Haelode Cynulliad nhw chwaith. Wnes i erioed dwyllo'n hunan bod pawb yn gwbod pwy ydw i, oherwydd y ffaith amdani yw taw dim ond rhyw 10% o bobol sy'n gwybod pwy yw eu cynrychiolwyr. A llai na hynny, fentra' i, sy'n gwybod sut i gysylltu â nhw.'

JANET RYDER

'Dwi'n meddwl bod hyn yn mynd i fod yn bwysig iawn a dwi'n meddwl bod gwir angen i wleidyddion ymgysylltu â'r bobl ifanc oherwydd bod ganddyn nhw agwedd wahanol. Gallai [pleidleisiau i rai un ar bymtheg a dwy ar bymtheg oed] effeithio'n fawr ar hynt yr etholiad. Dwi'n credu bod yn rhaid i chi ddechrau holi eich hun, "Beth yw gwleidyddiaeth brif-ffrwd? Beth yw gwleidyddiaeth dda?" Tydy gwleidyddiaeth ddim yno i gefnogi busnes, mae gwleidyddiaeth yno i gynhyrchu byd da i bobl fyw ynddo. Ac mae newid hinsawdd wrth graidd hynny, mae cyfle cyfartal wrth graidd hynny, mae sicrhau bod gan bawb gartre da wrth graidd hynny, mae sicrhau bod gan bawb amgylchedd diogel i dyfu i fyny ynddo wrth graidd hynny. Ac i lawer o bobl ifanc, mae hynny'n cyd-fynd â'u barn nhw. Mae'n rhaid i wleidyddion ddechrau cymryd ymweld ag ysgolion o ddifri', os dim byd arall, a jest siarad â disgyblion pumed dosbarth a chweched dosbarth, mynd i gwrdd â grwpiau pobl ifanc. Bydd gwleidyddion adeg etholiad yn treulio hydoedd yn galw o gwmpas cartrefi gofal a lleoedd felly, ond edrychwch lle mae'r bleidlais go iawn yn mynd i fod a dewch i adnabod y bobl ifanc yma. Dydy'r ffaith eu bod nhw'n meddwl yn wahanol ddim yn golygu nad ydy hynny'n iawn, ddim yn golygu nad ydy o'n cael effaith. Ac mae llawer ohonyn nhw'n pryderu am betha fel cyngor yn rhoi safle bws yng nghanol llwybr beicio y mae newydd ei greu o gwmpas y dre, a fedran nhw ddim deall cyngor a allai wneud hynny, a digon teg hefyd. Does dim llawer o bobl eraill yn medru – sôn am fater lleol – ond i chi ddechrau gwrando ar rai o'r pethau sy'n dod drwy'r Senedd Ieuenctid, a'r gwaith sydd wedi'i wneud, fe welwch nad sioe fach ar yr ymylon mohoni. Mae'n rhaid i chi ddechrau cymryd hyn o ddifri'.'

KIRSTY WILLIAMS

Mae Kirsty Williams, cyn-Weinidog Addysg Llywodraeth Cymru a phensaer y Cwricwlwm Cenedlaethol newydd, yn edrych ar bwysigrwydd y datblygiad o safbwynt addysgiadol:

'Beth yw nodweddion yr unigolyn fydd yn dod mas o'n system addysg? Pa fath o bobl ydyn ni am iddyn nhw fod? Dinasyddion egwyddorol, gwybodus, sy'n barod i chwarae eu rhan yng Nghymru a'r byd. A allwch chi ddim cyflawni'r nod hwnnw oni bai bod plant yn gwybod bod ganddyn nhw lais a bod ganddyn nhw hawl ond bod ganddyn nhw hefyd gyfrifoldeb i gyfranogi yn y systemau 'ma waeth pa mor amherffaith y'n nhw. Felly mae'n bwysig iawn bod plant yn deall eu hawliau ac yn gwybod sut i'w defnyddio mewn proses ddemocrataidd. Dwi wrth fy modd â'r gobaith y gall rhai un ar bymtheg a dwy ar bymtheg oed ennill y bleidlais. Mae'n hen, hen bryd a dwi'n siarad â phobl ifanc o hyd sy'n anhygoel o angerddol am faterion sy'n effeithio ar eu cymuned leol, neu ar eu cenedl neu'n wir yn effeithio ar y byd i gyd. Felly mae'n wironeddol bwysig. Oes angen rôl-fodelau ar bobl? Yn sicr. Fel y dwedodd rhywun unwaith, "Allwch chi ddim bod yn rhywbeth 'dych chi ddim wedi ei weld," a gobeithio pan fydd menywod ifanc yn edrych ar y Cynulliad ac yn gweld y menywod yn y Cynulliad y gwelan nhw ei fod yn sefydliad y gallan nhw anelu at fod yn rhan ohono, a dwi'n teimlo hynny yn hynod o gryf fel mam i dair o ferched. Ar adege bydda' i'n meddwl, "O'r mawredd – lwyddes i i gael y cydbwysedd yn iawn?" Hynny yw, ydw i wedi creu pobl sydd wedi diodde' achos beth dwi'n ei wneud? Ond mae'r merched bob amser yn dweud wrtho i, "Na, ni'n falch iawn o beth wyt ti'n 'i wneud," ac mae hynny'n helpu i'n hysbrydoli ni, i wybod bod yn rhaid i chi wneud eich peth eich hun a chymryd 'ch llwybr eich hun, a'r tro cynta' ddwedith rhywun, "Allwch chi ddim gwneud 'na oherwydd..." Gallwch ei anwybyddu a bwrw mlaen i'w wneud e ta beth.'

BETHAN SAYED

'Mae'n rhaid i hynna ddod gydag addysg well i'n pobl ifanc ni, a dyna pam mae'n rhaid iddynt gadw golwg glir ar yr hyn mae Kirsty Williams yn ei wneud mewn ysgolion i sicrhau fod yr elfen ddemocrataidd hynny yn gwella. Oherwydd, er enghraifft, ro'dd Gwenda Thomas, gynt yn aelod Castell Nedd, wedi mynd i mewn i ysgol yng Nghastell Nedd ac ro'dd hi wedi siarad yn negyddol am annibyniaeth i Gymru, yn amlwg, y bydde hi'n gwneud hynny fel rhywun sydd ddim yn credu mewn annibyniaeth. Ac roedd un ferch yn y gynulleidfa, ro'n i'n nabod, wedi dweud wrth yr athrawes, "Dwi eisiau i Bethan ddod i mewn felly, i roi'r gwrthwyneb." A na'th yr athrawes ar ôl i fi ysgrifennu i mewn, ddweud, "Na!" Doedd dim croeso i fi ddod mewn i roi'r ddadl i'r gwrthwyneb. Ry'n ni'n dal, fel pleidie llai, yn cael y broblem hon mewn ardaloedd Llafur, i fynd i mewn i siarad gyda phobl ifanc. Dwi'n credu, gyda'r oedran yn mynd i lawr, bydd e'n haws i ni fynd i mewn a bydd mwy o ffocws ar bwysigrwydd gwleidyddion yn mynd i mewn i ysgolion i drafod, dim jest mecanweithie gwleidyddiaeth ond, "Pam ydych chi eisie pleidleisio? Beth yw'ch eidioleg chi? Beth yw eich craidd chi?" Mae gan ysgolion ar hyn o bryd gymaint o ofn siarad am pam ry'n ni'n pleidleisio, fel 'tae eu bod nhw'n meddwl ein bod ni'n mynd i wneud iddynt [y disgyblion] bleidleisio droston ni! Nid dyna'r bwriad, ond bod nhw'n gwybod pam eu bod nhw eisie pleidleisio. Dwi'n gyffrous iawn am hynny achos mae gan lot o bobl ifanc farn wahanol falle i bobl hanner cant i drigain oed.'

VERONICA GERMAN

'Dwi'n meddwl ei bod yn dda eu bod nhw [rhai un ar bymtheg a dwy ar bymtheg oed], fe ddylen nhw fod yn pleidleisio. Mae llawer o waith i'w wneud. Fe wnes i dipyn o waith pan o'n i yn y Cynulliad ar bobl ifanc a phleidleisio ac yn rhyfedd ddigon 'tase chi'n mynd mas i ysgolion ac yn siarad â phobl, bydde llawer yn dweud na ddylen nhw gael y bleidlais – pobl ifanc yn dweud, "'Dydyn ni ddim yn gwybod dim byd, dydyn ni ddim yn barod." Un o'r pethe ddyle ddigwydd yn fwy yw mwy o addysg am wahaniaethau polisi rhwng pleidiau mewn ysgolion. Ddylen ni ddim ofni bod yn blaid-wleidyddol mewn ysgolion. Ddylen ni ddim ofni dweud mai dyma beth mae Democratiaid Rhyddfrydol yn sefyll drosto, dyma beth mae'r Blaid [Cymru] yn sefyll drosto, dyma beth mae Llafur yn sefyll drosto. Wrth gwrs, dyw athrawon ddim am gyffwrdd â hyn felly dylen nhw gael pobl i ddod i mewn. Ma'n nhw'n gwneud hynny o gwmpas etholiad ond mae angen hyn drwy'r amser, y math yma o ymdeimlad o gyfrifoldeb dinesig. Dwi'n gwybod bod gwleidyddiaeth y rhan fwyaf o bobl ifanc heddiw yn ymwneud â phynciau sengl penodol, ma'n nhw'n angerddol am yr amgylchedd, ma' gyda nhw bethe sy'n eu cyffroi'n fawr, ond dydyn nhw ddim yn cysylltu hynny â gwleidyddiaeth plaid, a dyna'r ddolen goll.'

Senedd Ieuenctid

Ym mis Hydref 2016, pleidleisiodd Aelodau'r Cynulliad Cenedlaethol i sefydlu Senedd Ieuenctid bwrpasol. Ymgynghorwyd â thua phum mil o bobl ifanc ledled Cymru i benderfynu ar nod ac amcanion, gwaith ac aelodaeth y Senedd newydd sbon. Etholwyd Aelodau o'r Senedd Ieuenctid gyntaf ym mis Rhagfyr 2018.

BETHAN SAYED

'Fe wnes i lobïo yn syth. Yn sicr ro'n i'n codi [pwnc] pobl ifanc ac eisie cael senedd go iawn i bobl ifanc ers i fi gael fy ethol 'n hun [yn 2007]. O achos o'n i'n gwybod bod *Funky Dragon*[4] yn cynrychioli pobl ifanc. Ond do'dd hi ddim yn Senedd. Do'dd hi ddim yn Senedd i bobl ifanc. Ro'dd hi'n gweithio gyda'r Llywodreth yn fwy aml, ac roedden nhw'n poeni am fod yn feirniadol o'r Llywodreth oherwydd sut oedden nhw'n cael eu hariannu. Felly mae'r ffaith fod nawr Senedd Pobl Ifanc i Gymru yn wych yn fy marn i.'

SUE ESSEX

'Ma'r Senedd Ieuenctid a'r bobl eraill hyn sy'n dechre cymryd rhan wedi gwneud argraff fawr arna' i. Oes – mae gan bobl ifanc un ar bymtheg oed yr hawl i gael eu clywed, nid dim ond mater o bleidleisio yw hyn, ma' gyda nhw hawlie mewn pob math o ffyrdd.

---

4 *Cynulliad Plant a Phobl Ifanc Cymru oedd* Funky Dragon. *Roedd yn sefydliad a arweiniwyd gan gyfoedion a oedd yn darparu cyfleoedd i bobl ifanc hyd at bump ar hugain oed i leisio'u barn ar faterion a oedd yn effeithio arnynt. Daeth i ben yn 2014.*

Yn bersonol, dwi'n credu y byddan nhw'n rym etholiadol a bydd rhaid i wleidyddion wrando arnyn nhw. I ba radde allan nhw fynegi hynny, wn i ddim. Ond nôl at beth ma' pobl yn 'i wneud mewn ysgolion ... beth ma' pobl yn 'i wneud ar yr aelwyd, greda i [sy'n bwysig]. Ro'n i'n arfer trefnu ffug etholiadau ar gyfer rhai un ar bymtheg oed yn bennaf yn fy ysgolion uwchradd – ro'n i'n dwli gwneud, fel bod pobl yn cymryd rhan ... ac ro'dd hi'n hynod faint o bobl ifanc nad o'dd hyd yn oed yn trafod gwleidyddiaeth yn y teulu – byth yn ei godi – doedd nifer fawr o bobl ifanc ddim yn gwbod y pethe mwya' sylfaenol. Bydden nhw'n dweud, "Fi wir ddim yn gwbod dros bwy i bleidleisio. Fi jest yn gweld yr enwe 'ma a fi ddim yn gwbod beth ma'r enwe [pleidiau] gyferbyn â nhw yn ei olygu." Mae bwlch enfawr yn ein haddysg ledled Prydain ac mae angen mynd i'r afael â hynny.'

ELIN JONES

'Ro'dd pobol ifanc mor flin, lot fawr ohonyn nhw, gyda'r ffaith bod nhw ddim wedi cael llais yn y refferendwm yn 2016, fod nhw ddim yn un ar bymtheg a dwy ar bymtheg oed [wedi cael] dweud a ddyle Cymru aros yn yr Undeb Ewropeaidd neu beidio. Felly ro'dd rhoi rhyw fath o obaith iddyn nhw fod Cymru o fewn ein Senedd ni yn parchu eu llais nhw, ac eisie clywed y llais hynny, felly ro'dd sefydlu'r Senedd Ieuenctid – pobol ifanc oedd wedi galw am y Senedd Ieuenctid, nid 'n syniad i oedd e – ond fe o'dd e'n bwysig iawn i fi i weld creu'r strwythur yna a hyd heddi, dwi'n meddwl, o'r holl gyfarfodydd dwi wedi eu cadeirio erioed, y cyfarfod dwi 'di mwynhau a chael yr ysbrydoliaeth orau ohono fe oedd y cyfarfod cyntaf yna o'r Senedd Ieuenctid. Ro'dd chwe deg aelod yna o'u cefndiroedd amrywiol iawn, ac ro'dd gyda nhw farn wleidyddol wahanol hefyd. Ond ryw ffordd ro'dd gyda nhw'r fath egni a'r fath obaith am ddyfodol Cymru a beth ddyle Cymru fod, ro'dd e'n gwbwl ysbrydoledig i fi'r diwrnod cyntaf hwnnw y cadeiriais sesiwn gyntaf y Senedd Ieuenctid. Ac roedd e'n adfywio 'ngobaith i fod, hyd yn oed yn nüwch canlyniad Refferendwm 2016, fod yna bobol ifanc alluog iawn a oedd yn mynd i allu sicrhau dyfodol ein gwlad ni.'

* * *

Pennod Pymtheg

LEGASI A CHASGLIADAU

Wrth edrych yn ôl dros yr ugain mlynedd ddiwethaf, beth a deimlai'r Aelodau sydd wedi ei gyflawni gan ddatganoli a pha gyfleoedd a gollwyd?

ELUNED PARROTT

'Dwi'n meddwl bod datganoli fel taith wedi rhoi hyder i Gymru. Cymerais i ran mewn cyngerdd ym 1999 o'r enw *Voices of a Nation* ym Mae Caerdydd, pan o'n i yng nghôr Cymreig y BBC; Tom Jones a Catatonia a Shirley Bassey, yn un o'i ffrogiau Draig Goch hyfryd, ac roedd 'na don yn llawn balchder yn ein hunaniaeth genedlaethol. Profodd Cymru ran o'r broses o ddyfu'n genedl fwy hyderus a dwi'n credu y gwelir, wrth i'r blynyddoedd fynd heibio, fod hynny ynddo'i hun yn bwysig. Ceir gwahaniaethau polisi rhwng Cymru a San Steffan sy'n bwysig ar y foment hon, ac yn y cyfnod hwn, ond dwi'n credu mai'r gydnabyddiaeth gynyddol o statws Cymru fel cenedl yw canlyniad pwysicaf yr ugain mlynedd gyntaf. O edrych ar y gwahaniaethau polisi, mae 'na ffyrdd lle 'dyn ni'n dechrau newid cwrs yn enwedig ynglŷn â'r amgylchedd ac yn ceisio gweld y byd mewn ffordd ychydig yn wahanol. Felly, yn hytrach na mesur ein llwyddiannau a'n methiannau mewn termau ariannol yn unig – sef yr hyn mae San Steffan yn anffodus yn ei wneud wrth osod targedau, eu gosod ar sail effaith ariannol – 'dyn ni'n gallu gweld yn ehangach bod 'na effaith amgylcheddol ac effaith gymdeithasol, ac y gellir dangos gwerth mewn gwahanol ffyrdd. Mae 'na gyfle i Gymru fod yn genedl fwy cyfannol ac yn genedl lai trachwantus falle na rhai o'n cymdogion.'

TAMSIN DUNWOODY

'Ry'n ni wedi sicrhau hunaniaeth lawer mwy a chryfach i Gymru fel cenedl. Dwi'n meddwl ein bod ni wedi camu allan o'r cysgodion mewn nifer o ffyrdd, wedi magu llawer mwy o hyder yn ein hunain, ac yn gwir geisio bod â lle yn y byd. Mae hynny'n bendant yn gyflawniad na fydde wedi digwydd heb y Senedd, dwi ddim yn credu. Mae 'na feysydd eraill dwi'n dal i feddwl y gallen ni fod yn eu hystyried fel plismona, y farnwriaeth, meysydd y dylen ni fod yn eu harchwilio yn y dyfodol. Dwi'n credu i ni effeithio ar ein meysydd addysg ac iechyd neilltuol ein hunain, ac ry'n ni'n gwneud pethau'n wahanol ac mae hynny'n dda gan eu bod i gyd wedi'u cyfeirio at yr hyn sy orau i bobl Cymru.'

ELUNED MORGAN

'Mae wedi bod yn ddylanwad positif, ac os y'ch chi'n edrych ar y gwerthoedd sydd gan y Cymry, maen nhw'n cael eu hadlewyrchu yn Senedd Cymru yn fwy nag ydyn nhw'n cael eu hadlewyrchu yn Senedd San Steffan. Mae hwnna'n beth pwysig ac mae oherwydd bod ni wedi cael y Blaid Lafur mewn grym ers y dechre. Dwi'n meddwl ein bod ni wedi cyflawni lot, a'r peth ddylai'r Senedd fod fwyaf browd ohono yw Deddf Cenedlaethau'r Dyfodol. Dwi'n meddwl bod hwnna'n beth hollol unigryw i Gymru a ddylen ni fod yn browd iawn o hynny. Os oes 'na le dwi'n meddwl lle 'dyn ni ddim wedi cyflawni – mae e ar ochr yr economi. Mae'r economi'n dal yn wan o'i gymharu â llefydd eraill ym Mhrydain. Mae lot fwy o waith i'w wneud ym maes economi a sicrhau ein bod ni'n gallu rhoi safon byw i bobl. Ni ddim yn gallu gwneud hynny tan i ni gryfhau'r economi. Dyna ble ni wedi colli allan dwi'n meddwl.'

SUZY DAVIES

'O safbwynt personol, i weld breuddwyd sydd wedi digwydd. Fel aelod o'r wrthblaid, dyw llawer o'm breuddwydion ddim yn digwydd yn aml! Dwi wedi gweld, yn ystod yr ugain mlynedd ddiwethaf, mwy o bobl yn siarad am fod yn Gymry, cwestiynu beth mae'n meddwl i fod yn Gymro neu'n Gymraes; cwestiynau am yr Iaith – ydi hynny [yr iaith] yn rhan o fod yn Gymro neu'n Gymraes? Mewn ffordd, y pethau negyddol sydd wedi dod i'm sylw yw pobl y gogledd ac i'r gorllewin yn dweud mai'r hyn sy'n digwydd yng Nghymru ar hyn o bryd yw ail-wneud camgymeriadau'r Deyrnas Unedig – sef bod y llais, y pŵer a'r arian yn mynd i un rhan o Gymru, ac mae rhai yn dal i deimlo bod y byd gwleidyddol ddim yn cymryd sylw ohonyn nhw. Ac wrth gwrs dyw rhai pobl yn dal ddim yn deall beth yw cyfrifoldebau'r Cynulliad a beth sydd yn ddatganoledig. Oherwydd ein bod wedi cael yr un blaid mewn grym yn ystod fy nghyfnod i, a chyn hynny, mae e'n cael effaith ar bobl sy'n gofyn, "Beth yw pwynt pleidleisio achos ry'n ni'n cael yr un blaid mewn grym am flynyddoedd a blynyddoedd?" Mae pobl Cymru wedi colli cyfle i weld sut galle pethau fod yn wahanol drwy ddewis pleidiau eraill i fod mewn grym am sbel. Ond y peth mwyaf siomedig i fi yw'n system addysg ni, dwi'n meddwl, achos mae'r canlyniadau addysg wedi cwympo yn ystod yr ugain mlynedd ddiwethaf. Dwi'n sôn am ddwy genhedlaeth o stiwdants sydd ddim nawr yn cymharu gydag eraill yn y Deyrnas Unedig. Dwi'n fwy na hapus i gael system wahanol yng Nghymru – rhywbeth mwy perthnasol i ni – ond mae'r safonau wedi cwympo. A beth ma' hynny wedi gwneud yw dangos bod yr economi yng

Nghymru ddim wedi cael y nerth i adnewyddu. Wrth gwrs Tori ydw i felly dwi bownd o siarad am yr economi, ond os nad y'n ni'n cael hynny'n iawn, ni'n dal i edrych ar gymunedau mewn tlodi heb unrhyw arfau i newid hynny.'

HANNAH BLYTHYN

'Dwi'n meddwl mai un her ydy'r ffordd mae gwleidyddiaeth Cymru o dan ddylanwad y sefyllfa economaidd a gwleidyddol ehangach hefyd. Pan gawsom ni Gynulliad Cenedlaethol am y tro cyntaf, ro'n i'n dal yn byw tu allan i Gymru ac mi roedd hi'n reit ddiddorol gwylio oddi yno [Lloegr] a gweld yn glir y gwahaniaethau positif a hwyluswyd yng Nghymru oherwydd y Cynulliad Cenedlaethol. Ac mae'r heriau fuodd gynnon ni ar y cychwyn, wyddoch chi, sef pwerau cyfyngedig a lefel well, hwyrach, o gyllido bellach wedi mynd i'r eithaf arall o ran y gyllideb sy ar gael a phwysau'r pwerau. Dwi'n credu mai'r her o'n blaenau ydy gwneud yn siŵr bod gynnon ni setliad [ariannol] tecach i Gymru er mwyn gallu gwneud y pethau 'dan ni am eu gwneud gyda'r pwerau sy gynnon ni rŵan a'r pwerau posibl a allai ddod i lawr y lein yn y dyfodol, ac i mi mae [pwyso am] pwerau pellach yn golygu meddwl am be na fedrwn ni ei wneud [â'r pwerau sy gynnon ni] rŵan, pa bethau sy ar goll, a phe baen nhw [mwy o bwerau] gynnon ni, be fedren ni 'i wneud â nhw? Felly mae bod yn glir am be 'dan ni isio'r pwerau hynny'n bwysig iawn ac mae hynny yn ymarferol yn help i ddod â phobl gyda ni a chael mwy o bobl i ymwneud yn fwy â'r Senedd a gwleidyddiaeth ddatganoledig yng Nghymru.'

JULIE JAMES

'Dwi'n falch iawn i mi wneud [mynd yn AC/AS], dwi wedi mwynhau'n fawr a dwi'n mynd i sefyll eto. Ry'n ni wedi cyflawni llawer nad yw pobl yn ei sylweddoli'n iawn oherwydd mae llawer o'r hyn a wnaed yn fater o ddiogelu pethau a oedd yno o'r blaen, sy wedi cael eu dinistrio gan lywodraeth San Steffan dros y ffin. Mae'n reit anodd cyfleu hynny i bobl. Un o'r rhesymau nad oedd 'da ni broblem yn y pandemig fel yn Lloegr yw am nad ydyn ni wedi dinistrio'n system llywodraeth leol a dinistrio'n system o ysgolion a gynhelir, a bod 'da ni Wasanaeth Iechyd Gwladol yng Nghymru o hyd – mae'n "beth" go iawn – tra bod y cyfan yn Lloegr wedi cael ei wasgaru i'r pedwar gwynt, ac maen nhw wedi cael problemau dychrynllyd – does 'da nhw ddim system ganolog ar gyfer unrhyw beth, wyddoch chi. Fe wnaethon ni ganoli dosbarthu PPE ac o fewn 3 wythnos wedi i'r pandemig daro, roedd popeth wedi ei drefnu, ac ychydig iawn o bobl sy'n sylweddoli hyn ond ry'n ni wedi bod yn cyflenwi PPE i Loegr ers hynny. Fe lwyddon ni i ad-drefnu am fod gyda ni'r systemau yn eu lle ac fe ddiogelwyd llawer o bethau dwi'n eu trysori, a gobeithio y byddan nhw'n parhau... Mae 'da ni system addysg Gyfun o hyd, mae 'da ni'r Cyfnod Sylfaen sy'n rhyfeddol ac mae plant yn dod drwodd nawr sy wedi bod trwy'r cynllun sylfaen ar hyd eu bywydau a gallwch chi weld y gwahaniaeth, eu lefelau cyrhaeddiad a'r bwlch sy'n culhau rhwng plant cyfoethog a thlawd. Felly rwy'n falch iawn o'r ffordd ry'n ni wedi gallu cefnogi hynny i gyd. Pa bethe fethon ni? Gyda'r cyllid Amcan Un gwreiddiol a'r arian Ewropeaidd, fe fethon ni'r pethe cenedl-adeiladol y dylen ni fod wedi'u gwneud. Felly dylen ni fod wedi uwchraddio lein [reilffordd] Calon Cymru fel bod 'da ni drên cyflym trwy ganolbarth Cymru i gysylltu'r gogledd a'r de, ond dwi'n meddwl i ni fod braidd yn ofnus, a do'dd gan y Cynulliad mo'r pŵer mewn gwirionedd i wneud [y pethe hyn] ar y dechrau. Dwi'n credu bod y rhain yn gyfleoedd a gollwyd. Fe allwn ni unioni hyn – fe allwn ddechrau'u gwneud nhw nawr ond o'dd hwnna'n dipyn bach o gyfle a gollwyd, greda i, i dynnu Cymru ynghyd fel gwlad.'

JANET RYDER

'Dwi'n meddwl bod llawer o amser wedi cael ei wastraffu yn y Cynulliad yn sôn am wleidyddiaeth, dan gochl naill ai gwrthwynebiad neu gefnogaeth i bolisïau. Dwi'n meddwl y collwyd nifer o gyfleoedd i symud oddi wrth yr hyn roedd pobl yn ei ganfod fel y system dair-plaid draddodiadol, ac mae hynny'n drueni. Mae gennych siambr lawer mwy adlewyrchol oherwydd cynrychiolaeth gyfrannol, siambr sy'n llawer mwy cynrychioladol o sut mae'r wlad yn teimlo, ac mae'r wlad yn gymysg, ac mae'n rhaid rhoi llais i bawb o fewn hynny. Dwi'n credu bod y Cynulliad wedi ymrannu ar hyd llinellau pleidiol i raddau helaeth iawn, tan yn ddiweddar, pan ddaeth pobl at ei gilydd. A dwi'n grediniol fod pobl yn gwerthfawrogi hynny. Mae etholwyr yn gwerthfawrogi gweld gwleidyddion yn medru cydweithio; maen nhw'n deall bod â lleisiau gwahanol, maen nhw'n deall bod â safbwyntiau gwahanol, ond pan aiff hi'n wrthdaro, does neb yn hoffi hynny. I lawer o bobl fel fi, mi werthwyd y Cynulliad i ni ar y pwynt y basai e'n gydsyniol ac nid yn wrthdrawiadol. Felly dwi'n meddwl ei fod wedi methu'r nod rywfaint, ei fod wedi mynd yn fwy gwrthdrawiadol, yn fwy traddodiadol bleidiol ei sail, lle'r oedd 'na gyfle i wneud llawer mwy. Ac mae'n rhaid i mi dderbyn fy rhan i yn hynny – mi fedrwn i fod wedi gwneud llawer mwy nag a wnes i... Ond dwi'n coelio bod aelodau rhanbarthol yn enwedig wedi gwneud iddo weithio'n well am fod hynny'n eich symud oddi wrth wleidyddiaeth etholaethol ei sail i edrych ar lesiant rhanbarth cyfan yn hytrach na dim ond llesiant un ardal benodol o'i mewn. Ac roedd angen i'r llais hwnnw gael ei glywed, yn fy marn i. O'm rhan i, mi hoffwn weld y Cynulliad cyfan yn troi at gynrychiolaeth gyfrannol. Gallech gael rhestr o ddynion a merched ym mhob etholaeth. Byddai gennych y nifer angenrheidiol o aelodau a siambr gytbwys o ran rhywedd, a mi fasai hynny'n gwneud gwahaniaeth. Fasai hi ddim yn gystadleuaeth rhwng y rhywiau oherwydd ei fod yn beth naturiol, gyda'r ddau hanner yn dod ynghyd a chwarae eu rhan. Rhaid sicrhau ffyrdd o newid y system etholiadol a'i gwneud yn fwy cydradd yn y dyfodol. Cyhyd ag y bo gwleidyddion yn cofio'r gwaith sydd wedi digwydd dros y misoedd diwethaf, a sylweddoli y gallwch chi gyrraedd man gwell, er gwaethaf safbwyntiau gwahanol, ond i chi beidio â gwrthwynebu polisi dim ond oherwydd nad eich polisi chi ydy o. Mae'n rhaid i chi gamu dros hynny, camu ymlaen a dweud, yn y bôn, dyma'r peth gorau i Gymru, felly gadewch i ni i gyd ei gefnogi.'

HELEN MARY JONES

'Y cyfle mwya' a gollwyd – ac ry'n ni'n sôn am y Sefydliad cyfan a datganoli i gyd – yw i ni gael y fath gyfle gyda'r buddsoddiad hwnnw o arian Ewropeaidd, a ddylai fod wedi trawsnewid ein heconomi; ddylai plant yn y wlad hon ddim bod yn byw mewn tlodi llwyr. Ac fe wastraffwyd llawer o hwnna, fe wariwyd llawer ohono ar lwyth o nonsens biwrocrataidd. Be' ddylen ni fod wedi 'neud ag e, yn lle creu seilwaith diddiwedd, o'dd gwario i adeiladu ein cyfalaf dynol, sef be wnaethon nhw yng Ngweriniaeth Iwerddon. Ond wrth gwrs, mae hynny'n groes i'r rheolau – chewch chi ddim gwario arian cronfa strwythurol Ewropeaidd ar addysg, ond wnaeth hyn ddim atal y Gwyddelod rhag gwneud, na rhanne o'r Eidal chwaith. A dwi'n meddwl mai un o'r rhesyme pam gyrhaeddon ni'r pwynt lle pleidleisiodd pobl Cymru, oedd wedi cael cymaint o arian o Ewrop, yn erbyn aros yn rhan o'r gymuned Ewropeaidd, falle yn rhannol am nad o'n nhw'n deall, ond hefyd am nad o'dd y buddsoddi wedi newid bywydau pobl. Mae 'da ni ganran uwch o'n plant yn byw mewn tlodi nawr nag ym 1999. Felly dyna'r cyfle mwya' a gollwyd. Ond dwi'n credu bod pethe y gallwn ni fod yn wirioneddol falch ohonyn nhw: gwaith y sefydliad yma ar hawliau plant, ymgorffori Confensiwn y Cenhedloedd Unedig ar Hawliau'r Plentyn yn ddeddf; sefydlu swyddfa'r Comisiynydd Plant, y llais clir hwnnw fod plant yn ddinasyddion yn eu rhinwedd eu hunain.

Fe wnes i ymgyrchu'n galed iawn tra'n gweithio i Youth Cymru, pan oeddwn i allan o'r Senedd, o blaid sefydlu'r Senedd Ieuenctid a ma' hwnna wedi bod yn wych i'w weld a'r ffordd ma'r bobl ifanc yn rhyngweithio nawr gyda'r cynulliad oedolion ac yn rhoi pethau ar ein hagenda a'n herio ar bwyllgorau; a'r wythnos nesaf byddwn yn rhoi amddiffyniad cydradd i'n plant ag oedolion o dan y gyfraith [y bil smacio], a fydde hynny ddim wedi digwydd heb ddatganoli.'

ANTOINETTE SANDBACH

'Dwi'n siŵr y collwyd llawer o gyfleoedd – cyfeiriais at un yn flaenorol gyda'r ddeddfwriaeth ar golli baban a dwi'n meddwl y gellid gwneud llawer mwy dros gymunedau cefn gwlad sy'n dal i gael eu cymryd yn ganiataol. Ond fe fu llwyddiannau ac mae'r Cynulliad yn aml iawn wedi arwain y ffordd – mi wnaeth hynny wrth ddeddfu ar fagiau plastig. Dwi'n meddwl y gall y Cynulliad fod ychydig yn fwy ysgafn droed, a gall fod yn eitha' radical a blaengar fel y gwelsoch chi gyda Deddf Cenedlaethau'r Dyfodol. Ond dydy o ddim mor agored – mae'n rhy lwythol a dwi'n gweld hynny'n broblem, ac o'r herwydd dydy o ddim yn agored i wella deddfau rhyw lawer â gwelliannau go iawn yn y Cynulliad. Wn i ddim a oedd hynny am 'mod i yno ar y cychwyn cyntaf a bod felly broses o ddysgu am ddeddfu, ond, wyddoch chi, cyflwyno gwelliannau, pasio gwelliannau – dwi ddim yn credu i hynny fod cystal ag y gallai fod.'

JANE DAVIDSON

'Dwi'n credu bod datganiad enwog Ron Davies am y Cynulliad pan basiwyd Deddf Llywodraeth Cymru [1999] gyntaf, mai, "Proses nid digwyddiad yw hyn," yn dal yn wir heddiw. Mae'n sefydliad newydd iawn, dim ond yn ei unfed flwyddyn ar hugain. Dim ond nawr mae e'n cyrraedd beth oedd yn statws oedolyn i'm rhieni, ac mae bod â deddfwriaeth uchelgeisiol sy'n golygu mai dyma'r unig ddeddfwrfa yn y byd sy'n cefnogi cenedlaethau'r dyfodol yn agenda anferthol i'w chyflawni. At ei gilydd, dwi'n ymfalchïo yn ei daith a dwi'n falch o fod wedi bod yn rhan ohoni. Mae wedi ymdrechu dros gyfnod o amser i greu polisïau arbennig i Gymru ond gan fod yn ymwybodol o'r ffaith fod angen i Gymru fod yn wlad sy'n edrych tuag allan, gan ymgysylltu â phobl i ddod i fyw yng Nghymru, annog pobl o Gymru i fynd allan i'r byd. Felly, rhoi'r gorau o Gymru i'r byd a dod â'r gorau o'r byd i Gymru yw'r ffordd dwi'n gwir obeithio y bydd y sefydliad yn dal i ddatblygu.'

JOCELYN DAVIES

'Wrth gwrs, ers yn blentyn ro'n i eisie senedd i Gymru, ac ro'dd hyn yn beth gwirioneddol bwysig i fi ac i'm gwlad. Ro'dd e'n teimlo'n hollol wych [pan aeth y Cynulliad yn Senedd] a phan dwi'n meddwl nôl i 2007 – 'tasen ni heb wneud be wnaethon ni yn 2007 [clymbleidio a ffurfio llywodraeth Cymru'n Un gyda'r Blaid Lafur] fydde hynny ddim wedi digwydd, arweiniodd "hynny" at "hwnna". Weithiau pan fyddwch chi'n gwneud rhywbeth nawr mae'n golygu y galle rhywbeth arall ddigwydd yn y dyfodol. A dwi'n sicr wedi sylwi bod mwy o hyder yn Llafur Cymru hefyd ynglŷn â'u Cymreictod a ma' hynny'n wych. A ble fydd hynny'n arwain yn y dyfodol? Wel, fe gawn ni weld... Dwi'n gobeithio bod y cyfraniad wnes i wedi gwneud gwahaniaeth. A dwi'n meddwl mai'r Refferendwm, a'r ffaith ei bod hi yn Senedd nawr – o feddwl yn ôl – oedd y rheswm pam yr ymunodd fy rhieni â Phlaid Cymru, am eu bod nhw'n credu y dylai Cymru gael ei Senedd ei hun.'

DELYTH EVANS

'Dwi wastad wedi hoffi'r stori am Henry Kissinger yn mynd i siarad efo Prif Weinidog Tsieina, Zhou Enlai, yn y '70au, ac o'dd Kissinger yn gwybod bod Zhou Enlai efo ddiddordeb mawr yn hanes Ewrop. Na'th Kissinger ofyn i Zhou Enlai beth oedd e'n meddwl oedd effaith y Chwyldro Ffrengig ar wareiddiad Ewrop, ac ateb Zhou Enlai oedd, "Mae'n rhy gynnar i ni wybod beth yw'r effaith." A dwi yn meddwl bod hynna'n wir am y Cynulliad. Mae'r Cynulliad wedi bod yma am ugain mlynedd. Mae wedi gwneud lot o bethau da. Dyw e ddim wedi 'neud yn ddigon da ar sawl mesurydd ond mae e yn gwneud gwaith da. Ond dwi'n meddwl bod y gwaith da a'r effeithiau yn mynd i fod yn well yn y dyfodol. Ac mae rhai o'r polisïau pwysicaf yn digwydd nawr, yn dechrau cael effaith nawr – y cwricwlwm newydd, er enghraifft. Naethon ni golli deng mlynedd gynta'r Cynulliad trwy beidio â thalu digon o sylw i addysg. Dwi'n meddwl bod hynna wedi bod yn fethiant. Ond mae gwaith da iawn yn digwydd nawr a dwi'n falch o hynny a gobeithio y bydd y cwricwlwm newydd yn llwyddiant. Ond mae hynny'n mynd i gymryd amser i weithio'i ffordd drwyddo. Mae'r polisi miliwn o siaradwyr [Cymraeg] yn andros o bwysig ond dim ond nawr mae'r gwaith yn dechrau ar hwnna. Mae'r Ddeddf Llesiant Cenedlaethau'r Dyfodol – gawn ni weld... Mae hwnna'n uchelgeisiol iawn, mae hwnna'n mynd i gymryd amser i gael effaith, ond galle fe fod yn arbennig o ddylanwadol ar ein cymunedau ni yng Nghymru. Ac wedyn mae'r gwaith sy'n digwydd ar yr economi sylfaen yn andros o bwysig ond rhywbeth reit newydd yw hwnna. Felly dwi'n obeithiol am y dyfodol ac yn meddwl y byddwn ni'n gweld mwy o gynnydd yn y blynyddoedd i ddod. A dwi'n meddwl bod y cyfnod cyntaf yma, ugain mlynedd, mae'n swnio fel amser hir iawn ond mewn hanes cenedl mae'n andros o gyfnod byr.'

* * *

Atodiad 1

MYNEGAI O AELODAU

Aelodau Benywaidd Cynulliad Cenedlaethol Cymru/Senedd Cymru 1999–2021 a gyfwelwyd yn ystod y prosiect hwn

Lorraine Barrett, Llafur Cymru, De Caerdydd a Phenarth, 1999–2011 (cyfweliad dan embargo tan fis Mawrth 2030)

Hannah Blythyn, Llafur Cymru, Delyn, 2016–cyfredol

Dawn Bowden, Llafur Cymru, Merthyr Tudful a Rhymni, 2016–cyfredol

Michelle Brown, UKIP gynt / Annibynnol, Gogledd Cymru, 2016–2021

Jayne Bryant, Llafur Cymru, Gorllewin Casnewydd, 2016–cyfredol

Eleanor Burnham, Democratiaid Rhyddfrydol Cymru, Gogledd Cymru, 2001–2011

Angela Burns, Ceidwadwyr Cymreig, Gorllewin Caerfyrddin a De Penfro, 2007–2021

Christine Chapman, Llafur Cymru, Cwm Cynon, 1999–2016

Jane Davidson, Llafur Cymru, Pontypridd, 1999–2011

Janet Davies, Plaid Cymru, Gorllewin De Cymru, 1999–2007

Jocelyn Davies, Plaid Cymru, Dwyrain De Cymru, 1999–2016

Suzy Davies, Ceidwadwyr Cymreig, Gorllewin De Cymru, 2011–2021

Tamsin Dunwoody, Llafur Cymru, Preseli Sir Benfro, 2003–2007

Sue Essex, Llafur Cymru, Gogledd Caerdydd, 1999–2007

Delyth Evans, Llafur Cymru, Canolbarth a De Cymru, 2000–2003

Nerys Evans, Plaid Cymru, Canolbarth a De Cymru, 2007–2011

Janet Finch-Saunders, Ceidwadwyr Cymreig, Aberconwy, 2011–cyfredol
(cyfweliad dan embargo tan Hydref 2030)

Lisa Francis, Ceidwadwyr Cymreig, Canolbarth a Gorllewin Cymru, 2003–2007

Veronica German, Democratiaid Rhyddfrydol Cymru, Dwyrain De Cymru, 2010–2011

Janice Gregory, Llafur Cymru, Ogwr, 1999–2016

Lesley Griffiths, Llafur Cymru, Wrecsam, 2007–cyfredol

Siân Gwenllian, Plaid Cymru, Arfon, 2016–cyfredol

Edwina Hart, Llafur Cymru, Gŵyr, 1999–2016

Vikki Howells, Llafur Cymru, Cwm Cynon, 2016–cyfredol

Jane Hutt, Llafur Cymru, Bro Morgannwg, 1999–cyfredol

Julie James, Llafur Cymru, Gorllewin Abertawe, 2011–cyfredol

Pauline Jarman, Plaid Cymru, Canol De Cymru, 1999–2003

Delyth Jewell, Plaid Cymru, Dwyrain De Cymru, 2019–cyfredol

Ann Jones, Llafur Cymru, Dyffryn Clwyd, 1999–2021

Elin Jones, Plaid Cymru, Ceredigion, 1999–cyfredol

Helen Mary Jones, Plaid Cymru, Llanelli 1999–2003; 2007–2011; Gorllewin De Cymru 2003–2007; 2018–2021

Laura Anne Jones, Ceidwadwyr Cymreig, Dwyrain De Cymru, 2003–2007; 2020–cyfredol

Y Farwnes Eluned Morgan, Llafur Cymru, Canolbarth a Gorllewin Cymru, 2016–cyfredol

Julie Morgan, Llafur Cymru, Gogledd Caerdydd, 2011–cyfredol

Lynne Neagle, Llafur Cymru, Torfaen, 1999–cyfredol

Eluned Parrott, Democratiaid Rhyddfrydol Cymru, Canol De Cymru, 2011–2016

Rhianon Passmore, Llafur Cymru, Islwyn, 2016–cyfredol

Y Farwnes Jenny Randerson, Democratiaid Rhyddfrydol Cymru, Canol Caerdydd, 1999–2011

Jenny Rathbone, Llafur Cymru, Canol Caerdydd, 2011–cyfredol

Janet Ryder, Plaid Cymru, Gogledd Cymru, 1999–2011

Antoinette Sandbach, Ceidwadwyr Cymreig, Gogledd Cymru, 2011–2015

Bethan Sayed, Plaid Cymru, Gorllewin De Cymru, 2007–2021

Karen Sinclair, Llafur Cymru, De Clwyd, 1999–2011

Catherine Thomas, Llafur Cymru, Llanelli, 2003–2007

Gwenda Thomas, Llafur Cymru, Castell Nedd, 1999–2016

Joyce Watson, Llafur Cymru, Canolbarth a Gorllewin Cymru, 2007–cyfredol

Kirsty Williams, Democratiaid Rhyddfrydol Cymru, Brycheiniog a Sir Faesyfed, 1999–2021

Leanne Wood, Plaid Cymru, Canol De Cymru 2003–2016; Y Rhondda, 2016–2021

Atodiad 2

BYWGRAFFIADAU AELODAU

Lorraine Barrett, Llafur Cymru, De Caerdydd a Phenarth, 1999–2011 (cyfweliad o dan embargo tan fis Mawrth 2030). Ganed Lorraine yn y Rhondda, yn ferch i löwr. Bu'n gweithio fel nyrs ac fel teipydd i Littlewood Pools. Bu hefyd yn gynghorydd ac yn gynorthwyydd i Alun Michael, Aelod Seneddol De Caerdydd a Phenarth ar y pryd. Cafodd ei hethol i Gynulliad Cenedlaethol Cymru yn aelod dros Dde Caerdydd a Phenarth ym mis Mai 1999 ac fe'i hailetholwyd ddwywaith cyn iddi wrthod sefyll eto yn 2011. Bu Lorraine yn aelod o'r Pwyllgorau Addysg, yr Amgylchedd ac Iechyd, a bu'n cadeirio Grŵp y Blaid Gydweithredol a'r Grŵp Seneddol Amlbleidiol ar Les Anifeiliaid yn y Cynulliad, a hi oedd Comisiynydd Amgylchedd Cynaliadwy'r Cynulliad. Ni safodd Lorraine yn etholiad 2011.

Hannah Blythyn, Llafur Cymru, Delyn, 2016–presennol. Ganed Hannah yng Nghaer ac fe'i magwyd yn Sir y Fflint. Astudiodd Lenyddiaeth Saesneg ym Mhrifysgol De Montfort yng Nghaerlŷr, ac wedi hynny bu'n gweithio yn San Steffan i Mark Tami, AS Alun a Glannau Dyfrdwy, ac yna i elusen fach yn Llundain,

Student Action for Refugees, ac mewn amrywiol swyddi i undeb a ddaeth yn Undeb Llafur Unite yn ddiweddarach. Wedi dychwelyd i Gymru, safodd Hannah yn etholiad 2015 fel Ymgeisydd Llafur ar gyfer Delyn, sef y rôl sydd ganddi ar hyn o bryd, a chafodd ei hethol yn Aelod Cynulliad yn 2016. Ar hyn o bryd hi yw Dirprwy Weinidog Partneriaeth Gymdeithasol a chyn hynny bu'n Ddirprwy Weinidog Tai a Llywodraeth Leol. Mae hi'n gyn gyd-gadeirydd Llafur LHDT+.

Dawn Bowden, Llafur Cymru, Merthyr Tudful a Rhymni, 2016–presennol. Ganed Dawn ym Mryste, a chyn ei hethol i
Gynulliad Cymru, bu'n gweithio fel ysgrifennydd yn Guest, Keen a Nettlefolds, yn y GIG ac yng Nghyngor Dinas Bryste. Hi hefyd oedd pennaeth iechyd UNSAIN Cymru/Wales. Yn y Cynulliad, gwasanaethodd Dawn ar y Pwyllgor Iechyd a Gwasanaethau Cymdeithasol; y Pwyllgor Materion Allanol a Deddfwriaeth Ychwanegol, a bu'n ymdrin â Brexit; y Pwyllgor Diwylliant; y Gymraeg a Chyfathrebu; y Pwyllgor Materion Cyfansoddiadol a Chyfreithiol a Phwyllgor yr Hinsawdd, yr Amgylchedd a Materion Gwledig (CERA). Ar hyn o bryd mae ar y Pwyllgor Plant, Pobl Ifanc ac Addysg a'r Pwyllgor Cydraddoldeb, Llywodraeth Leol a Chymunedau. Hi hefyd oedd cadeirydd y Pwyllgor ar Ddiwygio'r Senedd. Mae wedi bod yn Brif Chwip Llywodraeth Cymru ac yn Ddirprwy Weinidog y Celfyddydau a Chwaraeon ers 2021.

Michelle Brown, Plaid UKIP gynt / nawr Annibynnol, Gogledd Cymru, 2016–2021. Ganed Michelle yn Warrington
ond cafodd ei magu yn Nhreffynon a Mostyn, gogledd Cymru. Aeth i'r ysgol leol ac yna i ysgol breswyl yn Nhreffynnon. Enillodd raddau Baglor a Meistr yn y Gyfraith a Diploma Ôl-radd mewn Ymarfer Cyfreithiol o Brifysgol Swydd Stafford, ac yna bu'n gweithio fel cynghorydd cyfreithiol yn y sector beirianneg. Yn etholiad Cynulliad Cenedlaethol Cymru 2016, cafodd Michelle ei

hethol yn Aelod UKIP dros Ogledd Cymru. Gwasanaethodd ar y Pwyllgor Materion Allanol a Deddfwriaeth, y Pwyllgor Addysg a'r Pwyllgor Deisebau, ac ym mis Mawrth 2018, fe'i dewiswyd gan grŵp Cynulliad UKIP i fod yn gynrychiolydd iddynt ar Bwyllgor Gwaith Cenedlaethol y blaid. Flwyddyn yn ddiweddarach, ymddiswyddodd Michelle o UKIP i fod yn AC annibynnol, gan gyhuddo grŵp UKIP o rywiaeth. Yn etholiad Senedd 2021, safodd fel ymgeisydd Annibynnol ar restr Gogledd Cymru ond bu'n aflwyddiannus.

Jayne Bryant, Llafur Cymru, Gorllewin Casnewydd, 2016–presennol.

Ganed Jayne yng Nghasnewydd, de Cymru, ac astudiodd ym Mhrifysgol Keele, gan raddio â gradd mewn Hanes a Gwleidyddiaeth. Gwnaeth rywfaint o brofiad gwaith i Paul Flynn AS, a phan ddaeth datganoli yn 1999, cafodd swydd gyda Rosemary Butler yn y Cynulliad cyntaf. Etholwyd Jayne yn AC Llafur dros Orllewin Casnewydd yn 2016, ac mae wedi gwasanaethu ar y Pwyllgor Iechyd, Gofal Cymdeithasol a Chwaraeon, Pwyllgor yr Amgylchedd a Newid Hinsawdd a'r Pwyllgor Materion Gwledig. Hi yw cadeirydd y Pwyllgor Safonau Ymddygiad; y Grwpiau Trawsbleidiol ar Ddiabetes; Atal Cam-drin Plant yn Rhywiol; Celfyddydau ac Iechyd ac Atal Hunanladdiad, ac mae'n Is-gadeirydd ar grwpiau Trawsbleidiol ar Ddementia ac Undod Rhwng Cenedlaethau.

Eleanor Burnham, Democratiaid Rhyddfrydol Cymru, Gogledd Cymru, 2001–2011.

Ganed Eleanor yn Wrecsam a'i magu yng Ngwnodl Fawr, Cynwyd; mae'n rhugl ei Chymraeg. Aeth i Goleg Radbrook, Amwythig, yna i Brifysgol Manceinion gan wneud gradd mewn busnes. Roedd ei gyrfa gynnar ym maes rheoli gwasanaethau cymdeithasol, ac roedd yn ynad heddwch yn Wrecsam ac yn aelod o Dribiwnlys Iechyd Meddwl

Ysbyty Dinbych. Enillodd wobr yn y categori Soprano yn Eisteddfod Ryngwladol Llangollen, ac mae'n gyn-aelod o Opera Canolbarth Cymru. Olynodd Eleanor Christine Humphreys, a ymddiswyddodd oherwydd afiechyd, fel AC y Democratiaid Rhyddfrydol dros Ogledd Cymru yn 2001, a hi oedd eu llefarydd yn y Cynulliad ar Ddiwylliant, y Gymraeg a Chwaraeon. Bu ar y Pwyllgorau Addysg, Amgylchedd, Cydraddoldeb, Pensiynau a Chymdeithas Seneddol y Gymanwlad. Ar ôl colli ei sedd yn 2011, ailhyfforddodd Eleanor yn athrawes.

Angela Burns, Ceidwadwyr Cymru, Gorllewin Caerfyrddin a De Sir Benfro, 2007–2021.
Ganed Angela yn Shaftesbury, Dorset a'i magu dramor. Ar ôl gadael yr ysgol, bu'n gweithio i gwmnïau yn cynnwys Waitrose, Thorn EMI ac Asda. Symudodd yn ddiweddarach i Sir Benfro gyda'i gŵr, a daeth yn weithgar mewn gwleidyddiaeth a materion lleol, yn enwedig y cynnig i israddio ysbytai Glangwili a Llwynhelyg. Cafodd ei hethol i Gynulliad Cymru yn 2007 a gwasanaethodd fel Gweinidog yr Wrthblaid dros Gyllid a Chyflenwi'r Sector Gyhoeddus, dros Drafnidiaeth ac Adfywio a bu'n Weinidog Addysg ac Ysgrifennydd Cabinet yr Wrthblaid dros Iechyd a Llesiant. Penderfynodd Angela beidio â sefyll yn etholiad 2021. Cafodd ei phenodi'n Aelod o Urdd yr Ymerodraeth Brydeinig (MBE) yn Anrhydeddau Pen-blwydd 2022 am wasanaeth gwleidyddol a chyhoeddus.

Christine Chapman, Llafur Cymru, Cwm Cynon, 1999–2016.
Ganed Christine yn y Porth, Rhondda ac roedd yn un o'r gwleidyddion cyntaf i'w derbyn i'r Cynulliad. Yn ystod ei 17 mlynedd yno bu'n cynrychioli Cwm Cynon. Bu'n Ddirprwy Weinidog ar sawl portffolio a chadeiriodd nifer o bwyllgorau gan gynnwys Pwyllgor Monitro Rhaglen Amcan Un. Roedd yn un o gynrychiolwyr Cymru ar Bwyllgor y Rhanbarthau ym Mrwsel.

Bu'n ymgyrchu am flynyddoedd lawer i roi terfyn ar gosbi plant yn gorfforol. Cafodd y Bil Plant [Diddymu Amddiffyniad o Gosb Resymol] ei basio gan Senedd Cymru yn 2020. Roedd ei chefndir ym myd addysg ac roedd wedi gwasanaethu fel aelod etholedig o Gyngor Bwrdeistref Sirol Rhondda Cynon Taf. Mae ganddi raddau o Brifysgolion Aberystwyth a Chaerdydd ac enillodd ei doethuriaeth o Brifysgol De Cymru yn 2016. Mae'n gyn-gadeirydd Archif Menywod Cymru.

Jane Davidson, Llafur Cymru, Pontypridd, 1999–2011.

Ganed Jane yn Birmingham ond magwyd hi yn yr Unol Daleithiau a Zimbabwe, lle'r aeth i'r ysgol, ac yn ddiweddarach astudiodd mewn ysgol breswyl, Coleg i Ferched Malvern. Cwblhaodd radd mewn llenyddiaeth Saesneg yn Birmingham, ac ar ôl graddio, symudodd i Lanbedr Pont Steffan, lle mynychodd gwrs Cymraeg dwys. Ei swydd gyntaf oedd dysgu Saesneg, Addysg Gorfforol a Drama yn Ysgol Uwchradd Aberteifi. Bu'n gweithio hefyd fel arweinydd ieuenctid cyn mentro i fyd gwleidyddiaeth. Ar ôl cael ei hethol i'r Cynulliad, bu Jane yn Weinidog dros Addysg a Dysgu Gydol Oes ac yn Weinidog yr Amgylchedd, Cynaliadwyedd a Thai yn Llywodraeth Cymru, a bu'n allweddol yn gyrru'r agenda a arweiniodd at basio'r Ddeddf Llesiant a Chenedlaethau'r Dyfodol 2015 yn ei blaen. Ni cheisiodd gael ei hailethol i'r Cynulliad yn 2011. Ar ôl symud i fyw ar dyddyn yng Ngorllewin Cymru dechreuodd weithio fel cyfarwyddwr Sefydliad Cynaliadwyedd Cymru ym Mhrifysgol Cymru y Drindod Dewi Sant, lle mae hi bellach yn Ddirprwy Is-ganghellor Emeritws.

Janet Davies, Plaid Cymru, Gorllewin De Cymru, 1999–2007.

Ganed Janet yng Nghaerdydd a chafodd ei magu yn Llanhari. Addysgwyd hi yn Ysgol Howell's Llandaf, Caerdydd a Choleg y Drindod, Caerfyrddin (BA Anrh), Prifysgol Cymru a'r

Brifysgol Agored (BA Anrh), ac wedi hynny bu'n gweithio fel nyrs a bydwraig. Bu'n aelod o Gyngor Bwrdeistref Taf Elái, Arweinydd y Cyngor rhwng 1991 a 1996, ac yn Faer o 1995 i 1996. Bu'n ymgeisydd Plaid Cymru yn etholaeth Pontypridd yn Etholiad Cyffredinol 1983, is-etholiad Brycheiniog a Maesyfed 1985, a Merthyr Tudful a Rhymni yn Etholiad Cyffredinol 1987. Ar ôl cael ei hethol i Gynulliad Cymru 1999, roedd yn aelod o Bwyllgor Gwaith Cenedlaethol Plaid Cymru ac yn Brif Chwip Grŵp Plaid Cymru. Roedd Janet yn aelod o'r Pwyllgor Llywodraeth Leol a Thai a'r Pwyllgor Amaethyddiaeth. Yn yr Ail Gynulliad, gwasanaethodd ar y Pwyllgor Archwilio (Cadeirydd); Craffu ar Bwyllgor y Prif Weinidog; Pwyllgor Gorchymyn Cychwyn y Ddeddf Archwilio Cyhoeddus; a'r Pwyllgor Bil Archwilio Cyhoeddus (Cymru).

Jocelyn Davies, Plaid Cymru, Dwyrain De Cymru, 1999–2016.
Ganed Jocelyn ym Mrynbuga, magwyd hi yn Nhrecelyn, a chafodd ei haddysg yn Ysgol Ramadeg Trecelyn a Choleg Trydyddol Gwent. Bu'n gynghorydd ar Gyngor Bwrdeistref Islwyn rhwng 1987 a 1991, a bu'n ymladd yn is-etholiad Islwyn 1995. Ym 1997, aeth i Brifysgol Rhydychen i astudio'r Gyfraith ond rhoddodd y gorau iddi er mwyn cymryd ei sedd yn y Cynulliad ym 1999. Eisteddodd Jocelyn ar nifer o bwyllgorau, gan gynnwys y Pwyllgor Amaethyddol, y Pwyllgor Ôl-16, y Pwyllgor Iechyd, y Pwyllgor Llywodraeth Leol a'r Pwyllgor Cyfrifon Cyhoeddus. Bu'n gadeirydd y Pwyllgor yn ymchwilio i'r achosion o E.coli yng Nghymru, Pwyllgor Rhanbarth Dwyrain De Cymru, a'r Pwyllgor Cyllid. Gwasanaethodd hefyd yn Rheolwr Busnes Plaid Cymru a Dirprwy Weinidog Tai ac Adfywio'r Blaid. Ymddeolodd Jocelyn o'r Cynulliad Cenedlaethol yn etholiad 2016.

Suzy Davies, Ceidwadwyr Cymreig, Gorllewin De Cymru, 2011–2021. Ganed Suzy yn Abertawe, ac fe'i magwyd ym Mheny-bont ar Ogwr, Aberdâr, Caerdydd, ac Aberhonddu. Graddiodd o Brifysgol Caerwysg a Phrifysgol Morgannwg (Prifysgol De Cymru). Ar ôl cael gyrfa mewn marchnata a rheoli, daeth yn gyfreithwraig, gan weithio gyda theuluoedd bregus a chynllunio treth. Mae hi wedi gweithio fel mentor gyda throseddwyr ifanc ac mae wedi bod yn ymddiriedolwraig nifer o brosiectau plant a grwpiau cymorth cymunedol. Cyn cael ei hethol yn Aelod Cynulliad yn 2011, ymladdodd mewn dwy etholiad seneddol y DG dros Blaid Geidwadol Cymru. Ar ôl ei hethol fe'i penodwyd yn Weinidog yr Wrthblaid dros Dwristiaeth, Diwylliant a'r Gymraeg, ac eisteddodd ar y Pwyllgor Materion Cyfansoddiadol a Deddfwriaethol yn ogystal â phwyllgor Plant a Phobl Ifanc. Ym mis Mai 2013, cafodd ei henwi'n Llywydd anrhydeddus Dyfodol Ceidwadol Abertawe. Cafodd ei hailethol a bu ar frig rhestr y Ceidwadwyr yn 2016 ond cafodd ei symud i lawr y rhestr yn 2021 a chollodd ei sedd.

Tamsin Dunwoody, Llafur Cymru, Preseli Sir Benfro, 2003–2007. Ganed Tamsin yn Totnes, Dyfnaint, yn ferch i'r cyn-ASau Llafur Gwyneth Dunwoody a Dr John Dunwoody. Cafodd ei haddysg yn ysgol ferched Eglwys Loegr, The Grey Coat Hospital, yn Westminster ac ym Mhrifysgol Caint. Yna hyfforddodd yn y Gwasanaeth Iechyd Gwladol a gweithiodd mewn ysbytai yn Llundain am bron i 15 mlynedd. Etholwyd Tamsin yn Aelod Cynulliad Preseli Sir Benfro yn 2003, ac ym mis Hydref 2005 fe'i penodwyd yn Ddirprwy Weinidog yr Amgylchedd, Cynllunio a Chefn Gwlad ac yn Ddirprwy Weinidog Datblygu Economaidd a Thrafnidiaeth. Cafodd ei threchu yn etholiad 2007 gan ymgeisydd y Blaid Geidwadol, Paul Davies, ond fe'i dewiswyd yn ymgeisydd Llafur ar gyfer is-etholiad Crewe a Nantwich yn 2008, is-etholiad a gafodd ei gynnal yn dilyn marwolaeth Gwyneth Dunwoody, mam Tamsin, ond yr ymgeisydd Ceidwadol Edward Timpson a gipiodd y sedd honno. Ymgeisiodd Tamsin yn aflwyddiannus am enwebiad Llafur yn etholaeth Islwyn cyn etholiad cyffredinol 2010.

Sue Essex, Llafur Cymru, Gogledd Caerdydd, 1999–2007.

Ganed Sue yn Cromford, Swydd Derby, a'i magu yn Tottenham. Astudiodd Sue ddaearyddiaeth yng Nghaerlŷr ac yna trodd at gynllunio trefol, creu cymunedau, gweithio mewn awdurdod lleol, a bu'n ddarlithydd coleg yn ddiweddarach. Symudodd i dde Cymru ym 1971 a daeth yn aelod o Gyngor Dinas Caerdydd, ac arweiniodd hi'r Cyngor o 1994 i 1996. Bu'n allweddol yn gwthio agenda gwyrdd yn y ddinas. Fe'i hetholwyd yn Aelod Cynulliad Llafur dros Ogledd Caerdydd yn etholiadau agoriadol Cynulliad Cenedlaethol Cymru yn 1999, a'i phenodi'n Weinidog yr Amgylchedd, Trafnidiaeth a Chynllunio yn 2000. Daeth yn Weinidog Cyllid, Llywodraeth Leol a Gwasanaethau Cyhoeddus yn dilyn etholiad 2003, ond ymddiswyddodd adeg etholiad 2007.

Delyth Evans, Llafur Cymru, Canolbarth a Gorllewin Cymru, 2000–2003.

Ganed Delyth yng Nghaerdydd a mynychodd Ysgol Gyfun Rhydfelen (ger Pontypridd) a Phrifysgol Cymru, Aberystwyth (BA Anrh – Ffrangeg). Ar ôl graddio, aeth i Lundain a gweithiodd i gwmni cyhoeddi llyfrau cyn gwneud ôl-radd yn y Coleg Newyddiaduraeth, Prifysgol Caerdydd. Yn dilyn hyn, bu'n gweithio i HTV a'r BBC cyn dod yn gynorthwyydd i Gordon Brown, AS ym 1992. Roedd hefyd yn gynghorydd polisi ac yn ysgrifennu areithiau i'r cyn arweinydd Llafur John Smith, ar ôl ymuno â'r Blaid Lafur yn 1984, ac yn gyn-ymgynghorydd arbennig i Alun Michael. Daeth Delyth yn Aelod Cynulliad dros Ganolbarth a Gorllewin Cymru ym mis Mai 2000 yn dilyn ymddiswyddiad Alun Michael, a chafodd ei phenodi'n Ddirprwy Weinidog Materion Gwledig, Diwylliant a'r Amgylchedd. Ni safodd yn etholiad 2003, ond mae wedi sefyll mewn rhai dilynol, yn aflwyddiannus.

Nerys Evans, Plaid Cymru, Canolbarth a Gorllewin Cymru, 2007–2011.

Ganed Nerys yn Sir Gaerfyrddin a chafodd ei haddysg yn Ysgol Gyfun Gymraeg Bro Myrddin. Enillodd BA mewn Llywodraethiant a Theori Wleidyddol o Brifysgol Manceinion ac yna MSc mewn Gwleidyddiaeth Gymreig ym Mhrifysgol Caerdydd. Daeth yn drefnydd i Blaid Cymru yn Nwyrain Caerfyrddin a Dinefwr a bu'n gweithio fel swyddog y wasg i grŵp Plaid Cymru ar Gyngor Sir Gaerfyrddin. Yn 2006, enillodd sedd ranbarthol Canolbarth a Gorllewin Cymru a adawyd yn wag gan Helen Mary Jones. Roedd Nerys ar y Pwyllgor Diwylliant a chyd-sefydlodd is-bwyllgor i edrych ar ddarlledu a'r wasg yng Nghymru. Hi oedd Llefarydd Addysg Plaid Cymru rhwng 2009 a 2011 a chadeiriodd grŵp Trawsbleidiol y Cynulliad ar gyfer Band Eang yng nghefn gwlad Cymru. Hi oedd Cyfarwyddwr Polisi Plaid Cymru ac awdur ei Maniffesto ar gyfer Cynulliad 2011. Brwydrodd am sedd Gorllewin Caerfyrddin a De Penfro yn etholiad 2011, ond gorffennodd yn drydydd, gan golli ei sedd yn y Cynulliad.

Janet Finch-Saunders, Ceidwadwyr Cymreig, Aberconwy, 2011–presennol (cyfweliad o dan embargo tan fis Hydref 2030).

Ganed Janet yn Accrington, fe'i magwyd yn Huncoat, Swydd Gaerhirfryn, gan symud i Gymru pan oedd yn 11 oed, lle'r oedd ei rhieni'n rhedeg gwesty. Aeth Janet i Ysgol John Bright ac yna i Goleg Technegol Llandrillo i astudio rheolaeth busnes. Roedd hi'n rhedeg cadwyn o fusnesau ar draws gogledd Cymru. Cyn iddi gael ei hethol i Gynulliad Cymru, cynrychiolodd Janet ward Craig-y-Don ar Gyngor Tref Llandudno, a Chyngor Bwrdeistref Sirol Conwy. Mae Janet wedi gwasanaethu fel Aelod Cynulliad y Ceidwadwyr Cymreig dros Aberconwy er 2011 ac, ar ôl dal portffolio Gwasanaethau Cymdeithasol yn flaenorol, cynrychiolodd y Grŵp fel Gweinidog yr Wrthblaid dros Lywodraeth Leol, 2012–2016, gan eistedd ar y Pwyllgor Cymunedau, Cydraddoldeb a Llywodraeth

Leol ac mae hi'n cadw'r portffolio hwn fel Llefarydd yr Wrthblaid ar Lywodraeth Leol yn y Pumed Cynulliad. Mae Janet yn gyn-faer Llandudno, swydd a wnaeth ei dau riant o'i blaen.

Lisa Francis, Ceidwadwyr Cymreig, Canolbarth a Gorllewin Cymru, 2003–2007.

Ganed a magwyd Lisa yn Llundain, i rieni o blith Cymry Llundain, ond yn 1969, symudodd y teulu i Ddinas Mawddwy yn Sir Feirionnydd, lle buont yn rhedeg gwesty, ac yn ddiweddarach gwesty yn Aberystwyth, lle parhaodd Lisa â'i haddysg. Yna gwnaeth gwrs ysgrifenyddol dwyieithog yn Llundain, gyda Ffrangeg yn brif iaith, gan weithio wedi hynny yn y Lead Industries Group Limited ac yna'r cwmni fferyllol Glaxo Limited. Gwasanaethodd ar Gyngor Tref Aberystwyth cyn ymladd am sedd Meirionnydd Nant Conwy yn Etholiad Cyffredinol 2001, a bu'n llwyddiannus yn etholiadau Cynulliad Cymru 2003. Ar ôl cael ei hethol, bu'n aelod o'r Pwyllgor Celfyddydau a Diwylliant ac ar y Pwyllgor Datblygu Economaidd, a bu'n Gadeirydd y Pwyllgorau Rhanbarth am flwyddyn. Yn 2007, enillodd Wobr Dodd: Menyw'r Flwyddyn yn y Cynulliad, ond collodd ei sedd yr un flwyddyn.

Veronica German, Democratiaid Rhyddfrydol Cymru, Dwyrain De Cymru, 2010–2011.

Ganed Veronica yn Birmingham ond mae wedi byw yn ardal Casnewydd a Chwmbran ers bron i 30 mlynedd. Graddiodd mewn Peirianneg Gemegol ym Mhrifysgol Aston a chafodd radd Meistr mewn Peirianneg Biocemegol o Brifysgol Birmingham. Yn ddiweddarach bu'n gweithio fel athrawes ac yn dysgu Gwyddoniaeth, Mathemateg a TGCh mewn ysgolion yng Ngwent. Gwasanaethodd yn gynghorydd Democratiaid Rhyddfrydol Casnewydd cyn cael ei hethol yn gynghorydd Torfaen yn cynrychioli Gogledd Llanyrafon yn 2008. Ym mis Mai 2010, enwebwyd yr Aelod Cynulliad ar y pryd dros Ddwyrain De Cymru, Mike German, ei gŵr, i Dŷ'r

Arglwyddi, a Veronica olynodd ef fel AC, gan mai hi oedd yr ymgeisydd nesaf ar restr y blaid ranbarthol. Hi oedd Llefarydd Democratiaid Rhyddfrydol Cymru dros Iechyd, Llywodraeth Leol a Chydraddoldeb; yn aelod o'r Pwyllgor Deisebau; y Pwyllgor Cyfle Cyfartal; y Pwyllgor Iechyd, Lles a Llywodraeth Leol; a'r Pwyllgor Deddfwriaeth. Methodd â chadw ei sedd yn etholiad Cynulliad 2011 ac nid ailymgeisiodd y flwyddyn ganlynol am ei sedd ar Gyngor Gogledd Llanyrafon. Brwydrodd am etholaeth Cynulliad Mynwy yn ystod etholiad 2016 ac am yr un sedd yn etholiad cyffredinol 2017, gan fod yn aflwyddiannus ar y ddau achlysur.

Janice Gregory, Llafur Cymru, Ogwr, 1999–2016.

Ganed Janice yn Nhreorci, yn ferch i Raymond Powell, AS y Blaid Lafur dros Ogwr o 1979 ymlaen. Cafodd ei haddysg yn Ysgol Ramadeg y Merched Pen-y-bont ar Ogwr ac, ar ôl hyfforddi mewn cyfathrebu a gweithio yn y gyfnewidfa ffôn leol, daeth yn Ysgrifennydd Etholaeth i'w thad yn 1991. Bu'n Swyddog Menywod y Blaid Lafur Etholaethol a Chadeirydd Fforwm Menywod Ogwr. Yn 1999, cafodd ei dewis fel ymgeisydd Llafur ar gyfer Ogwr yn etholiad Cynulliad Cenedlaethol Cymru. Daliodd y sedd a chafodd ei phenodi'n Chwip y grŵp Llafur ond ymddiswyddodd o'r swydd honno ym mis Chwefror 2000 ar ôl i Alun Michael ymddiswyddo fel Prif Weinidog. Pleidleisiodd Janice o blaid codi adeilad pencadlys nodedig i'r Cynulliad. Pan fu farw ei thad yn sydyn ym mis Rhagfyr 2001, gwrthododd geisio cael ei dewis i'w sedd yn San Steffan, ac fe'i hailetholwyd i Gynulliad Cenedlaethol Cymru yn etholiadau 2003, 2007 a 2011. Fe'i gwnaed yn Gadeirydd y Pwyllgor Cyfiawnder Cymdeithasol ac Adfywio a bu'n Brif Chwip hyd ei hymddeoliad yn 2016.

Lesley Griffiths, Llafur Cymru, Wrecsam, 2007–presennol.

Ganed Lesley yn yr Alban, ond o fewn llai na thair wythnos roedd wedi symud i Gymru, yn gyntaf i Saltney yn Sir y Fflint, yna i Wrecsam, lle mae wedi byw a gweithio ar hyd ei hoes fel oedolyn, gan gynnwys 20 mlynedd yn gweithio yn Ysbyty Maelor Wrecsam. Cyn cael ei hethol, bu'n gweithio fel Cynorthwyydd Etholaethol i Ian Lucas, AS, a chael ei hethol i Gynulliad Cenedlaethol Cymru ym mis Mai 2007. Ym mis Rhagfyr 2009 fe'i penodwyd yn Ddirprwy Weinidog Gwyddoniaeth, Arloesedd a Sgiliau. Yn dilyn ei hailethol ym mis Mai 2011, fe'i penodwyd yn Weinidog Iechyd a Gwasanaethau Cymdeithasol. Ym mis Mawrth 2013, penodwyd Lesley yn Weinidog Llywodraeth Leol a Busnes y Llywodraeth. Ym mis Medi 2014, fe'i penodwyd yn Weinidog Cymunedau a Threchu Tlodi ac yn 2016 yn Weinidog Ynni, yr Amgylchedd a Materion Gwledig. Yn dilyn ei hailethol yn 2021, penodwyd Lesley yn Weinidog Materion Gwledig a Gogledd Cymru.

Siân Gwenllian, Plaid Cymru, Arfon, 2016–presennol.

Ganed Siân yn Nolgellau a chafodd ei haddysg yn Ysgol Friars, Bangor ac ym Mhrifysgolion Aberystwyth a Chaerdydd. Mae hi wedi bod yn ymgyrchydd angerddol dros gydraddoldeb merched a'r Gymraeg ers dros 45 mlynedd. Cyn iddi gael ei hethol i'r Cynulliad, bu Siân yn gweithio fel newyddiadurwraig gyda'r BBC, HTV a *Golwg*, ac ym maes cysylltiadau cyhoeddus fel swyddog y wasg i Gyngor Gwynedd. Rhwng 2008 a 2016 bu'n gwasanaethu fel cynghorydd ar Gyngor Gwynedd, gan gynrychioli'r pentref lle cafodd ei magu, Y Felinheli. Rhwng 2010 a 2014, bu'n gyfrifol am bortffolio cyllid yr awdurdod, yn aelod o'r Cabinet dros addysg, plant a phobl ifanc, ac yn Ddirprwy Arweinydd y Cyngor. Yn 2014 penodwyd Siân yn bencampwr busnesau bach Gwynedd, yn gyfrifol am hyrwyddo'r sector hon o economi'r sir. Cafodd Siân ei hailethol i Senedd Cymru yn 2021, gan ddyblu ei mwyafrif gyda 63.3% o'r bleidlais – y ganran uchaf ar gyfer unrhyw Aelod o Senedd Cymru.

Edwina Hart, Llafur Cymru, Gŵyr, 1999–2016.

Cafodd Edwina ei geni a'i magu yn Nhre-gŵyr, Abertawe, a hi oedd llywydd benywaidd cyntaf yr undeb bancio BIFU (sydd bellach yn rhan o Unite), ac aeth ymlaen i gadeirio TUC Cymru. Mae Edwina wedi gwasanaethu fel aelod o Gyngor Darlledu Cymru, Canolfan Mileniwm Cymru, y Tribiwnlys Apêl Cyflogaeth a Fforwm Economaidd Gorllewin De Cymru. Roedd hi hefyd yn gyfarwyddwraig anweithredol i Chwarae Teg – mudiad oedd yn hyrwyddo rôl menywod yn y gweithle. Derbyniodd Edwina MBE ym 1998 am ei gwasanaeth i'r mudiad undebau llafur. Gwasanaethodd Edwina fel Ysgrifennydd Cyllid cyntaf y Cynulliad, ac yn 2000 newidiwyd y rôl i gynnwys cyfrifoldeb am lywodraeth leol, felly daeth yn Weinidog Cyllid a Llywodraeth Leol. Ar ôl etholiad y Cynulliad yn 2003, penodwyd Edwina yn Weinidog Cyfiawnder Cymdeithasol ac Adfywio ac fe'i penodwyd i'r Adran Iechyd a Gwasanaethau Cymdeithasol ym mis Mai 2007. Yn dilyn ei hailethol ym mis Mai 2011, penodwyd Edwina'n Weinidog Busnes, Menter a Thechnoleg, ond safodd i lawr yn etholiadau Cynulliad Cymru 2016.

Vikki Howells, Llafur Cymru, Cwm Cynon, 2016–presennol.

Ganed Vikki yn Aberdâr a'i magu yng Nghwm-bach, lle bu'n byw nes iddi fynd i'r Brifysgol. Mynychodd Ysgol Eglwys Sant Ioan yn Aberdâr cyn mynd i Brifysgol Caerdydd i wneud gradd mewn Hanes Rhyngwladol a Hanes Cymru, gan wneud gradd Meistr yno hefyd, yn trafod Cymoedd de Cymru yn ystod y chwyldro diwydiannol. Wrth astudio yng Nghaerdydd, derbyniodd Vikki wobr Charles Morgan i gydnabod ei chyfraniad i faes Hanes Cymru. Bu Vikki yn gweithio yn athrawes hanes yn Ysgol Gymunedol Sant Cenydd,

Caerffili, rhwng 2000 a 2016, lle bu'n gwneud amrywiaeth o rolau bugeiliol, gan wasanaethu yn fwyaf diweddar fel Pennaeth Cynorthwyol y Chweched Dosbarth. Mae Vikki wedi gweithio hefyd fel mentor i athrawon dan hyfforddiant ac wedi eistedd ar y panel derbyn ar gyfer y cwrs TAR Hanes ym Mhrifysgol Cymru Y Drindod Dewi Sant. Ymunodd Vikki â'r Blaid Lafur yn 17 oed ac mae wedi cyflawni llawer o rolau yn ei Hetholaeth, gan gynnwys bod yn Swyddog Menywod a Chadeirydd Etholaethol y Blaid Lafur. Etholwyd Vikki i Gadeirio Grŵp Llafur Cymru o Aelodau'r Cynulliad ym mis Tachwedd 2017.

Jane Hutt, Llafur Cymru, Bro Morgannwg, 1999–presennol.

Treuliodd Jane Hutt ran o'i phlentyndod yn Uganda a Kenya, a chafodd ei haddysg ym Mhrifysgol Caint, Ysgol Economeg Llundain a Phrifysgol Bryste. Mae hi wedi byw a gweithio yng Nghymru er 1972. Jane oedd Cydlynydd Cenedlaethol cyntaf Cymorth i Fenywod Cymru yn 1978 ac roedd yn un o sylfaenwyr Gweithdy Menywod De Morgannwg. Aeth ymlaen i fod yn gyfarwyddwraig gyntaf Gwasanaeth Cynghori ar Gyfranogiad Tenantiaid (TPAS Cymru) ac wedi hynny bu'n gyfarwyddwraig Chwarae Teg. Bu Jane yn aelod etholedig o hen Gyngor Sir De Morgannwg am 12 mlynedd. Cafodd ei hethol i'r Cynulliad am y tro cyntaf yn 1999. Rhwng 1999 a 2005 gwasanaethodd fel Gweinidog Iechyd a Gwasanaethau Cymdeithasol yn Llywodraeth Cymru. Rhwng 2005 a 2007, hi oedd Gweinidog Busnes y Cynulliad a'r Prif Chwip. Yng Nghabinet cyntaf y Trydydd Cynulliad fe'i penodwyd yn Weinidog Cyllid a Busnes y Cynulliad. Yng Nghabinet y glymblaid a gyhoeddwyd ar 19 Gorffennaf 2007 daeth yn Weinidog Plant, Addysg, Dysgu Gydol Oes a Sgiliau. Ym mis Rhagfyr 2009 fe'i penodwyd yn Weinidog Busnes a'r Gyllideb, ac yna'n Weinidog Cyllid tan 2016 pan gafodd ei phenodi'n Arweinydd y Tŷ ac yn Brif Chwip ar ddechrau'r Pumed Cynulliad.

Julie James, Llafur Cymru, Gorllewin Abertawe, 2011–current.

Ganed Julie yn Abertawe ond treuliodd rannau sylweddol o'i hieuenctid yn byw o gwmpas y byd gyda'i theulu. Astudiodd Astudiaethau Americanaidd a Hanes ym Mhrifysgol Sussex ac yna'r Gyfraith yng Ngholeg Polytechnig Canol Llundain, gan raddio yn 1982. Aeth ymlaen i Ysgol y Gyfraith Ysbytai'r Frawdlys yn Llundain i hyfforddi yn fargyfreithwraig a threuliodd y rhan fwyaf o'i gyrfa gyfreithiol mewn llywodraeth leol yn Llundain cyn dychwelyd i Abertawe i weithio i Gyngor Sir Gorllewin Morgannwg ac yna i Ddinas a Sir Abertawe. Yn dilyn ei hethol yn Aelod Cynulliad yn cynrychioli Gorllewin Abertawe, bu'n aelod o sawl pwyllgor, gan gynnwys y Pwyllgor Materion Cyfansoddiadol a Deddfwriaethol, y Pwyllgor Menter a Busnes a'r Pwyllgor Amgylchedd a Chynaliadwyedd. Ym mis Medi 2014, penodwyd Julie yn Ddirprwy Weinidog Sgiliau a Thechnoleg ac ym mis Mai 2016, cafodd ei hailethol yn Aelod Cynulliad dros Orllewin Abertawe gyda mwyafrif uwch nag yn ei thymor blaenorol. Ym mis Tachwedd 2017, cafodd Julie ei dyrchafu i'r Cabinet fel Arweinydd y Tŷ a'r Prif Chwip, ac ym mis Rhagfyr 2018, yn dilyn ethol Mark Drakeford i swydd arweinydd Llafur Cymru ac felly'n Brif Weinidog, fe'i penodwyd yn Weinidog Tai a Llywodraeth leol. Ar hyn o bryd, mae'n gwasanaethu fel Gweinidog Newid Hinsawdd.

Pauline Jarman, Plaid Cymru, Canol De Cymru, 1999–2003.

Cafodd Pauline ei geni a'i magu mewn cymuned o'r enw Perthcelyn yn y cymoedd a chafodd ei haddysg yn Ysgol Ramadeg Aberpennar. Ar ôl gadael yr ysgol, bu'n gweithio yn AB Metals yn yr Adran Mewnforio-Allforio ac oddi yno aeth i Frame Filters a gwneud gwaith tebyg. Priododd a dechrau teulu ond aeth yn ôl i weithio'n rhan amser. Yn 1976, etholwyd Pauline i Gyngor Bwrdeistref Cwm Cynon, gan gael ei phenodi'n Faer yn 1987–8, a gwasanaethodd tan 1996, pan ddaeth yn Gyngor Rhondda Cynon

Taf. Yn 1981, cafodd ei hethol i Gyngor Sir Morgannwg Ganol a gwasanaethodd y ddau ar yr un pryd hyd at 1995-6. Yn 1999, ailetholwyd Pauline i Gyngor Rhondda Cynon Taf, cymerodd Plaid Cymru reolaeth ohono oddi ar Lafur, a daeth hi'n Arweinydd y Cyngor. Fe'i hetholwyd hefyd yn Aelod Cynulliad dros Ganol De Cymru yn 1999, ac yn ystod ei chyfnod yn y Cynulliad, gwasanaethodd ar y Pwyllgor Addysg a'r Pwyllgor Deddfwriaeth. Penderfynodd ymddiswyddo yn etholiad 2003.

Delyth Jewell, Plaid Cymru, Dwyrain De Cymru, 2019-presennol.
Ganed Delyth yng Nghaerffili, cafodd ei magu yn Ystrad Mynach, ac aeth i Ysgol Gyfun Cwm Rhymni ym Margoed, cyn mynd ymlaen i astudio ym Mhrifysgol Rhydychen, lle graddiodd gyda gradd mewn Iaith a Llenyddiaeth Saesneg a gradd Meistr mewn Astudiaethau Celtaidd. Ar ôl graddio o'r brifysgol, bu Delyth yn gweithio fel ymchwilydd ac awdur areithiau i Aelodau Seneddol Plaid Cymru yn San Steffan dan arweiniad Elfyn Llwyd, AS. Yn 2014, enillodd Wobr Ymchwilydd y Flwyddyn am ei gwaith yn paratoi'r ffordd ar gyfer deddfwriaeth ar stelcian a thrais domestig. Yn ddiweddarach bu'n gweithio i Gyngor ar Bopeth ac Action Aid. Yn 2019, daeth Delyth yn Aelod Cynulliad Plaid Cymru dros Ddwyrain De Cymru, yn dilyn marwolaeth Steffan Lewis, a chafodd ei henwi'n llefarydd ei phlaid ar Brexit a Materion Allanol. Yn 2021, cafodd Delyth ei hailethol yn Aelod o'r Senedd dros Ddwyrain De Cymru, ac mae wedi'i phenodi'n llefarydd ei phlaid ar newid hinsawdd, trafnidiaeth ac ynni.

Ann Jones, Llafur Cymru, Dyffryn Clwyd, 1999-2021.
Cafodd Ann Jones ei geni a'i magu yn y Rhyl ar arfordir Gogledd Cymru, lle mae hi wedi byw ar hyd ei hoes. Bu'n gweithio am bron i 30 mlynedd mewn ystafelloedd rheoli tân yng ngogledd Cymru a Glannau Merswy nes iddi gael ei hethol i Gynulliad Cenedlaethol

Cymru yn 1999. Cyn cael ei hethol i'r Cynulliad, gwasanaethodd Ann fel Cynghorydd Tref y Rhyl a bu'n Faer y dref yn 1996–7. Bu hi'n Gynghorydd Sir Ddinbych hefyd. Yn undebwraig lafur weithgar, gwasanaethodd Ann yn swyddog cenedlaethol yn Undeb y Brigadau Tân am nifer o flynyddoedd a bu'n aelod o Bwyllgor Llywio Plaid Lafur Cymru a TUC Cymru. Yn 2007, cyhoeddodd Ann ei bwriad i gyflwyno deddfwriaeth i'w gwneud yn orfodol i osod system atal tân mewn cartrefi newydd. Bu Ann yn cadeirio sawl un o bwyllgorau'r Cynulliad gan gynnwys y Pwyllgor Plant, Pobl Ifanc ac Addysg, y Grŵp Trawsbleidiol ar Faterion Byddar, a'r Pwyllgor Cymunedau, Cydraddoldeb a Llywodraeth Leol. Yn 2016 cafodd ei hethol yn Ddirprwy Lywydd y Cynulliad Cenedlaethol. Penodwyd Ann yn Swyddog Urdd yr Ymerodraeth Brydeinig (OBE) yn Anrhydeddau'r Flwyddyn Newydd 2021 am wasanaeth seneddol a chyhoeddus yng Nghymru.

Elin Jones, Plaid Cymru, Ceredigion, 1999–presennol.

Magwyd Elin ar fferm ger Llanbedr Pont Steffan, a mynychodd Ysgol Gynradd Llanwnnen ac Ysgol Uwchradd Llanbedr Pont Steffan. Ar ôl derbyn BSc mewn Economeg o Brifysgol Caerdydd, enillodd radd MSc mewn Economeg Wledig o Brifysgol Aberystwyth. Mae hi wedi gweithio fel Swyddog Datblygu Economaidd i Fwrdd Datblygu Cymru Wledig. Mae hi hefyd wedi bod yn gyfarwyddwraig gyda Radio Ceredigion a'r cwmni cynhyrchu teledu Wes Glei Cyf. Bu Elin yn aelod o Gyngor Tref Aberystwyth o 1992 hyd 1999 a hi oedd Maer ieuengaf Aberystwyth yn ystod tymor 1997–98. Bu Elin yn Gadeirydd Cenedlaethol Plaid Cymru rhwng 2000 a 2002. Cafodd ei hethol i'r Cynulliad ym mis Mai 1999, ac yn nhymor cyntaf y Cynulliad, hi oedd Gweinidog Datblygu Economaidd yr Wrthblaid. Yn dilyn etholiad y Cynulliad yn 2003, llwyddodd i gadw'r portffolio hwn tan 2006, pan ddaeth yn Weinidog Amgylchedd, Cynllunio a Chefn

Gwlad yr Wrthblaid. Ar 9 Gorffennaf 2007, ffurfiwyd Llywodraeth Cymru'n Un a phenodwyd Elin yn Weinidog Materion Gwledig. Yn 2009, enillodd Elin wobr Pencampwr Ffermio Prydain y *Farmers Weekly* yn ogystal â gwobr Aelod Cynulliad y Flwyddyn. Mae hi wedi gwasanaethu fel Llywydd y Cynulliad/y Senedd er 2016.

Helen Mary Jones, Plaid Cymru, sedd Llanelli 1999–2003; 2007–2011; Canolbarth a Gorllewin Cymru 2003–2007; 2018–2021 Ganed Helen Mary yn Colchester, Essex, a chafodd ei haddysg yn Ysgol Uwchradd Sirol Colchester i Ferched, Ysgol Uwchradd Caereinion ym Mhowys a Phrifysgol Cymru, Aberystwyth, lle dyfarnwyd gradd anrhydedd mewn hanes a Thystysgrif Addysg i Raddedigion iddi. Mae hi wedi dysgu ym maes addysg arbennig ac wedi dal swyddi amrywiol ym maes gwaith ieuenctid, cymunedol a chymdeithasol. Yn 1999 cafodd ei hethol i Gynulliad Cenedlaethol Cymru dros etholaeth Llanelli, gan wasanaethu fel Gweinidog Addysg a Dysgu Gydol Oes yr Wrthblaid a bu ar y Pwyllgorau Addysg a Dysgu Gydol Oes, Cyfle Cyfartal, a Phwyllgor Rhanbarth De-orllewin Cymru. Safodd yn etholiadau arweinyddiaeth Plaid Cymru 2000 a 2003, gan golli i Ieuan Wyn Jones y ddau dro. Yn etholiadau'r Cynulliad yn 2003, collodd ei sedd etholaethol yn Llanelli o 21 pleidlais yn unig, ond cafodd ei hethol ar gyfer rhanbarth 'atodol' Canolbarth a Gorllewin Cymru. Hi oedd Gweinidog Amgylchedd, Cynllunio a Chefn Gwlad yr Wrthblaid yn yr Ail Gynulliad. Yn ystod etholiadau 2007, enillodd etholaeth Llanelli yn ôl ond collodd ei sedd i Keith Davies o'r Blaid Lafur o 80 pleidlais yn etholiad 2011. Cafodd ei hethol yn Gadeirydd Cenedlaethol Plaid Cymru ym mis Medi 2011, a deufis yn ddiweddarach, fe'i penodwyd yn Brif Weithredwr Youth Cymru, gan ddal y swydd hon tan fis Medi 2017. Yn etholiad Cynulliad Cenedlaethol Cymru 2016, collodd

Helen Mary i'r ymgeisydd Llafur Lee Waters ond dychwelodd i'r Cynulliad ym mis Awst 2018 i gynrychioli Canolbarth a Gorllewin Cymru yn dilyn ymddiswyddiad Simon Thomas. Yn etholiad Senedd 2021, hi oedd ail ymgeisydd y Blaid ar y bleidlais restr ar gyfer rhanbarth Canolbarth a Gorllewin Cymru ond ni lwyddodd i ennill sedd.

Laura Anne Jones, Ceidwadwyr Cymreig, Dwyrain De Cymru, 2003–2007; 2020–presennol.

Ganed Laura yn Ysbyty Casnewydd Gwent a'i magu ym Mrynbuga, Sir Fynwy, lle bu'n gweithio ar y fferm deuluol. Mynychodd Brifysgol Plymouth, lle astudiodd wleidyddiaeth. Ymunodd â'r Ceidwadwyr yn 1996 a bu'n ymwneud â *Conservative Future*, adain ieuenctid y blaid. Wedi'i hethol i'r Cynulliad yn etholiad 2003 i gynrychioli Dwyrain De Cymru, hi oedd aelod ieuengaf y Cynulliad. Fe'i penodwyd yn llefarydd y Ceidwadwyr ar chwaraeon, ac roedd yn eistedd ar y pwyllgorau Diwylliant, Chwaraeon a'r Gymraeg, a Llywodraeth Leol a Gwasanaethau Cyhoeddus. Collodd ei sedd yn y Cynulliad yn etholiad Cynulliad 2007 pan enillodd Plaid Cymru un sedd yn rhanbarth Dwyrain De Cymru ar draul y Ceidwadwyr. Yn etholiad cyffredinol 2015 heriodd sedd Lafur Islwyn ar ran y Ceidwadwyr gan orffen yn drydydd. Yn etholiadau lleol Cymru 2017 cafodd ei hethol i ward Wyesham ar Gyngor Sir Fynwy gan ennill 42% o'r bleidlais. Yn etholiad cyffredinol 2019 ymladdodd sedd Lafur Blaenau Gwent i'r Ceidwadwyr a gorffennodd yn drydydd. Yn dilyn marwolaeth Mohammad Asghar ym mis Mehefin 2020, cadarnhawyd ym mis Gorffennaf 2020 y byddai Laura yn dod yn Aelod o'r Senedd dros Ddwyrain De Cymru, gan mai hi oedd yr ymgeisydd Ceidwadol nesaf ar y rhestr ranbarthol yn etholiad y Cynulliad yn 2016. Cafodd ei hailethol yn etholiad y Senedd yn 2021.

Eluned Morgan, Llafur Cymru, Canolbarth a Gorllewin Cymru, 2016–presennol.
Ganwyd a magwyd Eluned yn Nhrelái, Caerdydd. Addysgwyd hi yn Ysgol Gyfun Gymraeg Glantaf. Enillodd ysgoloriaeth i Goleg Iwerydd ac enillodd radd mewn Astudiaethau Ewropeaidd o Brifysgol Hull, ac wedi hynny bu'n gweithio fel ymchwilydd teledu. Yn 1994, cafodd ei hethol yn Aelod o Senedd Ewrop yn cynrychioli Canolbarth a Gorllewin Cymru, yr ASE ieuengaf pan gymerodd ei sedd. Parhaodd yn ASE yn cynrychioli Cymru gan gael ei hethol yn etholiadau 1999 a 2004. Ymddiswyddodd Eluned yn etholiadau Senedd Ewrop 2009, ac wedi hynny bu'n gweithio fel Cyfarwyddwraig Datblygu Cenedlaethol SSE yng Nghymru (SWALEC). Ym mis Tachwedd 2010, cyflwynwyd arglwyddiaeth am oes i Eluned i eistedd ar feinciau Llafur yn Nhŷ'r Arglwyddi, a chofnodwyd ei henw ar 27 Ionawr 2011 yn Farwnes Morgan o Drelái. Yn etholiadau'r Cynulliad yn 2016, cafodd ei hethol i restr ranbarthol Canolbarth a Gorllewin Cymru, gan wasanaethu wedi hynny fel Gweinidog y Gymraeg a Dysgu Gydol Oes, a Gweinidog y Gymraeg a Chysylltiadau Rhyngwladol. Ymladdodd Eluned yn etholiad arweinyddiaeth Llafur Cymru 2018, yn aflwyddiannus, ac fe'i penodwyd wedyn gan y Prif Weinidog Mark Drakeford yn Weinidog Cysylltiadau Rhyngwladol a'r Gymraeg cyn cael ei symud i fod yn Weinidog Iechyd Meddwl, Llesiant a'r Gymraeg ym mis Hydref 2020. Mae'n gwasanaethu ar hyn o bryd fel Gweinidog Iechyd a Gwasanaethau Cymdeithasol. Mae Eluned yn Gymrawd o Goleg y Drindod Caerfyrddin ac yn Athro Anrhydeddus ac yn Gymrawd Prifysgol Caerdydd.

Julie Morgan, Llafur Cymru, Gogledd Caerdydd, 2011–presennol.
Ganed Julie yng Nghaerdydd a chafodd ei haddysg yn Ysgol Gynradd Dinas Powys, Ysgol Howell's yng Nghaerdydd, Coleg y Brenin Llundain, Prifysgol Manceinion a Phrifysgol

Caerdydd. Mae ganddi BA Anrhydedd mewn Saesneg a diploma ôl-raddedig mewn Gweinyddiaeth Gymdeithasol. Yn 1997 etholwyd Julie yn AS dros Ogledd Caerdydd – y fenyw gyntaf i gynrychioli Caerdydd yn San Steffan. Bu'n AS Gogledd Caerdydd am 13 mlynedd nes iddi golli'r sedd o drwch blewyn o 194 o bleidleisiau yn 2010. Yn ystod ei chyfnod yn San Steffan, cyflwynodd dri Bil Aelod Preifat – un ar wahardd ysmygu mewn mannau cyhoeddus, un ar ganiatáu pleidleisio yn 16, ac un ar atal pobl ifanc dan 18 oed rhag defnyddio gwelyau haul a ddaeth yn gyfraith yn 2010. Etholwyd Julie yn Aelod Cynulliad dros Ogledd Caerdydd yn 2011. Yn ystod y Pedwerydd Cynulliad bu'n aelod o'r Pwyllgor Cyfrifon Cyhoeddus, y Pwyllgor Cyllid a Phwyllgor yr Amgylchedd yn ogystal â chadeirio saith Grŵp Trawsbleidiol yn cwmpasu meysydd fel plant, canser, a nyrsio a bydwreigiaeth. Yn y Pumed Cynulliad cafodd Julie ei hailethol gyda'r nifer mwyaf o bleidleisiau ar gyfer unrhyw AC. Bu'n gadeirydd y Grwpiau Trawsbleidiol ar Ganser, Undeb y PCS a'r GRhG Sipsiwn, Roma a Theithwyr nes dod yn Ddirprwy Weinidog Iechyd ym mis Rhagfyr 2018. Roedd yn aelod hefyd o ddau bwyllgor, y Pwyllgor Iechyd, Gofal Cymdeithasol a Chwaraeon a'r Pwyllgor Plant, Pobl Ifanc ac Addysg, ac ar hyn o bryd mae'n Ddirprwy Weinidog Gwasanaethau Cymdeithasol.

Lynne Neagle, Llafur Cymru, Torfaen, 1999–presennol.

Ganed Lynne ym Merthyr Tudful yn 1968 a chafodd ei haddysg yn Ysgol Uwchradd Cyfarthfa, ac wedyn ym Mhrifysgol Reading, lle astudiodd Ffrangeg ac Eidaleg. Cyn iddi gael ei hethol i'r Cynulliad Cenedlaethol yn 1999, bu Lynne yn dal nifer o swyddi yn y sector gwirfoddol yng Nghymru, yn gweithio i sefydliadau fel Shelter Cymru, Mind a'r CAB. Bu'n Swyddog Datblygu Gofalwyr gyda Gweithredu Gwirfoddol Caerdydd a bu'n gweithio hefyd fel ymchwilydd i Glenys Kinnock ASE. Bu Lynne yn gadeirydd hirfaith Grŵp Llafur y Cynulliad tan 2008. Mae ei diddordebau gwleidyddol yn cynnwys iechyd, tai, gwasanaethau cymdeithasol, Ewrop a dyfodol y cymoedd yn ne Cymru. Yn y Pumed Cynulliad, Lynne oedd cadeirydd Pwyllgor Plant, Pobl Ifanc ac Addysg. Ar hyn o bryd mae'n gwasanaethu fel Dirprwy Weinidog Iechyd Meddwl a Lles.

Eluned Parrott, Democratiaid Rhyddfrydol Cymru, Canol De Cymru, 2011–2016. Ganed Eluned yn y Fenni. Astudiodd

yn Ysgol Golegol San Pedr, yn Wolverhampton, enillodd radd mewn cerddoriaeth o Brifysgol Caerdydd a diploma ôl-raddedig mewn marchnata gan y Sefydliad Marchnata Siartredig. Cyn dod yn AC, bu'n gweithio fel rheolwraig ymgysylltu cymunedol i Brifysgol Caerdydd. Brwydrodd Eluned am sedd Bro Morgannwg yn etholiad cyffredinol 2010, sedd heb fawr o hanes o lwyddiant i Ddemocratiaid Rhyddfrydol Cymru, gan ennill 15.2 y cant o'r bleidlais, y gyfran uchaf o bleidlais i Ddemocratiaid Rhyddfrydol Cymru yn y sedd ers degawdau. Yn 2011, cafodd Eluned ei hethol yn Aelod Cynulliad dros Ranbarth Canol De Cymru ar ôl i John Dixon fethu â chael ei ailethol. Derbyniodd bortffolios Menter, Trafnidiaeth, Ewrop a Busnes ac eisteddodd ar y Pwyllgor Menter a Busnes a'r Pwyllgor Materion Cyfansoddiadol a Deddfwriaethol.

Rhianon Passmore, Llafur Cymru, Islwyn, 2016–presennol.

Ganed ac addysgwyd Rhianon yn Islwyn a mynychodd Goleg Cerdd a Drama Cymru. Mae hi'n angerddol dros hyrwyddo cerddoriaeth a'r celfyddydau creadigol, ac mae ganddi ddiddordeb cryf mewn addysg cerddoriaeth a datblygu'r celfyddydau. Cyn dechrau ei gyrfa mewn gwleidyddiaeth, roedd Rhianon yn glarinétydd ac yn aelod o gerddorfeydd gwahanol. Mae hi wedi gwasanaethu ar Gyngor Darlledu BBC Cymru a phwyllgor gwaith Cyngor Llyfrau Cymru. Mae hi wedi bod yn ymwneud llawer â'i chymuned leol, gan sefydlu nifer o fudiadau ac ennill rhai gwobrau, gan gynnwys cyrraedd rownd derfynol Gwobrau Merched y Flwyddyn Cymru. Mae Rhianon yn gyn-Aelod Cabinet dros Addysg yng Nghyngor Bwrdeistref Sirol Caerffili, yn Gadeirydd Gwasanaeth Cyflawni Addysg De-ddwyrain Cymru ac yn Is-Gadeirydd ESIS (Gwasanaethau Cynhwysiant Cymorth Addysg De-ddwyrain Cymru). Ym mis Gorffennaf 2015, cafodd ei dewis fel ymgeisydd Llafur Cymru ar gyfer etholaeth Islwyn, ac ym mis Mai 2016, fe'i hetholwyd yn Aelod Cynulliad. Cyn hynny roedd wedi sefyll yn aflwyddiannus fel ymgeisydd rhanbarthol ar gyfer Canolbarth a Gorllewin Cymru yn etholiadau Cymru 2003 ac yn ymgeisydd rhanbarthol ar gyfer Dwyrain De Cymru yn etholiadau 2007.

Y Farwnes Jenny Randerson, Democratiaid Rhyddfrydol Cymru, Canol Caerdydd, 1999–2011.

Ganed Jenny yn Paddington a'i haddysgu yng Ngholeg Bedford, Prifysgol Llundain lle enillodd radd BSc mewn Ffisioleg a Biocemeg. Bu'n darlithio yng Ngholeg Trydyddol Caerdydd ac yn gynghorydd yng Nghaerdydd 1983–2000. Etholwyd Jenny yn Aelod Cynulliad Canol Caerdydd yn etholiadau 1999 y Cynulliad gan guro'r ymgeisydd Llafur, Mark Drakeford. Gwasanaethodd fel Gweinidog Diwylliant, Chwaraeon a'r Iaith Gymraeg yn Llywodraeth Partneriaeth Democratiaid Rhyddfrydol/Llafur o 2000 tan 2003, a bu'n Ddirprwy Brif Weinidog Cymru o Orffennaf 2001 tan Fehefin 2002. Yn yr Ail Gynulliad roedd Jenny yn Weinidog Iechyd a Gwasanaethau Cymdeithasol, Cyfleoedd Cyfartal ac yn Llefarydd ar Gyllid y Democratiaid Rhyddfrydol. Safodd am arweinyddiaeth y Democratiaid Rhyddfrydol Cymreig yn 2008 ond cafodd ei threchu gan Kirsty Williams. Yn y Trydydd Cynulliad, Jenny oedd Llefarydd y Democratiaid Rhyddfrydol ar Addysg, Trafnidiaeth a'r Economi, ond ni cheisiodd gael ei hailethol yn etholiadau'r Cynulliad yn 2011. Ar 27 Ionawr 2011, cafodd ei dyrchafu yn arglwyddes am oes – y Farwnes Randerson o Barc y Rhâth yn ninas Caerdydd, lle mae'n eistedd ar seddau'r Democratiaid Rhyddfrydol yn Nhŷ'r Arglwyddi. Ym mis Medi 2012, penodwyd hi'n Ddirprwy Ysgrifennydd Gwladol Seneddol yn y Swyddfa Gymreig a hi yw'r Democrat Rhyddfrydol benywaidd cyntaf i ddal swydd weinidogaethol yn San Steffan a'r aelod Rhyddfrydol Cymreig cyntaf i ddal swydd weinidogaethol ers Gwilym Lloyd-George yn 1945.

Jenny Rathbone, Llafur Cymru, Canol Caerdydd, 2011–presennol.

Ganed Jenny yn Lerpwl a gweithiodd am 20 mlynedd ym myd teledu ym maes materion cyfoes, yn ymchwilydd a gohebydd i *World in Action* Granada; cynhyrchydd *Money Programme* y BBC, ac ar *Woman's Hour* ar Radio 4. Rhwng 2002 a 2007, bu'n rheolwraig rhaglen Cychwyn Cadarn arobryn yng ngogledd Llundain a sefydlodd ddwy ganolfan blant, gan gynnwys gwasanaeth cyn geni arloesol cenedlaethol yn cynnig dosbarthiadau magu plant a chymorth bwydo ar y fron gan weithio ochr yn ochr â chlinigau dan arweiniad bydwragedd. Cafodd Jenny ei hethol i'r Cynulliad Cenedlaethol ym mis Mai 2011 ar ôl trechu'r Democratiaid Rhyddfrydol yn sedd Canol Caerdydd. Ym mis Mai 2016, cynyddodd ei mwyafrif o dros 2,000 y cant. Mae Jenny yn aelod o'r Pwyllgor Newid Hinsawdd, Amgylchedd a Materion Gwledig a'r Pwyllgor Cyfrifon Cyhoeddus ac mae wedi gwasanaethu yn y gorffennol ar y Pwyllgor Plant a Phobl Ifanc a'r Pwyllgor Cydraddoldeb, Llywodraeth Leol a Chymunedau. Mae Jenny yn cadeirio tri Grŵp Trawsbleidiol ar Fwyd; Sipsiwn a Theithwyr; ac Iechyd Merched.

Janet Ryder, Plaid Cymru, Gogledd Cymru, 1999–2011.

Ganed Janet yn Sunderland ac, ar ôl gorffen ei haddysg, bu'n gweithio fel athrawes a gweithwraig ieuenctid. Symudodd gyda'i theulu i Gymru a dechreuodd ymwneud â gwaith gwirfoddol a chymunedol yn Rhuthun. Gwasanaethodd fel Maer Rhuthun ar Gyngor Sir Ddinbych o 1995 i 1999, ac ar Bwyllgor Gwaith Cenedlaethol Plaid Cymru. Yn dilyn ei hethol i Gynulliad Cymru yn 1999, hi oedd Gweinidog Llywodraeth Leol a Chymunedau'r Wrthblaid ac yn 2002 rhoddwyd cyfrifoldeb ychwanegol iddi am Gyllid. Ailetholwyd Janet ym mis Mai 2003, ac yn dilyn ad-drefnu Cabinet yr Wrthblaid ym mis Tachwedd y flwyddyn honno, daeth yn Weinidog Addysg a Dysgu Gydol Oes yr Wrthblaid. Ym mis Ebrill 2006, newidiodd y portffolio hwn i Addysg, Dysgu Gydol Oes a Sgiliau, gan gynnwys cyfrifoldebau am ysgolion, addysg bellach a datblygu sgiliau, addysg uwch, y gwasanaeth ieuenctid a'r gwasanaeth gyrfaoedd. Yn ystod y Trydydd Cynulliad, ymddiswyddodd o'r swydd honno a daeth yn gadeirydd y Pwyllgor Is-ddeddfwriaeth a gafodd ei ailenwi wedyn yn Bwyllgor Materion Cyfansoddiadol. Hi oedd Cadeirydd cangen Cymru o Gymdeithas Seneddol y Gymanwlad a'r Grŵp Trawsbleidiol ar Awtistiaeth. Ym mis Mawrth 2008, lansiodd Janet ymgyrch yn galw ar Lywodraeth y DG i ganiatáu i faneri cenedlaethol fel y ddraig goch Gymreig gael eu harddangos ar blatiau rhif ceir. Ymladdodd yn Ne Clwyd yn etholiad cyffredinol 2010, gan orffen yn bedwerydd ond ni safodd i gael ei hailethol yn etholiad Cynulliad 2011.

Antoinette Sandbach, Ceidwadwyr Cymreig, Gogledd Cymru, 2011–2015. Ganed Antoinette yn Hammersmith, Gorllewin Llundain. Roedd ei nain ar ochr ei thad yn dirfeddiannwr amlwg yng ngogledd Cymru, ac roedd ei stadau'n cynnwys Hafodunos ger Abergele a Neuadd Bryngwyn ger Llanfyllin. Addysgwyd Antoinette yn Haileybury; Imperial Service College, a Phrifysgol Nottingham, lle astudiodd y gyfraith. Bu'n gweithio fel bargyfreithwraig droseddol yn Llundain am 13 mlynedd a chafodd ei hethol ddwywaith i Gyngor y Bar yn y cyfnod hwn. Yna bu'n rhedeg busnes ffermio'r teulu, Hafodunos Farms Ltd, yn Llangernyw ac yno y dechreuodd ar yrfa wleidyddol. Yn etholiad Cynulliad Cymru 2007, ymladdodd yn aflwyddiannus yn etholaeth Delyn a ddelir gan Lafur. Ymladdodd Antoinette yn etholaeth seneddol Delyn eto yn etholiad cyffredinol 2010, ond collodd eto. Yn dilyn marwolaeth Brynle Williams yn 2011, daeth yn Aelod Cynulliad Rhanbarthol Ceidwadol Gogledd Cymru. Yn ystod ei chyfnod yn y Cynulliad, fe'i penodwyd yn Weinidog Materion Gwledig yr Wrthblaid, ac yn 2014 yn Weinidog yr Amgylchedd a'r Wrthblaid. Bu hefyd yn aelod o Bwyllgor Amgylchedd a Chynaliadwyedd y Cynulliad. Yn 2015, dewiswyd Antoinette yn ymgeisydd y Blaid Geidwadol ar gyfer sedd Eddisbury yn Swydd Gaer, Lloegr a ddelir gan y Ceidwadwyr, ac ymddiswyddodd o Gynulliad Cymru, i gael ei holynu gan Janet Haworth. Daliodd ei sedd yn Nhŷ'r Cyffredin tan 2019 pan, yn sefyll fel Democrat Rhyddfrydol, y collodd ei sedd i ymgeisydd y Ceidwadwyr, Edward Timpson.

Bethan Sayed, Plaid Cymru, Gorllewin De Cymru, 2007–2021.

Ganed Bethan yn Aberdâr, yn ferch i'r bardd Mike Jenkins. Fe'i magwyd ym Merthyr Tudful, lle bu ei dau riant yn rhan o'r mudiad gwrth-apartheid yn yr 1980au a'r 1990au cynnar. Cafodd ei haddysg yn Ysgol Gyfun Rhydfelen, ger Pontypridd a graddiodd gyda gradd BScEcon mewn Gwleidyddiaeth Ryngwladol a Hanes Rhyngwladol yng Ngholeg Prifysgol Cymru Aberystwyth. Yn y brifysgol, cafodd ei hethol i bwyllgor gwaith Urdd y Myfyrwyr, a gwasanaethodd fel Llywydd yr Urdd, yn ogystal â dod yn weithgar mewn nifer o ymgyrchoedd. Ar ôl y brifysgol, symudodd i weithio yn swyddfa Leanne Wood yn y Rhondda, gan dreulio hanner ei hamser yn delio â materion lleol a chymdeithasol a'r hanner arall i Blaid Cymru fel Swyddog Ieuenctid. Dewiswyd Bethan yn brif ymgeisydd Plaid Cymru ar gyfer rhestr Ranbarthol De Orllewin Cymru ac felly cafodd ei hethol yn yr etholiadau dilynol ym mis Mai 2007. I ddechrau, hi oedd Llefarydd Tlodi Plant a Diwylliant Plaid Cymru ar gyfer grŵp Plaid Cymru yn y Cynulliad Cenedlaethol, ac eisteddodd ar y Pwyllgor Cymunedau a Diwylliant, y Pwyllgor Archwilio, a'r Pwyllgor Deisebau. Yn 2012, penodwyd Bethan yn llefarydd Treftadaeth, y Gymraeg a Chwaraeon Plaid Cymru, a bu'n Gadeirydd Grŵp Trawsbleidiol Anhwylderau Bwyta'r Cynulliad. Ym mis Awst 2020, cyhoeddodd na fyddai'n sefyll yn etholiad Senedd 2021.

Karen Sinclair, Llafur Cymru, De Clwyd, 1999–2011. Ganed

a magwyd Karen yn un o faestrefi Wrecsam, gogledd Cymru, a chafodd ei haddysg yn Ysgol y Merched Grove Park. Ar ôl gweithio yn y gwasanaeth ieuenctid am bedair blynedd ar ddeg, daeth yn Rheolwraig Gofal i Wasanaethau Cymdeithasol Wrecsam gyda chleientiaid ag anawsterau dysgu. Bu Karen yn aelod o Gyngor Dosbarth Glyndŵr am saith mlynedd, cyn aildrefnu llywodraeth leol a bu'n gwasanaethu ar Gyngor Sir Dinbych. Ar ôl ei hethol i'r Cynulliad, torrodd ar gonfensiwn trwy benderfynu traddodi ei hareithiau ar ei heistedd, er mwyn osgoi'r osgo ymosodol a oedd yn gyffredin yn San Steffan, ac at hyn bu'n allweddol yn cael peiriannau Type Talk yn y Cynulliad, i wella hygyrchedd i bobl ag anawsterau clyw a byddardod. Bu'n Brif Chwip a Gweinidog Busnes y Cynulliad, eisteddodd ar y Pwyllgor Amgylchedd ac Amaethyddiaeth a'r Pwyllgor Deddfwriaethol, a chadeiriodd Brosiect Adfer URBAN II Gorllewin Wrecsam. Yn Hydref 2009, cyhoeddodd na fyddai'n sefyll ar gyfer ei sedd yn y Cynulliad yn yr etholiad nesaf yn 2011.

Catherine Thomas, Llafur Cymru, Llanelli, 2003–2007.

Ganed Catherine yn Dafen, Llanelli, a chafodd ei haddysg yn ei hysgol bentref, Ysgol Gynradd Dafen, yna yn Ysgol Ramadeg y Merched Llanelli, ac wedi hynny aeth i Goleg Polytechnig Cymru a gwnaeth Radd Meistr ym Mhrifysgol Caerdydd hefyd. Roedd ei gradd gyntaf yn y Dyniaethau, gan ganolbwyntio ar hanes, ac roedd ei gradd Meistr mewn Astudiaethau Poblogaeth. Ar ôl ei gradd gyntaf, dychwelodd Catherine i Lanelli, a gweithiodd i'r awdurdod lleol, yn Adran yr Amgylchedd, ac roedd ganddi golofn yn y *Llanelli Star*, yn ysgrifennu am yr amgylchedd lleol. Aeth ymlaen i weithio fel Swyddog y Wasg a Chysylltiadau Cyhoeddus i'r Ymgyrch 'Cadw Cymru'n Daclus', aeth hyn â hi'n ôl i Gaerdydd, ac wedi hynny bu'n gofalu am faterion y Wasg a Chysylltiadau Cyhoeddus ar gyfer ei gŵr ar y pryd, yr AS Wayne David. Oddi yno, aeth ymlaen i weithio i Julie Morgan, AS Gogledd Caerdydd, fel Rheolwraig Swyddfa a Chynorthwyydd Gwleidyddol. Yn dilyn ei hethol i'r Cynulliad yn 2003, gan gynrychioli ei hetholaeth enedigol yn Llanelli, bu Catherine yn aelod o bwyllgorau gwahanol gan gynnwys, Deddfwriaeth, yr Amgylchedd, Llywodraeth Leol, Cyfiawnder Cymdeithasol ac Adfywio, a Chydraddoldeb. Yn 2007, collodd ei sedd i Helen Mary Jones, pan gipiodd Plaid Cymru Lanelli oddi ar Lafur.

Gwenda Thomas, Llafur Cymru, Castell-nedd, 1999–2016.

Ganed Gwenda yng Ngwauncaegurwen a chafodd ei haddysg yn Ysgol Ramadeg Pontardawe. Safodd yr arholiad i gael mynediad i'r Gwasanaeth Sifil, gan weithio'n gyntaf yn Adran y Llysoedd Sirol, Adran yr Arglwydd Ganghellor ac yna yn yr Asiantaeth Budd-daliadau yn Swyddog Gweithredol. Cynrychiolodd ei phentref genedigol fel cynghorydd cymuned a sir am flynyddoedd lawer a chafodd ei phenodi'n Gadeirydd Pwyllgorau Gwasanaethau Cymdeithasol Cyngor Sir Gorllewin Morgannwg. Yn dilyn ad-drefnu llywodraeth leol Cyngor Bwrdeistref Sirol Castell-nedd Port Talbot, hi oedd y fenyw gyntaf i gadeirio prif bwyllgor. Etholwyd Gwenda i'r Cynulliad am y tro cyntaf ym mis Mai 1999 ac, yn ystod ei gyrfa yn AC, bu'n gwasanaethu fel Cadeirydd y Pwyllgor Tai, Cadeirydd y Pwyllgor Cyfle Cyfartal, a chadeiriodd adolygiad ar Ddiogelu Plant sy'n Agored i Niwed yng Nghymru, a chyhoeddwyd yr adroddiad 'Cadw Ni'n Ddiogel' yn 2006. Yn y Trydydd Cynulliad fe'i penodwyd yn Ddirprwy Weinidog Iechyd a Gwasanaethau Cymdeithasol, ac yn y Pedwerydd Cynulliad, roedd yn Ddirprwy Weinidog Plant a Gwasanaethau Cymdeithasol. Penderfynodd Gwenda beidio â sefyll yn etholiad 2016. Dyfarnwyd Doethuriaeth iddi gan Brifysgol Abertawe am ei gwaith gydag agenda plant ac amddiffyn plant, ac mae wedi'i derbyn i Orsedd y Beirdd yn yr Eisteddfod Genedlaethol am ei chyfraniad i Wasanaethau Cymdeithasol Cymru.

Joyce Watson, Llafur Cymru, Canolbarth a Gorllewin Cymru, 2007–presennol.

Ganed Joyce yn Hamilton, yn ne Swydd Lanark, lle'r oedd ei thad, a wasanaethai gyda'r Magnelwyr Brenhinol, wedi'i leoli. Yn ddiweddarach symudasant i Faenorbŷr, ger Dinbych-y-pysgod, a mynychodd ysgolion ym Maenorbŷr, Cosheston ac Aberteifi. Ar ôl gadael yr ysgol, bu'n rhedeg nifer o fusnesau bach, gan gynnwys tafarndai, bwytai a siopau manwerthu yng Ngheredigion, Sir Gaerfyrddin a Sir Benfro, cyn dychwelyd i fyd addysg oedolion, gan astudio yng Ngholeg Sir Benfro a Phrifysgol Abertawe. Gwasanaethodd Joyce yn Gynghorydd Sir yn Sir Benfro o 1995–2004. Cyn iddi gael ei hethol i Gynulliad Cenedlaethol Cymru yn 2007, bu'n rheoli Clymblaid Genedlaethol Menywod Cymru ac roedd yn uwch aelod o Grŵp Cyllideb Rhywedd Cymru a Grŵp Cyfeirio Cydraddoldeb y GIG. Mae hi wedi cynrychioli'r Cynulliad ar sawl corff rhyngwladol: cangen Cymru (Cadeirydd) Cymdeithas Seneddol y Gymanwlad (CPA), y Cynulliad Seneddol Prydeinig-Gwyddelig, a Chyngres y Rhanbarthau Cyngor Ewrop. Mae Joyce yn hyrwyddo ymgyrch y Rhuban Gwyn Rhyngwladol yn erbyn trais domestig ac mae'n sylfaenydd grŵp gwrth-fasnachu mewn pobl y Cynulliad. Mae hi wedi eistedd ar bwyllgorau gwahanol, gan gynnwys yr Economi, Datblygu Economaidd,

Cydraddoldeb, Llywodraeth Leol a Chymunedau, ac ar hyn o bryd hi yw'r Comisiynydd Cydraddoldeb.

Kirsty Williams, Democratiaid Rhyddfrydol Cymru, Brycheiniog a Sir Faesyfed, 1999-2021.

Ganed Kirsty yn Taunton i rieni Cymreig ac, o dair oed ymlaen, fe'i magwyd yn Bynie yn Sir Gaerfyrddin. Addysgwyd hi yn ysgol gynradd y pentref ac yna yn Ysgol Mihangel Sant yn Llanelli. Astudiodd ym Mhrifysgol Manceinion a Phrifysgol Missouri, cyn gweithio yng Ngholeg Sir Gaerfyrddin ac i fusnes bach yng Nghaerdydd yn Swyddog Marchnata Gweithredol. Etholwyd Kirsty i'r Cynulliad am y tro cyntaf ym mis Mai 1999. Daeth yn arweinydd Democratiaid Rhyddfrydol Cymru ym mis Rhagfyr 2008, arweinydd benywaidd cyntaf unrhyw un o bedair prif blaid wleidyddol Cymru. Bu'n gadeirydd y Pwyllgorau Iechyd a Gwasanaethau Cymdeithasol, Safonau Ymddygiad a Chynaliadwyedd, a bu'n Weinidog Addysg y Llywodraeth Lafur yn ystod y Pumed Cynulliad, 2016-2021 a bu'n allweddol yn cyflwyno cwricwlwm addysg newydd i Gymru. Ym mis Rhagfyr 2012, penodwyd hi yn Aelod Cynulliad y Flwyddyn ITV Cymru ac yn Anrhydeddau Pen-blwydd y Frenhines 2013, yn Gomander Urdd Mwyaf Ardderchog yr Ymerodraeth Brydeinig am wasanaeth cyhoeddus a gwleidyddol. Mae Kirsty wedi bod yn rhan o ymgyrch hirfaith 'Mwy o Nyrsys' am gyfraith sy'n gofyn am lefelau staffio gofynnol ar gyfer nyrsys yn ysbytai Cymru a chafodd ei gwneud yn gymrawd anrhydeddus o'r Coleg Nyrsio Brenhinol yn 2016. Yn yr etholiadau i Gynulliad Cymru ar 5 Mai 2016, cadwodd ei sedd ym Mrycheiniog a Sir Faesyfed gyda mwyafrif cynyddol, ond safodd i lawr fel arweinydd Democratiaid Rhyddfrydol Cymru'r diwrnod ar ôl yr etholiad. Ym mis Hydref 2020, cyhoeddodd Kirsty na fyddai'n ceisio cael ei hailethol yn etholiad 2021.

Leanne Wood, Plaid Cymru, Canolbarth De Cymru, 2003–2016, Rhondda, 2016–2021. Ganed Leanne yn Llwynypia a'i magu ym mhentref Pen-y-graig. Addysgwyd hi yn Ysgol Gyfun Tonypandy a Phrifysgol Morgannwg (Prifysgol De Cymru bellach). Ar ôl ymuno â Phlaid Cymru yn 1991, cafodd Leanne ei hethol yn Gynghorydd dros ward Pen-y-graig ar Gyngor Bwrdeistref Sirol Rhondda Cynon Taf ond ni wnaeth ailfrwydro am y sedd yn 1999. Safodd yn aflwyddiannus yn etholiadau 1997 a 2001 i Senedd y DG fel ymgeisydd yn etholaeth y Rhondda. Rhwng 1997 a 2000, bu'n gweithio gyda Gwasanaeth Prawf Morgannwg Ganol fel swyddog prawf ac wedi hynny bu'n weithwraig gymorth i Gymorth i Ferched Cwm Cynon. Bu Leanne yn darlithio mewn polisi cymdeithasol ym Mhrifysgol Caerdydd o 2000, a chyn ei hethol i'r Cynulliad Cenedlaethol yn 2003, hi oedd ymchwilydd gwleidyddol Jill Evans ASE. Ar ôl ei hethol, bu Leanne yn gwasanaethu fel Gweinidog Cysgodol dros Gyfiawnder Cymdeithasol Plaid Cymru rhwng 2003 a 2007. Daeth yn llefarydd Plaid Cymru ar gynaliadwyedd ar ôl ffurfio llywodraeth Cymru'n Un, clymblaid rhwng Llafur a Phlaid Cymru. Yn ystod refferendwm 2011 ar ymestyn pwerau deddfu Cynulliad Cenedlaethol Cymru, Leanne oedd cynrychiolydd Plaid Cymru ar y grŵp llywio trawsbleidiol 'Ie dros Gymru', a ymgyrchodd yn llwyddiannus dros bleidlais 'Ie'. Ar ôl dod yn arweinydd Plaid Cymru yn 2012, gwrthododd Leanne lwfans arweinydd y blaid yr oedd ganddi hawl iddo ac ar ôl cael ei hailethol yn 2016 a dod yn arweinydd yr wrthblaid, gwnaeth yr un peth eto. Collodd ei sedd yn y Rhondda i Buffy Williams o'r Blaid Lafur yn etholiad y Senedd yn 2021.

NODIADAU AR HANES A LLYWODRAETHIANT Y CYNULLIAD / SENEDD

Y llwybr hir tuag at Ddatganoli a Chynulliad Cenedlaethol Cymru

Hyd yn hyn, mae tri refferendwm datganoli wedi cael eu cynnal yng Nghymru. Cynhaliwyd y cyntaf ar 1 Mawrth 1979 i weld a oedd digon o gefnogaeth i Gynulliad i Gymru yn dilyn Adroddiad Kilbrandon a sefydlwyd gan lywodraeth Lafur Harold Wilson i archwilio strwythurau cyfansoddiadol y DG. Argymhellodd yr adroddiad bod cynulliadau datganoledig yn cael eu sefydlu yng Nghymru a'r Alban ond gwrthodwyd yr argymhelliad yn y ddwy wlad, gyda dim ond 12% o etholaeth Cymru o blaid y cynnig.

Cynhaliwyd yr ail refferendwm datganoli, ymrwymiad maniffesto gan Blaid Lafur y DG, ar 18 Medi 1997. Y tro hwn cafwyd mwyafrif o drwch blewyn o blaid datganoli. Pasiwyd Deddf Llywodraeth Cymru yn 1998 a sefydlwyd Cynulliad Cenedlaethol Cymru yn 1999.

Yn dilyn pleidlais gadarn o blaid yn y trydydd refferendwm yn 2011, ychwanegwyd at bwerau deddfu sylfaenol y Cynulliad.

Systemau pleidleisio

Fel sefydliad newydd sbon, byddai Cynulliad Cenedlaethol Cymru yn creu a datblygu ei strwythurau, ei reolau a'i draddodiadau ei hun. Mabwysiadwyd y system bleidleisio aelod ychwanegol SAY/AMS, system a ystyrir yn decach, yn fwy cyfrannol, cynrychioliadol a democrataidd na hen system y cyntaf i'r felin, sy'n dal i gael ei ddefnyddio gan lywodraeth y DG. Yn etholiadau Cynulliad Cenedlaethol Cymru, byddai pob etholwr yn bwrw dwy bleidlais: pleidlais dros ymgeisydd yn sefyll yn yr etholaeth leol a phleidlais bellach i un o'r pleidiau ar y rhestr ar gyfer rhanbarth ehangach yn cynnwys sawl etholaeth. Byddai'r ymgeiswyr ar frig y rhestr yn cael eu hethol pe bai eu pleidiau'n ennill digon o'r pleidleisiau ar y rhestr.

Dethol

Yn y cyfnod cyn refferendwm 1997, bu grŵp trawsbleidiol o fenywod o'r Blaid Lafur, Plaid Cymru a'r Democratiaid Rhyddfrydol wrthi'n cynllunio a pharatoi ar gyfer y realiti gwleidyddol newydd. Pan enillwyd pleidlais gadarnhaol dros ddatganoli, manteisiodd y menywod ar y cyfle i gynyddu'r nifer o fenywod fyddai'n sefyll yn yr etholiad, drwy ddadlau'n frwd gyda'u pleidiau eu hunain dros newidiadau sylfaenol yn y broses o ddethol ymgeiswyr.

Roedd menywod y Blaid Lafur â'u bryd ar system 'gefeillio'. O dan y system hon byddai dwy etholaeth gyfagos yn dewis menyw yn y naill etholaeth a dyn yn y llall fel modd o ddethol yn gytbwys. Gan wybod na fyddent yn ennill cymaint o seddau etholaethol â'r Blaid Lafur, brwydrodd menywod Plaid Cymru hwythau i osod menywod ar frig y rhestr o ymgeiswyr rhanbarthol atodol mewn ymgais i wella gobeithion menywod o gael eu hethol. Wedi cryn drafod ac er gwaethaf anghytuno tanbaid rhwng aelodau, enillodd y menywod yn y ddwy blaid y dydd.

Yn sgil gweithredu'r ddwy system hon yn y broses ddethol ar gyfer etholiadau'r Cynulliad Cyntaf, etholwyd pedair ar hugain o fenywod allan o'r trigain aelod ac yn etholiad 2003 ar gyfer yr Ail Gynulliad, helpodd i sicrhau cydraddoldeb, pan etholwyd nifer cyfartal o Aelodau Cynulliad gwrywaidd a benywaidd. O ganlyniad, Cynulliad Cenedlaethol Cymru oedd ag un o'r cyfrannau uchaf o gynrychiolwyr benywaidd mewn corff cenedlaethol democrataidd, a chafodd ei glodfori fel model o gydraddoldeb rhwng y rhywiau ledled y byd.

Esblygiad Datganoli yng Nghymru

Roedd Cynulliad Cyntaf 1999 yn rhwystredig o ddi-rym gan nad oedd gan y sefydliad unrhyw bwerau i basio deddfwriaeth sylfaenol. Ond ym mis Gorffennaf 2002, sefydlwyd Comisiwn annibynnol gan Lywodraeth Cymru, gyda'r Arglwydd Richard yn gadeirydd, er mwyn adolygu pwerau a threfniadau etholiadol y Cynulliad a sicrhau y gallai'r sefydliad weithredu'n effeithiol er lles pobl Cymru.

Adroddodd Comisiwn Richard ym mis Mawrth 2004 gan argymell y dylai'r Cynulliad Cenedlaethol fod â phwerau deddfu mewn rhai meysydd, tra byddai eraill yn parhau i fod yn nwylo San Steffan. Argymhellwyd hefyd newid y system etholiadol i system pleidlais sengl drosglwyddadwy (PSD/STV)

Adeilad newydd i Gymru

Cartref cyntaf Cynulliad Cenedlaethol Cymru a'r siambr drafod oedd adeilad Tŷ Crughywel, y tu ôl i'r Senedd bresennol. Yn ddiweddarach cafodd yr adeilad ei ailenwi'n Dŷ Hywel ar ôl Hywel Dda, Brenin y Deheubarth, crëwr y Cyfreithiau Cymreig canoloesol.

Buan iawn y tyfodd y sefydliad yn rhy fawr i'w gartref cyntaf o ran maint ac uchelgais. Penderfynwyd codi Senedd bwrpasol ar dir gerllaw i adlewyrchu'r wleidyddiaeth newydd yng Nghymru. Cynlluniwyd yr adeilad i fod mor agored a hygyrch â phosib. Dywedodd y penseiri, Partneriaeth Richard Rogers:

"Nid oedd yr adeilad i fod yn adeilad ynysig, caeedig. Yn hytrach byddai'n amlen dryloyw, yn edrych allan ar Fae Caerdydd a thu hwnt, gan wneud gweithrediad mewnol y Cynulliad yn weladwy ac annog cyfranogiad y cyhoedd yn y broses ddemocrataidd."

Dechreuodd y gwaith adeiladu yn 2001 ac agorwyd adeilad y Senedd ar 1 Mawrth 2006.

O Gynulliad i Senedd

Yn dilyn etholiad 2007 a phasio Deddf Llywodraeth Cymru 2006, rhoddwyd pwerau deddfu sylfaenol cyfyngedig i'r Cynulliad. Cafodd y pwerau deddfu sylfaenol eu cynyddu ar ôl canlyniad cadarnhaol refferendwm 2011. Ehangwyd y pwerau ymhellach gan Ddeddf Cymru 2014 a Deddf Cymru 2017 gyda'r Ddeddf olaf yn newid model datganoli'r Cynulliad i un tebyg i Senedd yr Alban. Pan ddaeth adran 2 o Ddeddf Senedd ac Etholiad (Cymru) i rym ym mis Mai 2020, ailenwyd y Cynulliad yn Senedd Cymru.

Diwygio'r Senedd

Er 2004, mae cyfres o adroddiadau gan gynnwys 'Senedd Sy'n Gweithio i Gymru' 2017 (a adwaenir hefyd fel Adroddiad McAllister[5]), wedi argymell y dylai maint y Senedd gynyddu o'i drigain Aelod presennol. Sefydlwyd Pwyllgor Diben Arbennig ym mis Hydref 2021 i lunio cynigion ar gyfer Bil Llywodraeth Cymru ar Ddiwygio'r Senedd. Ym mis Mai 2022 cyhoeddodd Mark Drakeford, y Prif Weinidog ac Adam Price, Arweinydd Plaid Cymru ar y pryd, ddatganiad ar y cyd yn seiliedig ar gynigion y pwyllgor.

---

5   Yr Athro Laura McAllister, Cadeirydd Panel Arbenigol ar Ddiwygio Etholiadol y Cynulliad a gyhoeddodd ei adroddiad 'Senedd sy'n Gweithio i Gymru' (neu Adroddiad McAllister) ym mis Rhagfyr 2017. Mae Laura McAllister yn academydd Cymreig ac yn arbenigwraig ar ddatganoli. Yn enedigol o Ben-y-bont ar Ogwr, graddiodd o'r London School of Economics, lle cwblhaodd radd Anrhydedd BSc (Econ) mewn Llywodraethiant; yna enillodd ddoethuriaeth mewn Gwleidyddiaeth ym Mhrifysgol Caerdydd. Bu'n Athro Llywodraethiant ym Mhrifysgol Lerpwl rhwng 1998 a Hydref 2016 ac ar hyn o bryd mae'n Athro Llywodraethiant a Pholisi Cyhoeddus yng Nghanolfan Llywodraethiant Cymru Prifysgol Caerdydd. Roedd McAllister yn aelod o Gomisiwn Richards a adroddodd ar bwerau a threfniadaeth etholaethol Cynulliad Cenedlaethol Cymru yn 2004. Bu'n cynghori Panel Annibynnol ar Gyflogau a Chefnogaeth ACau, 2008–10 ac yn Gadeirydd Panel Arbenigol ar Ddiwygio Etholaethol y Cynulliad a gyhoeddodd ei adroddiad, 'Senedd sy'n Gweithio i Gymru' (neu Adroddiad McAllister) ym mis Rhagfyr 2017. Ym mis Hydref 2021, enwyd hi'n gyd-gadeirydd Comisiwn Cyfansoddiadol Annibynnol ar Ddyfodol Cyfansoddiadol Cymru ar y cyd â Dr Rowan Williams. Mae McAllister yn gyn-gapten tîm pêl-droed Cymru. Y mae ar hyn o bryd yn Is-lywydd UEFA ac yn aelod o'i fwrdd llywodraethu, y Pwyllgor Llywio, ac wedi ei hethol ar Gyngres UEFA yn Ebrill 2023.

Mae McAllister yn ymddangos yn rheolaidd ar y BBC a chyfryngau eraill i sylwebu ar wleidyddiaeth Cymru, etholiadau a pholisi cyhoeddus. At hyn, mae'n ysgrifennu colofn reolaidd ar faterion cyfoes, gwleidyddiaeth a chwaraeon yn y *Western Mail* ac ar Wales Online. Hi oedd yr unig Gymraes i'w chynnwys ar Restr 100 Menyw y BBC yn 2022 a hi oedd ar frig Rhestr Binc Cymru 2023.

Roedd yr argymhellion yn cynnwys:

- cynyddu nifer aelodau'r Senedd o 60 i gyfanswm o 96 aelod.
- dylai'r holl aelodau gael eu hethol gan ddefnyddio rhestrau cyfrannol gyda chwotâu rhyw statudol integredig.
- dylid dosbarthu seddau rhwng y pleidiau gan ddefnyddio fformiwla D'Hondt – fformiwla a ddefnyddir i droi pleidleisiau'n seddau mewn system etholiadol gyfrannol

Dywedodd y Prif Weinidog Mark Drakeford: "Mae'r achos dros ddiwygio'r Senedd wedi'i wneud. Mae angen inni fwrw ymlaen nawr â'r gwaith caled o greu Senedd fodern, sy'n adlewyrchu'r Gymru yr ydym yn byw ynddi heddiw. Senedd sy'n gweithio'n wirioneddol dros Gymru."

Atodiad 4

RHESTR TERMAU

Am restr gynhwysfawr o dermau gwleidyddol gweler
https://senedd.cymru/rhestr-termau

Aelodau etholaethol: Mae'r Senedd yn cynnwys 60 Aelod etholedig. Caiff 40
ohonynt eu dewis i gynrychioli etholaethau unigol a chaiff 20 eu dewis i
gynrychioli'r pum rhanbarth yng Nghymru.

Annibynnol: Cynrychiolydd etholedig nad yw'n aelod o unrhyw blaid
wleidyddol.

Bil: Cyfraith arfaethedig yw Bil. Os bydd y Senedd yn cymeradwyo'r
cynigion, yna bydd y Bil yn barod i ddod yn Ddeddf. Cyn y gall Bil ddod yn
Ddeddf Senedd Cymru, rhaid i'r Brenin ei gymeradwyo. Enw'r broses hon yw
Cydsyniad Brenhinol. Cyfeirir at ddeddfau'n aml fel deddfwriaeth sylfaenol.

Cabinet: Mae Cabinet Llywodraeth Cymru yn cynnwys y Prif Weinidog,
Ysgrifenyddion y Cabinet, Gweinidogion a Chwnsler Cyffredinol
Llywodraeth Cymru.

Cadeirydd: Mae gan bob un o bwyllgorau'r Senedd Gadeirydd. Caiff pob
cadeirydd ei ethol gan y Senedd a bydd yn eistedd ym mhen y bwrdd fel
arfer yn ystod cyfarfodydd y pwyllgor. Prif rôl y Cadeirydd yw sicrhau bod
pob Aelod o'r pwyllgor yn cael yr un cyfle i ofyn cwestiynau a bod pob tyst
yn cael yr un cyfle i ymateb. I bob pwrpas, mae cyfrifoldeb y Cadeirydd
mewn cyfarfod pwyllgor yn debyg i gyfrifoldeb y Llywydd a'r Dirprwy
Lywydd pan fyddant yn cadeirio Cyfarfodydd Llawn.

Canfasio: Ffordd o ddarganfod sut y bydd pobl yn pleidleisio cyn etholiad arfaethedig.

Cawcws: Grŵp o wleidyddion sydd â nodau neu ddiddordeb tebyg.

Cenedlaetholdeb: Yr awydd am annibyniaeth wleidyddol pobl sy'n teimlo eu bod yn grŵp ar wahân o fewn gwlad neu ardal ddaearyddol yn hanesyddol, yn ieithyddol neu'n ddiwylliannol.

Clymblaid: Pan fydd mwy nag un blaid yn cytuno i ffurfio llywodraeth, byddant yn ffurfio clymblaid. Mae hyn yn digwydd fel arfer pan na fydd unrhyw un blaid yn llwyddo i ennill dros hanner y seddi.

Craffu: Pan fydd y Senedd yn archwilio gwaith Llywodraeth Cymru, dywedir ei fod yn ymgymryd â gwaith 'craffu'. Mae hyn yn golygu dwyn Llywodraeth Cymru i gyfrif am ei phenderfyniadau ac am yr hyn y mae'n ei wneud. Pwyllgorau Senedd Cymru sy'n ymgymryd â'r gwaith hwn.

Cynulliad: Teitl Senedd Cymru pan gafodd ei sefydlu gyntaf ym 1999. Newidiwyd ei enw ar 6 Mai 2020 i adlewyrchu ei statws fel senedd genedlaethol ar ôl derbyn pwerau pellach, yn fwyaf nodedig yn refferendwm (Cymru) 2011.

Cyfarfod Llawn (Plenary): Dyma'r term a ddefnyddir i ddisgrifio cyfarfod llawn y 60 Aelod o'r Senedd yn y Siambr (prif siambr y Senedd) i fwrw ymlaen â busnes y Senedd. Ar hyn o bryd, cynhelir Cyfarfodydd Llawn yn y Siambr ar brynhawn dydd Mawrth a phrynhawn dydd Mercher yn ystod y tymor.

Cynrychiolaeth gyfrannol: System etholiadol sy'n dosbarthu'r seddi'n ôl cyfran yr holl bleidleisiau a gaiff eu bwrw dros bob plaid. Caiff yr 20 o Aelodau rhanbarthol eu hethol trwy gynrychiolaeth gyfrannol, gan ddefnyddio'r System Aelodau Ychwanegol.

Cynrychiolydd: Person a ddewisir neu a etholir gan un neu fwy o bobl i wneud dewisiadau neu weithredu ar eu rhan.

Chwip: Personau sy'n gyfrifol am gynnal disgyblaeth eu plaid.

Dadl: Trafodaeth rhwng Aelodau. Cynhelir dadleuon yn y Siambr a gall pleidlais eu dilyn.

Dadl Fer: Cynhelir dadl fer ar bwnc a gynigir gan Aelod o'r Senedd (ac eithrio Aelodau sydd hefyd yn Ysgrifenyddion y Cabinet neu'n Weinidogion Cymru) bob wythnos pan fydd Cyfarfod Llawn. Cânt eu cynnal fel arfer yn ystod 30 munud olaf y Cyfarfod Llawn ar ddydd Mercher.

Datganoli: Datganoli yw'r broses o drosglwyddo neu ddirprwyo pŵer i lefel fwy lleol. Mae fel arfer yn cael ei ddefnyddio i gyfeirio at drosglwyddo pŵer oddi wrth lywodraeth ganolog y DG. Yng Nghymru, mae pwerau deddfu wedi'u datganoli oddi wrth Weinidogion y DG i Weinidogion Cymru ac mae pwerau deddfu wedi'u datganoli o Senedd y DG i Senedd Cymru.

Deddfwriaeth: Term cyffredinol am gyfreithiau newydd a'r broses o'u gwneud.

Deddfwrfa: Corff deddfu lle caiff cyfreithiau newydd eu trafod a'u cytuno. Cyfeirir ati'n aml fel senedd. Mae'n craffu ar benderfyniadau'r llywodraeth ac yn dwyn y llywodraeth i gyfrif. Yng Nghymru, Senedd Cymru yw'r ddeddfwrfa.

Deddfwriaeth sylfaenol: Mae hyn yn cyfeirio at y cyfreithiau a gaiff eu pasio gan Senedd y DG, Senedd yr Alban, Cynulliad Gogledd Iwerddon a Senedd Cymru.

Democratiaeth: Mae democratiaeth yn golygu y dylai pawb yn y wlad fod â llais yn y broses o ddewis pwy sy'n gwneud penderfyniadau a beth sy'n digwydd yn y wlad honno. Mewn gwlad ddemocrataidd, caiff etholiadau eu cynnal i roi cyfle i'r bobl benderfynu pwy ddylai eu cynrychioli.

Dewis ar Sail Teilyngdod: System a ddefnyddir gan y Blaid Geidwadol sy'n rhoi cyfle cyfartal i ymgeiswyr gael eu dethol ar sail teilyngdod ac nid rhyw.

Etholaeth: Mae Cymru wedi'i rhannu'n 40 o ardaloedd etholiadol, sef etholaethau, ac mae pob un o'r rhain yn ethol Aelod i'r Senedd o dan y system 'y cyntaf i'r felin'.

Etholiad cyffredinol: Cynhelir etholiad cyffredinol o leiaf unwaith bob pum mlynedd. Dyma pryd y caiff pawb yn y DG sydd dros 18 oed ac sydd wedi cofrestru i bleidleisio gyfle i ddewis Aelod Seneddol (AS) a fydd yn eu cynrychioli yn Senedd y DG.

Etholiad Senedd Cymru: Caiff etholiadau'r Senedd eu cynnal bob pum mlynedd fel arfer. Gall pawb dros 16 oed yng Nghymru bleidleisio dros y rhai yr hoffent iddynt eu cynrychioli. Bydd pawb sy'n pleidleisio'n cael dau bapur pleidleisio. Papur i ethol Aelod etholaethol fydd un, sef y person a fydd yn cynrychioli'u hardal leol yn y Senedd. Papur i ethol Aelod rhanbarthol fydd y llall, ond yn hytrach na phleidleisio dros aelodau unigol, bydd pawb yn pleidleisio dros un o'r pleidiau gwleidyddol.

Ffeministiaeth: Mudiad dros newid cymdeithasol sy'n ceisio cael gwared ar gymdeithas o gredoau a thraddodiadau sy'n atal menywod rhag cael yr un hawliau, pwerau a chyfleoedd â dynion.

Gefeillio: System a ddefnyddiwyd gan y Blaid Lafur lle byddai dwy Etholaeth gyfagos yn dewis menyw mewn un etholaeth a dyn yn y llall fel ffordd o gydbwyso dethol.

Grwpiau trawsbleidiol: Gall Aelodau'r Senedd sefydlu grwpiau trawsbleidiol i ymchwilio i unrhyw faes pwnc sy'n berthnasol i'r Senedd. Rhaid i grŵp gynnwys Aelodau o o leiaf dri grŵp plaid sydd â chynrychioliad yn y Senedd.

Gweinidogion: Aelodau o'r Senedd y bydd y Prif Weinidog yn eu penodi'n Weinidogion, gyda chymeradwyaeth y Brenin, ac sy'n rhan o Lywodraeth Cymru. Ni cheir mwy na 12 Gweinidog (gan gynnwys Ysgrifenyddion y Cabinet a Gweinidogion) ar unrhyw un adeg, ar wahân i'r Prif Weinidog.

Gweriniaeth: Gwlad gyda phennaeth gwladwriaeth etholedig, yn hytrach na brenin, a elwir fel arfer yn arlywydd.

Gwrthbleidiau: Mae'r term hwn yn cyfeirio at yr Aelodau hynny nad ydynt yn rhan o'r blaid (neu'r pleidiau) sy'n ffurfio'r Llywodraeth. Bydd y gwrthbleidiau'n craffu ar waith y Llywodraeth.

Hawliau menywod: Hawliau i fenywod sy'n gyfartal â rhai dynion, gan gynnwys cyflog cyfartal.

Hustyngau: Y gweithgareddau gwleidyddol, y cyfarfodydd a'r areithiau sy'n digwydd cyn etholiad.

Is-etholiad: Cynhelir is-etholiad pan fydd sedd yn y Senedd yn dod yn wag yn ystod cyfnod cyfredol (h.y. rhwng etholiadau'r Senedd) wedi i Aelod etholaethol farw, ymddiswyddo neu orfod gadael eu sedd am ryw reswm arall. Os na fydd Aelodau rhanbarthol yn gallu cymryd eu sedd yn y Senedd am ryw reswm, y nesaf ar y rhestr fydd yn cymryd eu lle.

Lobi: Ymgais i gael gwleidydd neu lywodraeth i wneud rhywbeth.

Llywodraeth Cymru: Y corff sydd â chyfrifoldebau gweithredol, llywodraethol o dan Ddeddf Llywodraeth Cymru 2006 i ddatblygu polisïau ac i wneud penderfyniadau. Mae Llywodraeth Cymru yn cynnwys y Prif Weinidog, Ysgrifenyddion y Cabinet, Gweinidogion Cymru a'r Cwnsler Cyffredinol.

Llywydd: Caiff Llywyddion eu hethol gan yr holl Aelodau a bydd yn gwasanaethu'r Senedd yn ddiduedd. Prif rôl y Llywydd yw cadeirio'r Cyfarfodydd Llawn, cadw trefn a sicrhau bod y Rheolau Sefydlog yn cael eu dilyn.

Maniffesto: Rhestr o addewidion a wneir gan blaid wleidyddol, fel arfer cyn etholiad. Mae'r maniffesto'n awgrymu'r hyn y bydd plaid yn ei wneud os caiff ei hethol.

Meinciau cefn: Aelod Seneddol nad yw'n weinidog y llywodraeth nac yn arweinydd yr wrthblaid.

Pleidiau: Dyma grwpiau o bobl sydd â barn debyg. Mae'r rhan fwyaf o wleidyddion yn perthyn i blaid wleidyddol, er bod modd cael eu hethol fel ymgeiswyr annibynnol.

Pleidlais: System o bleidleisio, yn enwedig yn gyfrinachol.

Pleidlais sengl drosglwyddadwy (PSD): Pleidlais sengl gan ddefnyddio system lle, os nad yw'r ymgeisydd a ffefrir yn cael digon o bleidleisiau i aros yn yr etholiad, gellir rhoi pleidlais etholwyr i'w hail ddewis o ymgeisydd.

Polisïau: Dyma gynlluniau plaid wleidyddol, sydd fel arfer wedi'u nodi yn eu maniffesto, sy'n datgan beth fyddai'r blaid honno'n gobeithio ei wneud pe baen nhw'n ennill yr etholiad.

Pwyllgor: Grŵp bach o Aelodau'r Senedd yw pwyllgor ac maent gyda'i gilydd, yn cynrychioli cydbwysedd y pleidiau gwleidyddol yn y Senedd. Bydd un o aelodau'r pwyllgor wedi cael eu hethol yn y Senedd yn Gadeirydd y pwyllgor. Bydd y pwyllgorau'n craffu ar ddeddfwriaeth arfaethedig (Biliau) a pholisïau Llywodraeth Cymru a byddant yn gwneud argymhellion i'w gwella. Ni chaiff Aelodau sydd hefyd yn Ysgrifenyddion y Cabinet neu'n Weinidogion fod yn aelodau o bwyllgor.

Refferendwm: Proses a ddefnyddir i ofyn i etholwyr bleidleisio ar gwestiwn penodol. Sefydlwyd Senedd Cymru yn dilyn pleidlais o blaid hynny mewn refferendwm a gynhaliwyd fis Medi 1997. Ym mis Mawrth 2011, cynhaliwyd refferendwm ar bwerau deddfu. Pleidleisiodd pobl Cymru o blaid rhoi pwerau deddfu ychwanegol i'r Senedd gyda 63.5% o blaid y newid.

Rhanbarthau: At ddibenion etholiadau'r Senedd, mae Cymru wedi'i rhannu'n bum rhanbarth: Dwyrain De Cymru; Canol De Cymru; Gorllewin De Cymru; Canolbarth a Gorllewin Cymru; Gogledd Cymru. Mae pob rhanbarth yn ethol pedwar Aelod drwy gyfrwng system cynrychiolaeth gyfrannol, sef System Aelodau Ychwanegol.

Rhestrau Am yn Ail: System a ystyriwyd gan blaid y Democratiaid Rhyddfrydol lle byddai dyn yn cael ei ddewis; dyn-menyw, dyn-menyw – ac ati, i gydbwyso cynrychiolaeth rhyw.

Rhestrau Byrion Menywod yn unig: Arfer gweithredu cadarnhaol i gynyddu cyfran yr Aelodau Seneddol benywaidd.

Seddau ymylol: Seddau lle mai dim ond ychydig o bleidleisiau sy'n sefyll rhwng ymgeiswyr y pleidiau sy'n cystadlu.

Sefyll etholiad: Ymuno â rhestr o ymgeiswyr etholiadol ac ymgyrchu dros bleidleisiau.

Senedd Cymru: Mae Senedd Cymru (neu'r Senedd fel y'i gelwir) yn cynnwys 60 Aelod o bob rhan o Gymru. Cânt eu hethol gan bobl Cymru i'w cynrychioli nhw a'u cymunedau, i ddeddfu ar gyfer Cymru, i gytuno ar drethi Cymreig ac i sicrhau bod Llywodraeth Cymru yn gwneud ei gwaith yn iawn.

Siambr: Rhan o adeilad y Senedd lle caiff Cyfarfodydd Llawn y Senedd eu cynnal. Mae oriel gyhoeddus uwchben y Siambr, lle gall y cyhoedd drefnu i wylio'r cyfarfodydd.

SPAD: Cynghorydd arbennig i wleidydd.

Top y Rhestr: System a ddefnyddir gan Blaid Cymru i osod merched ar frig rhestr eu plaid o ymgeiswyr rhanbarthol mewn ymgais i wella siawns merched o gael eu hethol.

Tŷ Hywel: Dyma lle mae'r rhan fwyaf o swyddfeydd staff y Senedd, ystafelloedd cyfarfod, Ystafelloedd Pwyllgora 4 a 5 a Siambr Hywel, hen siambr drafod y Senedd, sydd bellach yn cael ei defnyddio ar gyfer gweithgareddau addysg.

Y Cyntaf i'r Felin: System etholiadol sy'n rhoi buddugoliaeth i'r ymgeisydd sy'n ennill y nifer fwyaf o bleidleisiau. Yn etholiadau'r Senedd, caiff 40 o Aelodau eu hethol i gynrychioli etholaethau drwy gyfrwng y system hon.

Y Senedd: Yr adeilad cyhoeddus ym Mae Caerdydd lle cynhelir busnes y Senedd. Mae gan bobl Cymru fynediad am ddim i'r Senedd a'r oriel gyhoeddus, lle gallant arsylwi ar Aelodau wrth eu gwaith.

Y Senedd Ieuenctid: 60 o bobl ifanc rhwng 11 a 18 oed sydd wedi'u hethol i gynrychioli pobl ifanc yng Nghymru.

Ymgyrchu: Gweithgareddau a gynhelir i ennill etholiad.

Ymgeisydd: Person sy'n cystadlu am bleidleisiau mewn etholiad.

Am Honno

Sefydlwyd Honno y Wasg i Fenywod Cymru yn 1986 gan grŵp o fenywod oedd yn teimlo'n gryf bod ar fenywod Cymru angen cyfleoedd ehangach i weld eu gwaith mewn print ac i ymgyfrannu yn y broses gyhoeddi. Ein nod yw datblygu talentau ysgrifennu menywod yng Nghymru, rhoi cyfleoedd newydd a chyffrous iddyn nhw weld eu gwaith yn cael ei gyhoeddi ac yn aml roi'r cyfle cyntaf iddyn nhw dorri drwodd fel awduron. Mae Honno wedi ei gofrestru fel cwmni cydweithredol. Mae unrhyw elw a wna Honno'n cael ei fuddsoddi yn y rhaglen gyhoeddi. Mae menywod o bob cwr o Gymru ac o gwmpas y byd wedi mynegi eu cefnogaeth i Honno. Mae gan bob cefnogydd bleidlais yn y Cyfarfod Cyffredinol Blynyddol.

Honno, D41,
Adeilad Hugh Owen,
Prifysgol Aberystwyth,
Aberystwyth, SY23 3DY

Cyfeillion Honno / Honno Friends
Rydym yn hynod ddiolchgar am gefnogaeth ein holl Gyfeillion Honno.